高等职业教育公共基础课通用教材

高职体育与健康

主　编　李金钟　张有智

副主编　郭丁铭　范振杰　王　强

卢华华　宋朝臣

北京理工大学出版社

BEIJING INSTITUTE OF TECHNOLOGY PRESS

内容简介

本书分为基础理论、专项体育技能、休闲体育运动三部分：基础理论主要包括高职体育与健康概述、体育保健和体育锻炼的基本方法，让学生对高职体育与健康有全面的认识，了解体育保健的常识及基本技能，掌握体育锻炼常识，学会基本锻炼技巧；专项体育技能主要介绍三大球、三小球、健美操、武术、健身气功、跆拳道、毽球、游泳、冰雪运动等，让学生学习常用的专项体育技能，提高体育运动水平；休闲体育运动主要介绍轮滑、地掷球、定向、拓展、瑜伽等休闲、娱乐、趣味、时代性较强的项目，拓宽学生体育视野，拓展休闲空间。

在内容选取方面，以实用为准则，选取能够提升大学生运动能力、养成终身运动习惯的体育相关内容，突出可操作性。在表现形式和写作方法上，本书每个章节都有明确的学习目标，结合教学实际引入基础知识，强化专项体育技能，明确学习方法，强调自我认知。本书作为济源职业技术学院体育与健康公共课教材，适合所有在校学生使用，也可供高职教育领域内体育教师学习使用，还可作为研究公共体育教学的研究人员的参考用书。

图书在版编目（CIP）数据

高职体育与健康 / 李金钟，张有智主编. --北京：北京理工大学出版社，2022. 9

ISBN 978-7-5763-1699-5

Ⅰ. ①高…　Ⅱ. ①李…　②张…　Ⅲ. ①体育-高等职业教育-教材　②健康教育-高等职业教育-教材　Ⅳ. ①G807. 4　②G717. 9

中国版本图书馆 CIP 数据核字（2022）第 168717 号

出版发行 / 北京理工大学出版社有限责任公司
社　　址 / 北京市海淀区中关村南大街 5 号
邮　　编 / 100081
电　　话 / （010）68914775（总编室）
（010）82562903（教材售后服务热线）
（010）68944723（其他图书服务热线）
网　　址 / http：//www. bitpress. com. cn
经　　销 / 全国各地新华书店
印　　刷 / 三河市天利华印刷装订有限公司
开　　本 / 787 毫米×1092 毫米　1/16
印　　张 / 17. 5
字　　数 / 411 千字
版　　次 / 2022 年 9 月第 1 版　2022 年 9 月第 1 次印刷
定　　价 / 49. 50 元

责任编辑 / 徐艳君
文案编辑 / 徐艳君
责任校对 / 周瑞红
责任印制 / 施胜娟

图书出现印装质量问题，请拨打售后服务热线，本社负责调换

前 言

体育强则中国强，国运兴则体育兴，体育与健康事关国家和民族的未来。高校是一个人走向社会的通道，高校通过几年的体育与健康教育，使学生在体育锻炼中享受乐趣、增强体质、健全人格、锤炼意志，能够掌握一项以上体育技能，养成终身锻炼和良好的生活习惯，这应该是高校体育与健康教育的终极目标。

高职教育是我国高等教育中不可或缺的重要组成部分，近年来越来越受到重视。由于培养目标、培养体系的不同，高职教育与普通的高等教育有所区别，因此在体育课程设置上要兼顾人才培养方案的实际需求，科学组织高职院校体育教学课内外一体化，更好地为培养高素质高技能人才服务。

高职体育与健康课程以“健康第一”为指导思想，努力构建体育与健康的知识与技能、过程与方法、情感态度与价值观有机统一的课程目标和课程结构，在强调体育学科特点的同时，以思政教育为引领，融合学生健康成长相关的知识和生命教育。通过体育与健康课程的教学、积极高效的课外体育活动、广泛参与的体育竞赛，使学生掌握运动技能，发展体能，逐步形成健康和安全的意识以及良好的生活方式、良好的运动习惯，从而促进学生身心协调、全面地发展。本书分为基础理论、专项体育技能、休闲体育运动三部分，基础理论让学生对高职体育与健康有全面的认识，了解体育保健的常识及基本技能，掌握体育锻炼常识，学会基本锻炼技巧；专项体育技能让学生学习常用的专项体育技能，提高体育运动水平；休闲体育运动拓宽学生体育视野，拓展休闲空间。

本书的特点体现在三个方面：

第一，可操作性强。在内容选取方面，以实用为准则，选取能够提升高职学生运动能力、养成终身运动习惯的体育相关内容，实践操作中按学习内容分项目，学习过程分步骤，学习结果定标准，突出可操作性。

第二，目标明确。本书每个章节都有明确的学习目标，结合教学实际引入基础知识，强化专项体育技能，明确学习方法，强调自我认知。

第三，符合高职学生特点。本书结合高职学生实际特点，以教会、勤练、常赛为主线，紧紧围绕体育教学课内外一体化的要求，通过微课、视频、课件、实践案例等形式，方便独立学习。

本书由李金钟（第一章至三章，统稿）、张有智（第六、七章）主编，郭丁铭（第八章至第十章）、范振杰（第四、五、十六章）、王强（第十一章至第十三章）、卢华华（第十四和第十五章、第十七章至第二十一章）参与编写工作，宋朝臣对稿件进行了审读修订，赵庆辉、董红卫、李晓阳、王晨旭参与照片和视频拍摄工作。本书在编写过程中，参考了相关书籍论文，相关专家对本书的编写提出中肯意见和建议，在此对文献作者和专家们表示感谢。

由于编者水平有限，书中难免有疏漏，敬请广大读者批评指正。

编　者

2022 年 7 月

目录

基础理论

专项体育技能

休闲体育运动

基 础 理 论

第一章 高职体育与健康概述

学习目标 

1. 认清体育与健康的本质；
2. 全面认识高职开展体育与健康的意义，厘清体育运动对自身的影响，确立目标。

第一节　高职开展体育与健康的意义

一、全面育人的需要

体育承载着全面育人的重要使命，同样，体育还具有其他教育方式所不具备的更鲜明的特点：第一，体育是爱国主义教育的重要方式。1984 年许海峰为中国摘取第一枚奥运金牌，2008 年北京奥运会中国奥运金牌获得世界第一，2022 年冬奥会在北京成功举办，北京成为世界上第一座“双奥之城”，回顾中国体育由弱到强的历程，国人都会激动不已，忍不住热泪盈眶，因为这里蕴含着中国人强烈的民族自豪感和伟大的强国梦。第二，体育锤炼人们自强拼搏的精神。中国科学院院士、西湖大学校长施一公曾说：“体育锻炼是一种自强的精神、一种拼搏的气质、一种受益终生的生活方式。”通过长期的体育锻炼，养成良好的生活习惯，可以铸就人们坚强的意志、坚持的定力、不服输的精神。第三，体育凝聚团结进取的品质。体育项目中的集体项目，比如篮球、排球、足球等，除了身体条件、技术能力，更需要团队的拼搏进取精神。所以说，体育不仅能提高人的身体素质，更重要的是人格培育和精神塑造作用，体育是促进人的全面发展的重要手段。

二、国家教育政策的必然要求

教育部 2002 年出台的《全国普通高等学校体育课程教学指导纲要》和 2014 年出台的《高等学校体育工作基本标准》都对高校体育课有明确的指导意见，体育课作为必修课，本科院校开设 144 学时，专科院校开设 108 学时。在世界范围内把大学体育作为必修课的国家少之又少，中国就是其中之一，之所以会有强制性的要求，还是因为发展得不好。由于受到文化、生活习惯等因素影响，体育尤其是群众体育一直是我国发展的短板，青少年的体质下降也成为影响教育发展不容忽视的重要因素。高校开设体育课是国家意志，也是党和政府重视体育的具体表现。

三、人民追求美好生活的必然选择

人民对美好生活的需要将是国家发展的重要动力。什么是美好生活？随着物质生活水平的逐渐提高，更高的精神追求就是人民对美好生活的追求，而它的前提就是健康，没有健康的生活永远不能叫作美好生活。体育是提高人民健康水平的重要途径，是满足人民群众对美好生活向往、促进人的全面发展的重要手段。全国政协委员、江苏省锡山高级中学校长唐江澎面对媒体记者发出了心声：“好的教育，应该是培养终身运动者、责任担当者、问题解决者和优雅生活者。”这句话引起全国人民的共鸣。只有塑造健康的体魄，才会有优雅美好的生活。

第二节　高职体育与健康对学生的影响

一、对学校生活的影响

大学里积极向上的体育文化会使校园充满活力和激情，大学生能够在这样的环境中度过，一定会青春飞扬，魅力无限。首先，能够学会并喜欢一项体育运动会给大学生活增添更多色彩。北京大学原校长王恩哥曾经说过，在大学期间要结交“两个朋友”：一个是图书馆，一个是运动场。到运动场锻炼身体，强健体魄；到图书馆博览群书，不断地“充电”。所以说体育运动将带给学生科学、健康、文明的生活方式，来对抗智能手机给学生带来的不良影响，避免形成低头族、游戏族。其次，体育运动的迁移作用将会为学生的学习生活插上腾飞的翅膀。人们常说，搞体育的人都特别聪明，要是用心的话学习也特别好。这在一定程度上反映了体育对人的智力发展的促进作用。体育运动和竞赛对人的组织能力、分析能力、反应能力都有很好的锻炼作用，通过体育的迁移价值，可以把在体育运动中获得的优秀品质，在学习、生活、工作中更好地运用。

二、对学生将来生活的影响

高等教育是我国教育体系中最重要的环节，是一个人走向社会的重要阶段，人生中很多习惯都是在这个阶段养成的。所以，高职体育与健康对终身体育的形成也起着至关重要的作用。能够掌握一项体育技能、养成运动习惯会对将来生活产生积极影响：第一，好的运动习惯可以提供充沛的体力，为将来的工作提供体力保障；第二，掌握一项运动技能，将会拓宽工作路径，营造良好心态；第三，体育是将来生活的必需品，它可以使人多一种健康爱好，增加社交网络，增加生活的调味剂，提高愉悦感、幸福感。

第三节　体育与健康课堂教学

一、体育与健康课程教学的意义和特点

体育与健康课程教学的有效实施，是落实《全国普通高等学校体育课程教学指导纲要》

和《高等学校体育工作基本标准》的必备条件，是学校开展体育工作的前提和保证，也是传授学生体育技能最重要的平台，是教师传道、授业、解惑的一种方式。体育与健康课程教学是学校教育的重要组成部分，在教学中教师认真地讲解与传授，可以让学生掌握科学规范的运动技能，掌握科学的锻炼身体手段与方法，引导学生学习处理人与社会、人与自然的关系，培养积极向上、拼搏进取、吃苦耐劳的品质，逐步建立正确的世界观、人生观、价值观；通过学生培养方案与体育与健康课程标准的执行，可以保证教学内容的延续和连贯，使学习内容更符合学生的年龄特点和心理特点，更好地完成教学任务。

二、影响体育与健康课程教学的因素

（一）教学理念

根据中共中央办公厅、国务院办公厅《关于全面加强和改进新时代学校体育工作的意见》，以《全国普通高等学校体育课程教学指导纲要》和《高等学校体育工作基本标准》为指导，确立新时期体育与健康的教育理念：健康第一，推动青少年文化学习和体育锻炼协调发展，帮助学生在体育锻炼中享受乐趣、增强体质、健全人格、锤炼意志，培养德智体美劳全面发展的社会主义建设者和接班人。在高职院校体育工作中，只有落实新的教育理念，才能更好地促进体育与健康教学改革，提升教学质量，真正实现“教会”，让学生能够掌握一种以上的体育技能，达到终身体育的教育目标。

（二）教师因素

教师是教学的主题，是完成教学任务的第一责任人，体育教师的职业素质、专业素质、知识结构、教育教学能力、人格魅力、责任心等都是决定体育与健康课程教学质量的必备条件。体育教师要明确教学目标，不断提升专业素养，强化责任意识，科学安排教学内容，创新教学方法与手段，帮助学生享受体育运动的乐趣，感悟体育魅力，提高学生学习的积极性。学校管理层面采取积极有效措施，通过落实教育基本政策、提高教师待遇、组织培训进修、强化日常管理，提高体育教师工作的积极性和主动性，更好地为教学服务。

（三）环境因素

环境因素包含硬件设施和体育文化。一个学校的体育场馆、体育器材等基础条件对教学手段的实施、教学方法的运用、学生学习的积极性都会有很大的影响，直接对体育与健康课程教学效果产生影响；一个学校的体育文化是在长期的体育实践中形成的，它会产生积极向上、拼搏进取的体育氛围，对体育与健康课程教学有很好的促进作用。因此必须按照教育部高校体育场馆配备目录的要求以及《高等学校体育工作基本标准》规定的资金投入建设场馆设施，配备体育器材，组织体育活动，营造优良的校园体育环境。

三、体育与健康课程教学的组织实施

体育与健康课程教学分为体育与健康理论课和体育与健康实践课。

（一）体育与健康理论课

体育与健康理论课是根据教学计划，在室内讲授体育与卫生保健等基础理论知识的课程。根据实际需要，有的理论课安排在学期开始进行讲授，有的安排在重大体育活动日前讲授。根据体育与健康教材，按照教学计划和课时进度，系统地向学生传授体育科学知识和体育实践方法，传授积极健康的生活方式，加强学生对体育的理性认识和对体育文化内涵的深刻理解，使得学生养成体育锻炼的意识，树立终身体育锻炼的思想，形成健康的生活习惯。

（二）体育与健康实践课

体育与健康实践课是以身体练习为基本手段，以教师为主导、学生为主体专门开设的体育与健康课程，是高职院校实现体育与健康教育目标的基本组织形式。目前，我国高职院校提倡采用分项目选课的体育与健康课程模式，学生可以选择上课时间、选择上课内容、选择上课教师，这对于学生而言，选择更加宽泛，更有利于发挥其参与体育活动的主观能动性。

第四节　课外体育活动

一、课外体育活动的意义和特点

课外体育活动是学校体育的重要组成部分，是发展课外教育的重要形式和内容，是实施素质教育的重要途径和手段，是奠基终身体育的重要基础和渠道。

课外体育活动具有以下特点：

开放性——活动内容广泛，活动空间广阔；

兴趣性——活动形式多样，活动内容丰富；

灵活性——项目适时调整，时间自由控制；

自主性——学生参与自愿，精英训练自觉；

实效性——锻炼全面兼顾，训练区别对待；

综合性——自成体系独立，体育与健康课堂延伸。

二、影响课外体育活动的因素

（一）内在因素

内在因素是影响学生参与课外体育活动的主要原因，它是调动学生主动性的基础。学生的内在因素主要有：

1. 个体对课外体育活动的认知度

学生对于课外体育活动的重要性认识越深，其参加的意愿也就越强烈，反之，其参加课外体育活动的动力也就不足。

2. 个人生活习惯

许多学生没有养成体育锻炼的良好生活习惯，对于日常学习生活缺乏科学、合理的规划，参加体育活动不规律，缺乏延续性。

3. 自我控制力

自我控制力是保证学生长期、规律地参与课外体育活动的基础。

4. 参与动机

学生参与课外体育活动的动机是多样的，基本包含：提高身体素质，增进健康；体验体育活动的快乐，释放压力；通过运动，增进交往；改善体形；在体育活动中获得认同，提升自信。

（二）外部因素

1. 学校课外体育活动氛围

这主要是指学校对于课外体育活动的重视程度，以及校园课外体育活动开展的现状。学校要出台相应的措施，为学生课外体育活动安排时间，鼓励学生参与课外体育活动。

2. 课外体育活动条件

这主要表现为运动场馆、体育器材和设施的完备性与便利性。学校要根据高校体育场馆目录的要求，配备充足的体育场馆设施，为学生参加课外体育活动提供足够的条件。

3. 相关监督管理机制

健全的管理机制可以有效地督促学生开展课外体育活动。从调查情况来看，学校对于学生开展课外体育活动缺乏完善的管理制度，无法有效地督促学生进行课外体育活动。

4. 运动效果

运动效果是学生对体育活动的满足程度，起到维持参与动机的作用。在调查中，学生对于课外体育活动的效果非常重视，认为如果课外体育活动起到了良好的效果，就可以增强自己持续参与活动的信心。活动乐趣建立在活动过程和效果之上，目前多数学生能在课外体育活动中获得快乐，达到效果。

三、课外体育活动的内容与形式

高职学生喜爱的体育活动项目存在着不同学段的差异、性别的差异和专业的差异，其喜爱的体育活动项目多样化与集中化趋势并存，健身类、球类、操舞类、民间体育等项目最受欢迎。

课外体育活动组织形式灵活机动，既可集体游戏，又可自行操练，练的因素更为显著，它主要是“活动”，是“玩耍”。学生可根据学校的实际条件和自身的兴趣爱好，开展多种多样的运动项目，活动时间丰富灵活。因此课外体育活动的组织形式多样：有规定在学校作息制度中的学生必须参加的体育活动，如早操、课间操等；有全校性的课外体育活动，如体育节、体育周（日）、运动竞赛等；有学生自发组织的体育社团、体育俱乐部等；有为少数擅长运动的学生组织的课余体育锻炼，如运动队训练等；有校外各种形式的体育活动，如郊游、远足、野营等。

课外实践

1. 通过对本章的学习，确定自己的体育目标。
2. 分析自己更适合哪项体育运动，将如何提升学习效果。
3. 组织一场体育比赛，设计比赛计划书。

知识拓展

体育不及格者不能留洋

在清华校园里，马约翰是一个“异类”。他的雕像屹立在清华西区体育馆南侧，和他同享殊荣的是梅贻琦、蒋南翔、朱自清、闻一多、梁思成等教育家、国学大师、科学巨擘。在十二个雕像中，他也是唯一一个因体育而被奉为“名家”的教授。

1882 年，马约翰出生于福建厦门。在少年时期，他深受“东亚病夫”的刺激，发愤锻炼身体，曾获得 100 码①、220 码、880 码、1 英里②等项的全校冠军。1904 年，他考入上海圣约翰大学预科。入校第二年的上海“万国运动会”上，马约翰夺得 1 英里赛跑的冠军，让日本和欧洲的运动员刮目相看。

1911 年马约翰大学毕业获理学学士学位。1914 年，马约翰应聘来到清华，最初担任化学系助教，随后改到体育部任教。

1920 年，马约翰接替美国人成为学校的体育部主任。此前，清华已经在实行“强迫运动”：每星期一到星期五下午 4 点到 5 点，图书馆、宿舍、教室一律关门，全校学生必须穿短衣服到操场锻炼。但“强迫运动”贯彻得并不彻底，锻炼时间内仍有人躲在树荫、墙角等僻静处读书。马约翰到清华以后，一到锻炼时间，就拿着小本子到处寻找，不是为了记名字、给处分，而是说服那些躲起来的学生出来锻炼。

他还制定了至今看来仍很严厉的规定：学生在校学习 8 年（1911—1928 年，清华正式名称为清华留美预备学校。清华学生 12~14 岁入学，学制 8 年），必须通过“五项测验”指标，从百米跑，到铅球，到足球篮球的基本常识——不过关者不能出国留学。

在马约翰的力主下，早期清华先后成立了足球、篮球、网球、曲棍球、棒球、垒球、水球、长跑、游泳、滑冰、拳击等十多个代表队，使“无体育、不清华”的口号注入清华大学的血脉中。

---

① 1 码 = 0.9144 米。

② 1 英里 = 1609.344 米。

第二章 体育保健

学习目标 

1. 掌握体育锻炼的卫生常识；
2. 学会体育损伤的判断与处置；
3. 掌握心肺复苏的基本技能。

第一节 体育锻炼的卫生常识

一、体育卫生

体育卫生是指为了达到增强体质、增进健康的目的，改变和创造合乎生理要求的体育锻炼条件和环境所采取的卫生措施和要求。在科学知识的指导下锻炼身体，不仅能够实现自我保护，还能提高锻炼效果。

体育锻炼环境是指人们进行体育活动时的外界条件，如空气、水、场地和运动设施等，通常可分自然环境和人为环境。

（一）体育锻炼自然环境

在环境幽雅、空气清新、阳光和煦的户外进行体育锻炼，会使身心愉悦，身体健康。如果体育锻炼环境被粉尘、二氧化碳、一氧化碳等污染，会引起呼吸功能降低和慢性支气管炎等疾病，直接危害人的身体健康。

室外体育锻炼时，要避免强烈日光过度照射，防止紫外线对人的损害，从事滑雪、滑水等项目的运动更应加强保护。

（二）体育锻炼人为环境

1. 室内环境

在温度恒定、光线明亮的室内进行体育锻炼会给人一种温馨舒适之感，但是室内环境人群集中，对卫生条件就有特殊的要求。如体育馆光线照度不能小于 50 勒克斯，应以不刺眼、均匀、不闪烁、不炫目、无浓影、不污染空气和不显著提高温度为准，放射光谱最好接近日光光谱；室内气温需要控制在 23 ℃～25 ℃；有良好的自然通风条件和人工通风设备。

2. 体育用品

体育用品是指从事体育锻炼者所需的运动服装、鞋袜等运动辅助物品，以及为保证安全锻炼而由个人准备的防护用品。体育用品必须符合卫生和安全要求。

运动服装是体育锻炼必备的物品，应具有美观大方、质地柔软及不易沾污等性能，规格要合体，并以穿着舒适、便于活动为原则。

二、营养卫生

人体每天都必须摄取食物，以维持人体正常生理功能和新陈代谢等生命活动。体育锻炼更需要科学地安排饮食，养成良好的卫生习惯。

（一）运动与营养

人体所需要的营养素主要有糖、脂肪、蛋白质、维生素、矿物质和水，这些营养素各有独特的营养功能，在代谢过程中又密切联系，共同参与、推动和调节生命活动。营养供给不足或过量都不利于健康。经常从事体育锻炼的人，需要保证足够的营养和营养素之间的平衡。

（二）运动后的卫生习惯

1. 运动后不宜立即进餐

运动时大量血液流入运动器官，胃肠器官的血液量相对减少，胃液分泌亦少，消化系统功能处于相对抑制状态。运动后立即进餐，必然影响食物消化和吸收，长此以往，会造成消化不良或其他消化道疾病。合理的进食时间，是锻炼后半小时。

2. 饭后不宜立即进行剧烈运动

饭后立即进行剧烈运动，不仅易消化不良，还可引起腹痛、恶心等症状，也可造成胃下垂等疾病。

3. 合理安排一日三餐

俗话说："早餐吃好，午餐吃饱，晚餐吃少。"据调查，不吃早饭的人，上午握力减小，神经肌肉震颤增强，血糖降低，出现注意力不集中、头晕、心慌等现象。另外，空腹时间过长，也是引起肠胃病的主要原因。因此早餐一定要吃好，有条件的可增加一些奶类、蛋类食品。午餐一定要吃饱，因为下午的工作、学习和活动量都较大。晚餐不应吃得太饱，以免影响晚间的学习、工作效率和睡眠。应注意的是，由于运动后易产生饥饿感，用餐时不要狼吞虎咽，更不能暴饮暴食。另外，在比赛前或疲劳时，也不宜吃太油腻的食品。

4. 运动中采取少量多次的饮水方式

水在人的生命活动中具有重要作用，水占成人体重的60%~70%。在运动时出汗多，体内缺少水分，必须及时补充，否则会影响人体正常生理机能活动。为此应注意：运动前和运动中不宜一次性大量饮水，会妨碍膈肌活动，影响呼吸，使血液浓度稀释，血流量增大，增加心脏负担，这样不利运动，有害健康。另外，运动后亦不宜一次性大量饮水，否则会加重心脏负担，影响生理机能的恢复。

三、女子经期的运动卫生

月经是女子正常的生理现象，人体一般不会有明显的生理机能变化，所以身体健康的女子月经期间不必完全停止体育锻炼。适度的体育锻炼不仅可以改善盆腔的血液循环，而且由于腹肌和盆底肌的收缩与放松活动，能对子宫起到柔和的按摩作用，有助于经血的排除。但女子在月经期间参加体育锻炼应注意以下几点：

（一）运动量适宜

在月经期间参加体育锻炼，运动量应小些，锻炼时间也不宜太长，可在早晨和课外活动时间进行体操、散步、慢跑等运动量较小的活动。应避免从事强度大或震动大的跑跳动作，如速度跑、跨跳等，也不要做腹内增压的憋气和静力动作，如卧撑、倒立、收腹等，以免子宫受压、受推而引起经血过多或子宫位置改变。

（二）月经期间不宜游泳

经期子宫口开放，子宫内膜破裂出血，如果这时参加游泳活动，病菌容易侵入内生殖器官，引起炎症性病变。

（三）其他

1）月经期间要避免寒冷刺激，如冷水锻炼，以免发生痛经、闭经或月经淋滴不净等。月经期间也不宜进行日光浴锻炼。

2）如遇有月经紊乱、痛经等现象发生时，则应暂时停止体育锻炼。

第二节　体育锻炼的自我医务监督

一、自我医务监督的目的和意义

体育锻炼的自我医务监督是指锻炼者在体育锻炼的过程中对自身生理机能和健康状况进行观察评定的一种方法。它有助于锻炼者了解自己在锻炼过程中的生理机能变化，预防过度疲劳，防治运动性疾病，调整锻炼计划和运动负荷，为合理安排锻炼内容和锻炼方法提供依据。

二、自我医务监督的内容

体育锻炼的自我医务监督主要包括主观感觉和客观检查两部分。

（一）主观感觉

1. 运动心情

正常时，精神饱满，体力充沛，渴望锻炼；不正常时，心情不佳，厌烦锻炼。

2. 自我感觉

正常时，身体无不适感觉。如果在运动中或运动后感到恶心甚至呕吐、头晕、身体某些部位疼痛，说明体力不好或患病。

3. 睡眠

正常时，入睡快，醒后精力充沛。如果出现入睡迟、易醒、失眠、睡醒后感觉疲劳，表明睡眠失常。

4. 食欲

因锻炼时能量消耗大，锻炼后食欲良好，想进食，食量大。如果锻炼后不想进食或食量减少，在一段时间内不能恢复食欲，表明胃肠消化和吸收功能下降，可能与运动量安排不合适或身体健康状况不良有关。

5. 排汗量

运动时排汗量的多少与运动量大小、运动强度、饮水量、气温、衣着以及神经系统状态有密切的关系。在客观条件相同的情况下，随着运动强度的加大，排汗量会减少。如果在相同情况下排汗量比过去明显增多，特别是夜间出现查汗现象，表明身体极度疲劳，也可能是内脏器官患病的征兆。

（二）客观检查

1. 脉搏

测脉搏时，除需要注意频率外，还应注意节律。在锻炼期间，若每分钟晨脉数比过去减少或无明显改变，节律齐，表明锻炼者身体功能反应良好；若每分钟晨脉数比过去多 12 次以上，表明身体功能反应不良，可能与疲劳未消除或身体疾病有关；若每分钟晨脉数比过去增加明显且长期不能恢复到原来的水平，可能与早期过度训练有关。

2. 体重

在锻炼期间，如果体重出现“进行性下降”现象，并伴有其他异常征兆（睡眠失常、情绪恶化等），可能是早期过度训练或是身体有消耗病变的表现。

3. 运动成绩

运动成绩长期不提高或下降，可能是身体机能不良或早期过度训练的表现。

第三节　常见运动生理反应与处置

运动生理反应是人体的一种保护性抑制，它的实质是对机体工作能力的限制，防止机体因过度工作产生伤害。常见的运动生理反应及处理方法如下：

一、肌肉酸痛

（一）产生的原因

肌肉酸痛多数是由于平时缺乏锻炼或运动量过大。

（二）预防与处置

要做好准备活动，运动开始时运动量小些，以后逐渐增加，即在一个阶段的锻炼中，遵循循序渐进的原则。每次锻炼后，要及时做好放松活动；如仍然有酸痛现象，可采取局部按摩、热敷或用松节油擦抹等方法，以促进气血通达、缓解酸痛。

二、运动中腹痛

（一）产生的原因

由于准备活动不充分或者在长跑和其他激烈运动时，膈肌运动异常，血液瘀滞在肝、脾两区，引起两肋间肌疼痛；在运动前饮食过多，或者过于紧张引起胃肠痉挛等，也会产生腹痛。

（二）预防与处置

做好准备活动，运动负荷要循序渐进，并注意呼吸自然，切忌闭气。如已产生腹痛，可适当减慢跑速，加深呼吸，揉按疼痛部位或弯着腰跑一段；腹痛严重者，可停止运动，可以喝一些热水，并且按揉肚子，沿着从右向左的方向进行按摩，如仍不见效，应护送医院诊断治疗。

三、肌肉痉挛（抽筋）

（一）产生的原因

肌肉突然猛力收缩或用力不均匀，或受到过冷水温（或气温）的刺激，或收缩与放松不协调等都会引起肌肉痉挛。

（二）预防与处置

在运动前对容易发生痉挛的部位做好充分的准备活动，并适当按摩，同时点按委中、承筋、承山、涌泉等穴位。注意保暖，进行局部热敷，严重时及时就医。

四、运动性昏厥

（一）产生的原因

在运动过程中，脑部突然血液供给不足，并达到一定程度时，发生一时性知觉丧失的现象，称为运动性昏厥。其症状为面色苍白、手脚发凉、呼吸缓慢、眼睛发黑，失去知觉而昏倒。主要原因是，长时间剧烈运动，四肢回流血液受阻，或突然进入激烈运动状态（如疾跑、冲刺），或在极度疲劳下继续勉强地锻炼，或久蹲后骤然站起，或疾跑后骤停，或空腹状态下锻炼等。

（二）预防与处置

平时应经常参加体育锻炼，以增强体质。运动时要控制运动负荷，防止过度疲劳。一旦出现运动性昏厥，应及时将患者平卧，使脚高于头部，并由小腿向大腿、心脏方向按摩，也可点按人中穴、合谷穴。如发生呼吸障碍，即进行人工呼吸，并及时就医。轻微患者可由同伴搀扶慢走，并协助做伸展运动和深呼吸等。

五、极点和第二次呼吸

（一）产生的原因

剧烈运动时，内脏器官的功能因存在惰性与肌肉活动需要不相称，致使氧债不断积累、乳酸堆积，达到一定程度时，就会出现胸闷、呼吸急促、下肢沉重、动作不协调，甚至恶心、呕吐等现象，这就是运动生理学中所称的极点。

（二）预防与处置

平时应加强体育锻炼，不断提高机体对运动的适应力，这可以延缓极点出现的时间和减轻症状。当极点出现后，适当减小运动负荷、加深呼吸，上述异常反应可逐渐缓解或消失，随后运动又重新变得轻松、协调，运动能力有所提高，这种现象称为第二次呼吸。极点是运动中常见的生理现象，因此不必恐惧。

第四节　运动损伤的处置与预防

一、运动损伤的原因

发生运动损伤的原因是多方面的，既有锻炼者运动基础、体质水平方面的原因，也与运动项目的技术特点、技术难度以及运动环境有关，同时与运动中的内容安排、运动量、运动强度、密度有一定的关系。概括起来主要有以下几个方面：

1）思想麻痹大意是导致运动损伤的主要因素。例如，运动前不检查器械，预防措施不得力，好胜好奇、行为冒失盲目造成受伤。

2）运动前准备活动不充分，特别是缺乏针对性准备活动，使运动系统没有达到状态而造成损伤。

3）运动情绪低下，在畏难、恐惧、害怕、犹豫以及过分紧张时发生伤害事故。有时因缺乏运动经验、缺乏自我保护能力致伤。

4）锻炼方法不科学，盲目地增加运动负荷，提高技术难度，尤其是局部负担过重，造成运动损伤。另外，在身体过于疲劳，或长期局部负担过重，或身体机能状态不良时可能引起伤害事故。

二、运动损伤的预防

预防运动损伤应该注意以下几方面：

1）加强运动安全教育，提高预防损伤的思想意识。

2）认真做好准备活动，对可能发生损伤的环节和易伤部位，要及时做好预防措施。

3）合理组织和安排锻炼、合理安排运动量，做练习时，防止局部运动器官负担过重。

4）加强保护与帮助，在加强同伴间的相互保护与帮助的同时，特别要加强和提高自我保护能力。如摔倒时，立即低头、团身滚动；由高处跳下时，用脚前掌先着地，同时屈膝缓冲、弯腰、两臂自然张开，以利于保持身体平衡。

5）加强易伤部位的锻炼。这是一种积极的预防手段，如：为预防关节扭伤，应增强关节周围肌肉、韧带的力量、强度和柔韧性，以加强关节的稳定性；为防止肌肉拉伤，在发展肌肉力量的同时，还应该注意发展肌肉的伸展性。

三、常见运动损伤与防治

常见的运动损伤有开放性软组织损伤、闭合性软组织损伤、骨折、关节韧带损伤等。

（一）开放性软组织损伤

开放性软组织损伤，其伤口与外界相通。如：擦伤，指皮肤受摩擦所致的表皮伤；刺伤，指尖的锐器刺入机体所引起的损伤；撕裂伤，指皮肤或皮下组织不同程度的裂口。因其伤口均与外界相通，易引起出血和感染，因而要特别注意伤口卫生。一般处理方法如下：

1）小面积的损伤，只需用消炎药水涂伤口即可。

2）大面积的损伤，必须严格消毒，用生理盐水清洗伤口，再用消毒纱布覆盖伤口，最后用纱布包扎。若无医疗条件，可取干净的代用品覆盖伤口，以防感染，然后送医院进一步治疗。

3）伤及深层肌肉组织或裂口较大则需清创止血，甚至进行缝合术，口服消炎药，必要时应注射破伤风抗毒素。

（二）闭合性软组织损伤

闭合性软组织损伤，无裂口与外界相通。如：挫伤，指身体局部受到钝器打击引起的组织损伤；拉伤，是受力后肌肉猛烈收缩所致；扭伤，是由于关节部位突然过猛地扭转，使肢体和关节周围的筋膜、肌肉、韧带过度扭曲或牵拉，多发生在踝关节、膝关节、腕关节和腰部。其损伤部位均有疼痛、红肿、皮下出血乃至运动功能出现障碍等症状。一般处理措施有以下 5 种：

1. 休息制动

早期应限制活动，抬高患肢，即将患肢抬到比心脏高的位置，并用弹性绷带从远心端缠到近心端，以减轻肿胀，使局部得到充分休息，以利组织的修复愈合。

2. 先冷后热

一般先采用冷敷，即将受伤部位直接置于冷水中，或用冰块、冰袋及在冷水中浸湿的毛巾等物置于患处，以促使局部血管收缩，减少血流量，使血肿得到控制。局部加压包扎冷敷的时间以 30 分钟左右为宜。24 小时后可进行热敷，加速血液循环，促进新陈代谢，从而达到消炎、退肿、止痛的目的。常用的方法有：干热敷，即把热水袋或食盐、沙子炒热装入布袋置于患处；湿热敷，即将患处置于热水中或用热毛巾敷盖。

3. 活血化瘀

皮下有青紫斑应适当选用活血化瘀的中草药。可取陈醋半斤，煮热后用毛巾浸醋敷伤处；亦可外擦红花油，内服三七粉、跌打丸等，同时，可辅以推拿和按摩。

4. 医院治疗

如果怀疑伴有内脏器官损伤、肌纤维断裂等，应保持受伤部位的稳定，做一些必要的处理后立即送医院进行急救。

5. 功能锻炼

功能锻炼的目的是加速受伤肢体的血液循环，防止损伤组织的粘连和萎缩。功能锻炼要循序渐进，以不引发再度受伤为原则。

（三）骨折

骨折是运动中身体某部位受到直接或间接外力作用而发生的骨质断裂现象。骨折时，患者的受伤部位剧烈疼痛，伴有肿胀和变形，伤肢缩短，失去原有的功能。骨折是比较严重的损伤，一旦发生，急救办法如下：

1）判断可能为骨折时，切勿随意移动患肢，禁止触摸和检查骨折部位，更不能试图复位，应用夹板或其他代用品固定伤肢，然后尽快送医院检查治疗。

2）倘若同时伴有休克，可以用手掐人中穴和内关穴、合谷穴，促使患者苏醒。

3）若骨折为开放型，应先止血，再用消毒纱布包扎、固定。

第五节　心肺复苏的操作

一、心肺复苏推广的意义

心肺复苏是针对呼吸心跳停止的急症危重病人所采取的抢救关键措施，人们只有充分了解心肺复苏的知识并接受过此方面的训练后才可以为他人实施心肺复苏。

心搏骤停大部分发生在医院外，时间就是患者的生命，而黄金抢救时间只有短短的 4 分钟。按目前国内院前急救医疗的实际情况，即便是在大城市也很难在黄金时间的最后一刻到达，这就要求我们掌握简单、实用、有效的急救技术，才能防患于未然。

心肺复苏教学

二、心肺复苏的操作步骤

（一）步骤一：意识判断和打开气道

1. 意识判断

当发现一个倒地的患者，首先必须判断其是否失去知觉。有以下几种方法：喊话并拍其肩膀；呼救（请现场的人或附近的人协助抢救，打 120 急救电话或通知就近的医疗单位）；患者体位（当患者呈俯卧状态时，应先将患者双手上举，再将外侧［远离抢救者侧］下肢膝盖弯曲后架在内侧［靠近抢救者侧］肢体上，然后一手护着患者的颈部，另一只手置于患者的胸部，小心、平稳、慢慢地将患者转为仰卧位，并将其双上肢放在躯干两旁；另一个方法是先将患者内侧下肢交叉在外侧肢体上，再将外侧上肢抬肩伸直靠于头侧，一手绕过患者内侧的上肢托肩，另一手置于患者髋关节处，将其整个地翻为仰卧位，并将其双上肢放在躯干两旁）。

2. 打开气道

患者心跳呼吸停止、意识丧失后，全身肌肉松弛，口腔内的舌肌也松弛，舌根后坠而堵塞呼吸道，造成呼吸阻塞。在进行口对口吹气前，必须打开气道，保持气道通畅。打开气道的方法是仰头抬颌法。操作者站或跪在患者一侧，一手置患者前额上稍用力后压，另一手食指置于患者下颌下沿处，将颌部向上向前抬起，使患者的口腔、咽喉轴呈直线（如图 2-1 所示）；再通过看（胸廓有无起伏）、听（有无气流呼出的声音）、感觉（面部感觉有无气流呼出）三种方法检查患者是否有自主呼吸，如无呼吸应该立即进行口对口吹气，如图 2-2 所示。

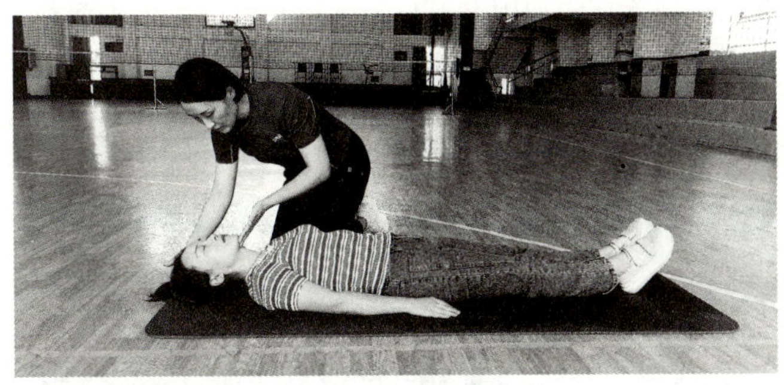

图 2-1　仰头抬颌法

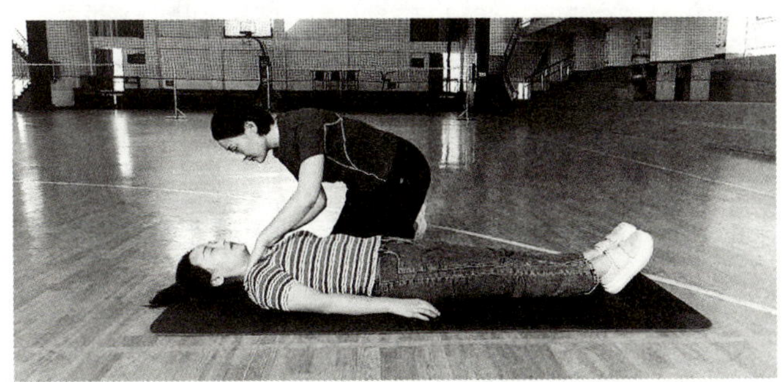

图 2-2　检查呼吸

（二）步骤二：人工呼吸

口对口吹气是向患者提供空气的有效方法。操作者置于患者前额的手在不移动的情况下，用拇指和食指捏紧患者的鼻孔，以免吹入的气体外溢，深吸一口气，尽力张嘴并紧贴患者的嘴，形成不透气的密封状态，以中等力量，1~1.5 秒的速度向患者口中吹入约为 800 毫升的空气，吹至患者胸廓上升。吹气后操作者即抬头侧离一边，捏鼻的手同时松开，以利于患者呼气。如此以 12 次/分钟的频率反复进行，直到患者有自主呼吸为止。

（三）步骤三：人工循环

人工循环是通过胸外心脏按压形成胸腔内外压差，维持血液循环动力，并将人工呼吸后带有氧气的血液供给脑部及心脏以维持生命。方法如下：

1. 判断患者有无脉搏

操作者跪于患者一侧，一手置于患者前额使头部保持后仰位，另一手以食指和中指尖置于喉结上，然后滑向颈肌（胸锁乳突肌）旁的凹陷处，触摸颈动脉。如果没有搏动，表示心脏已经停止跳动，应立即进行胸外心脏按压。

2. 胸外心脏按压。

（1）第一步：确定正确的胸外心脏按压位置。先找到肋弓下缘，用一只手的食指和中指沿肋骨下缘向上摸至两侧肋缘与胸骨连接处的切迹，以食指和中指放于该切迹上，将另一只手的掌根部放于横指旁，再将第一只手叠放在另一只手的手背上，两手手指交叉扣起，手指离开胸壁。

（2）第二步：施行按压（如图 2-3 所示）。操作者前倾上身，双肩位于患者胸部上方正中位置，双臂与患者的胸骨垂直，利用上半身的体重和肩臂力量，垂直向下按压胸骨，使胸骨下陷 4~5 厘米，按压和放松的力量与时间必须均匀、有规律，不能猛压、猛松。放松时掌根不要离开按压处。按压的频率为 80~100 次/分钟，按压与人工呼吸的次数比率为：单人复苏 15∶2，双人复苏 5∶1。

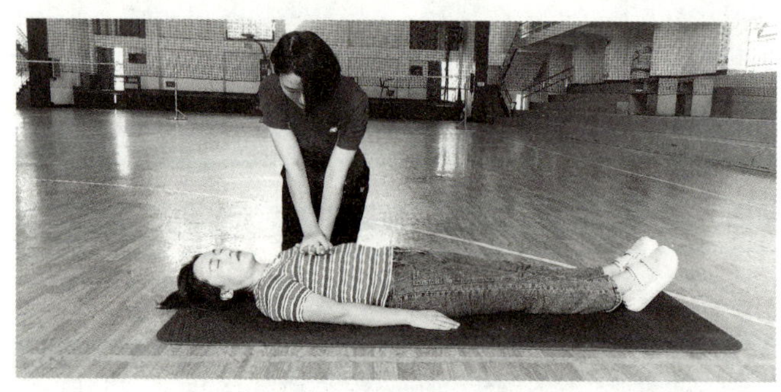

图 2-3　施行按压

课外实践

1. 在课外体育活动中的运动损伤，采取了哪些处置措施？
2. 心肺复苏的课外实践。

知识拓展 

竺可桢早年读书上海澄衷中学，因学习过于刻苦，搞得身体很差，那时他的一个同班同窗叫胡嗣糜，也就是胡适，曾背后对人打赌说：竺可桢活不过 20 岁。

竺可桢无意中听到这句话，惊出一身冷汗，从此发誓锻炼身体。后来他与胡同学同船去美国留学。1912 年，两人相遇，打起赌来。竺可桢问："我要是活过 60 岁怎么样？"胡适爽朗地回答："你要是活到 60 岁，我在你 60 岁寿筵上当着所有亲友的面给你磕三个响头。要是比我活得长，你可以在我的尸体屁股上踢上一脚。""行。你可得记住今天说的话啊！"竺可桢说。从那以后，竺可桢极其重视身体健康，也因此爱上了体育运动。

后来，竺可桢活到了 1974 年，享年 84 岁，在北京溘然去世。胡适享年 71 岁，逝世时竺可桢也没有在他的屁股上踢上一脚。竺可桢在日记中感叹："当年胡适这个'聪明人'曾预言我的早夭，终成一句妄语，我还要感谢胡适，我养成健身的习惯。"

第三章 体育锻炼的基本方法

学习目标

1. 了解体育锻炼的基础知识，掌握必要的基本技能，提高身体基本素质；

2. 定位体育课堂的作用，把学习身体素质锻炼的方法作为课堂学习的重点，体验式地进行课堂学习；

3. 能根据自身情况，利用所学的知识技能，合理制订身体锻炼计划，增强身体素质，提高综合适应能力。

第一节　体育锻炼概述

一、体育锻炼的原则

体育锻炼的原则是指在进行锻炼的过程中必须遵守的行为准则，它既是人们长期身体锻炼经验的概括与总结，又是身体锻炼客观规律的反映。为了使身体锻炼达到最佳效果，参与任何一项运动都应遵循以下原则：

（一）主动性原则

主动积极是参加并坚持身体锻炼的首要条件。主动性是指锻炼者在充分理解运动的目的、意义的基础上，自觉、自愿、主动、积极地进行身体锻炼。如：有的是为了更健全地生长发育，有的是为了调节紧张的学习生活，有的是为了提高某项运动技能与成绩，有的是为了更健美结实，有的则是为了锻炼意志、防病治病等。

（二）全面性原则

全面性原则是指在锻炼中，统筹兼顾，使身体各部位、各器官、系统的机能，各种身体素质和活动能力都得到均衡发展。人体是一个复杂的生命有机体，各个方面的锻炼是相互影响与制约的，只有全面锻炼，才能互相促进、共同提高，否则，就容易出现畸形，有损健康。尤其是正处在生长发育阶段的大学生，贯彻全面锻炼的原则更为重要。

（三）循序渐进原则

循序渐进原则是指在进行体育锻炼时，必须遵循人体活动的规律，科学地安排锻炼的内容、方法、负荷、难度等。由于体育锻炼的过程是人体对内外环境变化适应的过程，这个过程不能急于求成，必须逐步提高才能获得良好的效果。

（四）经常性原则

经常性原则又叫持续性原则，是指锻炼者按预定的锻炼计划，持之以恒，不间断地从事身体锻炼。经常参加体育锻炼，并不是说无论什么情况都必须每天运动，可根据自己的实际，每周锻炼 3 次或 5 次。如果学习、工作繁忙不能按计划进行者，可充分利用零散时间进行活动，一天进行几次短时间的活动同样会取得较好的效果。只要不长期停止锻炼，就能保持旺盛的体力和精力，贵在坚持。

（五）因人制宜原则

体育锻炼的一个重要目的是使人体适应外界环境。因人制宜原则是指在身体锻炼过程中，根据锻炼者的个人特点以及季节、地域等客观条件，合理地确定锻炼内容，选择锻炼方法和安排运动负荷，使之符合实际需要。体育锻炼时，要根据个人的年龄、性别、爱好、身体条件、职业特点、锻炼基础等不同情况区别对待，因人而异。

二、合理的体育锻炼方法

（一）有氧锻炼法

有氧锻炼法是指锻炼者通过呼吸能够满足运动对氧气的需要，在不负氧债的情况下进行身体锻炼的方法。这种锻炼方法的运动负荷强度适中，而运动时间较长，可以有效地提高心血管机能和呼吸机能，促进机体的新陈代谢，并减少脂肪积累，是国外和国内都比较流行的一种锻炼方法。锻炼时脉搏保持在每分钟 130 次左右，不高于每分钟 150 次。用 180 减去锻炼者的年龄数，所得的差作为锻炼时每分钟的脉搏数。

采用有氧锻炼法的典型项目有长跑、竞走、游泳、骑自行车、滑雪、耐力体操及韵律操、徒步旅行等。运用其他项目锻炼，只要坚持速度慢、距离较长或持续时间保持在 30 分钟左右，均可称为有氧锻炼，也能收到满意的锻炼效果。

（二）重复锻炼法

重复次数的不同，对身体的作用不同。重复次数越多，身体对运动反应的负荷量越大。如果重复次数不断地增加，可能使身体承受的负荷达到极点，乃至破坏有机体的正常状态，造成伤害。

运用重复锻炼法，关键是掌握好负荷的有效价值范围（最有锻炼价值负荷量下的心率）并据此调整重复次数。在重复锻炼中，对负荷如何控制，怎样重复才能收到理想效果的负荷程度，应视实际情况而定。

（三）间歇锻炼法

人们认为体质增强的过程是在运动中实现的，其实体质增强过程主要是在间歇中实现的，是在休息过程中取得了超量恢复。若是离开在休息中取得的超量恢复，运动就变成对增强体质毫无意义的事，甚至起不了作用。间歇对增强体质的作用并不亚于运动本身，自古以来就有以静炼健身的经验。在现代科学的基础上，人类更清楚地认识到在间歇时间内机体的各种变化，认识了保持同化优势的重要性，故把间歇作为一种健身的基本方法。

（四）连续锻炼法

从增强体质的良好效果出发，需要间歇就停一会儿，需要连续就接二连三地进行下去，不能仅讲究间歇，还要讲究连续。连续、间歇、重复都是在统一锻炼过程中实现的。连续、间歇、重复等因素各有其特有的作用；连续的作用在于持续负荷量不下降，维持在一定的水平上，使身体充分地受到运动的作用。

（五）循环锻炼法

循环锻炼法由几个不同的练习点组成。当一个点上的练习一经完成，练习者就迅速转移到下一个点，各练习点依次跟上。练习者完成了各个点上的练习，就算完成了一次循环。

循环练习法对技术的要求不高，且各项目都采用比较轻度的负荷练习，因此，练起来既简单有趣，又可获得综合锻炼，收到全面发展的良好效果。

（六）变换锻炼法

此法可以有效地调节生理负荷，提高兴奋性，强化锻炼意向，克服疲劳和厌倦情绪，以达到提高锻炼效果的目的。

如刚参加锻炼时，可多做些诱导性练习和辅助性练习。随着锻炼水平的提高，应加大练习的难度，如用越野跑代替在田径场的长跑等。由于锻炼条件的变化，可使锻炼者的大脑皮层不断地产生新异的刺激，提高兴奋性，激发锻炼的兴趣，从而提高机体对负荷的承受能力，提高锻炼效果。另外，不断地对锻炼的内容、时间、动作速率等提出新的要求，可有效地调节生理负荷，使机体不断产生适应性变化，达到更好地锻炼身体的目的。

（七）负重锻炼法

负重锻炼法是使用杠铃、哑铃、沙袋等重物进行身体运动来锻炼身体、增强体质的方法。

负重锻炼法，既适用于普通人为增强体质锻炼身体，又适用于各项运动员进行身体训练，还适用于促进身体疾患的康复。

一般人为增强体质进行负重锻炼，应采用最大摄氧量和最大心功能输出量以下的负荷，因为，过大的负荷可能给心血管和呼吸系统带来不良的影响。为了保证这种锻炼方法对身体的良好作用，在运动负荷价值阈范围（心率在 120~140 次/分）内可多次重复或连续。

第二节　体育锻炼效果的评估和运动计划的制订

一、自我评估

锻炼身体时，要选择一定的锻炼内容和方法。选择什么内容，采用什么方法，安排多大的运动负荷，将直接影响到锻炼的效果；如果安排不当，盲目进行锻炼，不仅达不到增进健康的目的，甚至还会对身体造成危害。科学的锻炼方法是，在锻炼开始时，根据锻炼的目的选择能够反映状况的指标，进行准确的测量，作为锻炼内容、方法及运动量大小的依据。经过一段时间的锻炼，效果究竟有多大，是否达到目的，应从以下几方面进行自我评价。

（一）自我感觉

自我感觉是指在当天锻炼后特别是第一天，或锻炼一段时间后，在身体上和精神上有无不适的感觉或异常的反应。应注意和记录的自我感觉包括：是否头晕、恶心、发烧、疲劳不堪、胸闷、腿部有浮肿；食欲是否下降，有无腹泻、腹痛或便秘现象；精力是否充沛、情绪是否饱满、心情是否舒畅等。如果在身体上和精神上感觉到了上述的不良感觉，就要根据实际情况判定出现情况的原因，提出适当的应对措施。

（二）形态、结构方面的变化

经常参加体育锻炼的人，四肢围度增加，腰腹部肌肉增加，肌肉发达健美，经过 X 光透视可见心肌增厚、心室容积增大，四肢骨骼都有不同程度的增粗变化。

（三）生理机能的变化

1. 肺活量增加

与锻炼前相比，经过一段较长时期的系统锻炼后，肺活量有比较明显的增加。

2. 运动性心动徐缓

与锻炼前相比，经过一段较长时期的系统锻炼后，安静时的心率呈现逐渐下降的趋势。

（四）运动能力和运动成绩

经常锻炼的人，身体素质和运动能力提高，体魄强健，工作和体育锻炼时不易感到疲劳，身体素质测试成绩和运动成绩比原来有所提高。

（五）运动后的疲劳恢复

经常锻炼的人，运动时的身体各器官进入工作状态快，不适感觉没有或较轻，运动后虽有一定的疲劳感，但疲劳感消失较快；而缺乏锻炼的人，其运动后的疲劳感消失得较慢。

（六）心理状态

经常锻炼的人，由于体质增强，身心健康，生活、工作和学习时会感到精力充沛，情绪饱满。

二、制订个人体育锻炼计划

一个完整的体育锻炼计划包括锻炼的目的、内容、方法、时间等。大学生在制订个人体育锻炼计划时应该注意锻炼内容、时间、次数的合理搭配。

（一）锻炼内容的合理搭配

在选配锻炼内容时，应该注意以下几点：

1）注意把课外锻炼的内容和体育课的学习内容结合起来。注意复习、巩固和提高体育课所学的内容。

2）注意把个人兴趣与实际需要结合起来。既要发展自己有兴趣的或者擅长的项目，又要努力克服自己的弱项和不足。

3）注意不同身体素质练习与其他活动的有机结合。一般情况下，每次锻炼时应该安排一项活动性游戏或者球类活动，再配以 1~2 项身体素质练习为好。

（二）周期炼次数和时间的安排

大学生在制订体育锻炼计划时，一般以一年或一学期为锻炼周期，以此来确定每周早操、课间操、课外活动的锻炼次数及每次锻炼的时间。

第三节　身体素质的基本练习方法

一、力量素质

力量素质是人体进行体育运动的基本素质之一，是获得运动技能和取得优异运动成绩的基础，同时也是其他身体素质发展的重要因素。据统计，一场激烈的羽毛球比赛，运动员在场上反复快速移动达 500 次左右，再加上蹬、跳、跨、击球、跳起扣杀等，对下肢力量的要求很高；无论是在前场的搓、推、勾、扑球、放球，还是在后场的挥拍吊球、扣杀，都需要一定的手腕、手背、肩部和腰背肌群的力量。因而，羽毛球运动对上肢、肩部、躯干肌肉群的力量要求也较高。所以，在教学、训练以及自我训练中，应注意科学地、系统地增强上、下肢及躯干肌肉群的力量素质。

（一）俯卧撑

动作方法：俯身向前，手掌撑地，手指向前，两臂伸直，两手撑距同肩宽，两腿向后伸直，两脚并拢以脚尖着地（如图 3-1 所示）。两臂屈肘向下至背低于肘关节，接着两臂撑起伸直成原来姿势（如图 3-2 所示）。

图 3-1　俯卧撑准备姿势

图 3-2　俯卧撑完成动作

练习要求：身体保持平直，不能塌腰成“凹”形，也不可拱臀成“凸”形。

多次重复该动作，能发展三角肌的前部、胸大肌以及肱三头肌等上肢力量。

若提高练习难度和效果，也可变化以下练习：

1）手掌撑变为手指撑，连续做俯卧撑动作；

2）两臂宽撑（掌撑或指撑），连续做俯卧撑动作；

3）两臂宽撑，两手握砖连续做俯卧撑动作；

4）一腿抬起，另一腿着地，连续做俯卧撑动作；

5）两脚放在横木上，连续做俯卧撑动作。

（二）引体向上

动作方法：两手正握或反握单杠，握距同肩宽，两脚离地，两臂伸直，身体悬垂（如图 3-3 所示）。引体发力身体向上拉至头过杠面，然后身体慢慢垂下来成原来姿势（如图 3-4 所示）。

图 3-3　引体向上准备姿势

图 3-4　引体向上完成动作

练习要求：发力引体不要借助身体摆动和屈蹬腿的力量。

多次重复该动作能发展胸大肌、背阔肌以及肘关节屈肌群力量。

若提高练习难度和效果，也可变化以下练习：

1）两手正握单杠悬垂，连续做引体向上头触杠头前伸动作；

2）一手反握杠，另一手腕扣杠，连续做引体向上动作；

3）脚负小沙袋在单杠上连续做引体向上动作。

（三）双杠臂屈伸

动作方法：两臂屈伸在双杠上，身体垂直在杠内，屈臂至两臂完全弯曲，接着用力撑起，使两臂伸直成原来姿势。

多次重复该动作能发展胸大肌、三角肌前部、肱三头肌力量。

练习要求：身体要直，下肢自然下垂，腿不要屈伸摆动。

若提高练习难度和效果，也可变化以下练习：

1）脚背放置小沙袋或壶铃连续做屈伸臂动作；

2）腰负重物体或身体穿沙背心连续做屈伸臂动作；

3）在吊环上连续做屈伸臂动作。

（四）仰卧起坐

动作方法：仰卧在地板上或体操垫上，使身体处于水平位置，腿伸直，两手一起抱头，然后向上抬上体至垂直部位，再慢慢后倒成原来姿势（如图 3-5 和图 3-6 所示）。

多次重复该动作，能发展腹肌、髂腰肌等力量。

练习要求：起坐动作速度要快，下卧时动作速度应慢。

若提高练习难度和效果，也可变化以下练习：

1）仰卧在长凳上，两手持杠铃片置于脑后，两脚固定，连续做仰卧起坐；

2）仰卧在木马上或斜板上，两脚勾住肋木，两手持球，两臂伸直，连续做仰卧起坐；

3）坐在跳箱上，两脚由同伴握着，两手持杠铃片置于脑后连续做仰卧起坐动作；

4）仰卧，连续做元宝收腹动作。

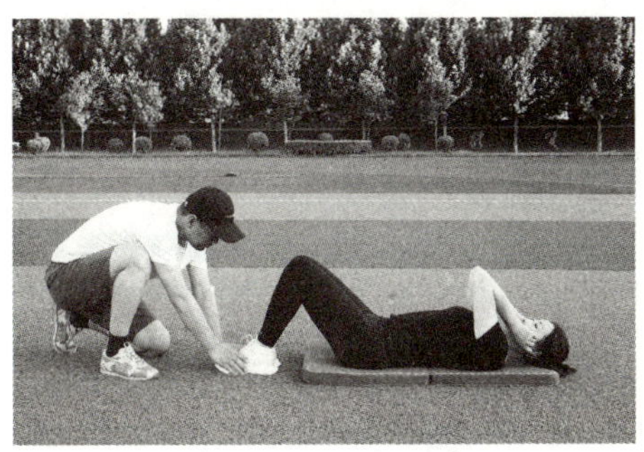

图 3-5　仰卧起坐准备姿势

图 3-6　仰卧起坐完成动作

（五）收腹举腿

动作方法：仰卧在地板上或体操垫子上，身体伸直处于水平位置上，两臂伸直自然置于体侧，然后收腹向上举起双腿至垂直部位，再慢慢放下成原来姿势。

练习要求：收腹举腿动作速度要快，放腿速度应慢。

多次重复该动作能有效地发展腹肌和髋关节屈肌群力量。

若提高练习难度和效果，也可变化以下练习：

1）支撑屈膝直角坐，接着成直腿后撑直角坐动作，反复练习；

2）背靠肋木，两手正握横木悬垂，连续做收腹举腿动作（如图 3-7 和图 3-8 所示）；

图 3-7　收腹举腿准备姿势

图 3-8　收腹举腿完成动作

3）仰卧，两脚夹实心球连续做收腹举腿动作。

（六）连续跳跃

动作方法：可用单腿跳跃和双腿跳跃进行水平跳、向前跳和向上跳。

练习要求：上体正直、蹬地有力、动作连贯。

多次重复该动作，能发展大腿前后群肌、小腿群肌及踝关节力量。

主要练习方法有：

1）原地单腿跳；

2）原地双腿跳；

3）单腿在高物上交替跳；

4）跳深；

5）多级跨步跑。

（七）提踵运动

动作方法：在两脚底下放一块 5~6 厘米厚的木板，脚前掌踏于木板上，脚后跟着地，然后尽量提高脚后跟再放下，连续进行。

练习要求：身体正直，上体挺拔，臀部不要后坐。

多次重复该动作，能发展小腿后部的目鱼肌、腓肠肌、腓骨肌、短肌群力量，同时对踝关节处韧带的收缩亦有益处。

二、速度素质

速度素质是指有机体（或机体某部位）快速运动的能力。其中包括三个方面：第一，快速通过某一距离的能力；第二，对各种刺激快速反应的能力；第三，快速完成动作的能力。速度素质是运动员基本素质之一，在身体训练中占有重要地位。

（一）反应速度的练习方法

反应速度的提高，不同的运动项目所采用的训练方法和手段不同，可以通过听觉、视觉、触觉等练习方式进行。主要练习方式如下：

1. 反应类游戏练习法

1）两人拍击。两人面向开立，听到开始口令后，设法拍击对方背部，而又不被对方击中自己，在规定时间内（每次 1 分钟左右），拍击对手多者为胜。

2）反应起跳。练习者围圈面向圈内站立，圈内 1~2 人站在圆心附近手持小竹竿（竿长超过圈半径）。游戏开始，持竿者将竹竿绕过站圈人脚下画圆，竿经谁脚下谁即起跳，不让竿打到脚，被打即失败进圈换持竿者。持竿者可突变画圈方向训练练习者的反应。

3）喊数抱团。练习者绕圈跑，听教师口令说几人组合，练习者即几人成组，不符合组合人数者为失败，失败者罚做俯卧撑、高抬腿等练习或表演节目。

4）起动追拍。两人一组前后相距 2~3 米慢跑，听到信号开始加速跑，后者追前者，追上并拍击他背部就停止，要求在 20 米内追上有效。也可在追赶时，教师发出第二个信号，让其后转身互换追赶。

2. 反应练习

1）听口令做对应的相反动作。听教师叫立正，练习者做稍息；叫向左转，练习者做向右转等。

2）听信号起动加速跑，慢跑中听信号后突然加速跑 10 米。反复进行。

3）小步跑、高抬腿跑接起动加速跑。做原地或行进间的小步跑或高抬腿跑，听到信号后突然加速跑 10~20 米。反复练习。

4）转身起跑。背对前进方向站立，听信号后迅速转体 180°，起动加速跑 10 米。

5）听枪声及口令起跑。蹲踞式或站立式起跑 10 米。组数及每组次数根据练习者水平而定，组间休息 3~5 分钟。

6）反应突变练习。练习者听各种信号做各种滑步、上步、交叉步等移动、转身、急停、接球、上步垫球等模仿练习。

（二）动作速度

1. 听口令或击掌或节拍器摆臂

两脚前后开立或弓箭步，根据口令或击掌或节拍器节奏，做快速前后摆臂练习 20 秒左右，节奏由慢至快，快慢结合。摆臂动作正确、有力。重复 2~3 组，组间休息 3~5 分钟。

2. 原地快速高抬腿或支撑高抬腿

站立或前倾支撑肋木或墙壁等，听信号后做高抬腿10~30 秒，大腿抬至水平，上体不后仰。可重复练习 4~6 次，间歇 3~5 分钟。

3. 仰卧高抬腿

仰卧，两腿快速交替做高抬腿练习（动作同上），要求以大腿工作。做 10~30 秒，练习次数及间歇同上。此练习也可做抗阻力练习，如拉胶皮带。将胶皮带分别固定在肋木（或树干）上和两脚踝关节处，以高抬腿拉力抗阻力，胶带固定的一端要低于垫子平面约 20 厘米，也可拉完胶带后再徒手练习，以提高动作速率。

4. 快速小步跑

小步跑 15~30 米，两腿频率越快越好。要求以大腿工作，小腿放松，膝踝关节放松，脚落地“扒地”。重复 4~6 次，间歇 3~5 分钟。

5. 快速小步跑转高抬腿跑

快速小步跑 5~10 米后，转高抬腿跑 20 米。小步跑要放松而快，转高抬腿跑时频率不变，只是幅度加大。重复 3~5 次，间歇同上。

（三）移动速度

移动速度在某种意义上可看成是一种人体综合运动能力。移动速度的快慢不仅和动作技术水平有关，而且和力量、柔韧、速度耐力及协调性的发展也有着十分密切的关系。从另外一个角度，也可把移动速度看成是动作速度、速度耐力与意志力的组合。移动速度练习可采用以下方法：

1. 力量练习

力量练习是提高位移速度的基本方法之一。常用的发展位移速度的力量练习主要有负重杠铃、各种单双足跳、多级跳和跳深等形式。力量水平特别是爆发力水平的提高对位移速度的提高具有相当重要的意义。

2. 重复练习

这是指以一定的速度，多次重复一定距离的练习。这种方法对提高人体在快速移动中克服各种内外阻力以及速度耐力十分重要。

3. 助力速度练习

助力速度练习主要采取的方法有：下坡跑助力速度练习和牵引跑助力速度练习。通过练习强迫提升步幅步频，达到提升速度的目的。

4. 比赛法练习

比赛法是速度训练中经常采用的方法。采用比赛法能促使运动员情绪高涨，表现最大速度的可能性就会增加。通过比速度、比技术、比成绩等可以起到激励斗志、鼓舞情绪的作用。

三、耐力素质

耐力素质是指机体在一定时间内保持特定强度负荷或动作质量的能力。“一定时间”是指不同专项对运动时间的规定性。保持特定运动强度或动作质量是耐力水平的体现。耐力水平的提高表现为更长时间保持特定强度或动作质量，或在一定时间内承受更高强度的能力。运动员要在竞赛全过程保持特定的运动强度或动作质量，就必须具备良好的耐力素质。

（一）1分钟立卧撑

由直立姿势开始，下蹲两手撑地，伸直腿成俯撑，然后收腿成蹲撑，再还原成直立。每次做1分钟，4~6组，间歇5分钟，强度为50%~55%。要求动作规范，必须站起来才算完成一次练习。也可以穿上沙背心做该练习，或做立卧撑接蹲跳起，则强度稍大，做30次为一组，组间歇为10分钟。如图3-9所示。

（a） （b） （c） （d）

图3-9　立卧撑

（二）连续跑台阶

在高20厘米的楼梯或高50厘米的看台上，连续跑30~50步，如跑20厘米高的楼梯，每步跳2级。重复6次，每次间歇5分钟，强度55%~65%。要求动作不能间断，但不能规定时间，向下走尽量放松，心率恢复到100次/分钟时可开始下一次练习，也可穿沙背心做该练习。

（三）原地间歇高抬腿

图3-10　原地高抬腿

原地做快速高抬腿练习（如图3-10所示）。如发展非乳酸性无氧耐力，则可做每组 5 秒、10 秒、30 秒钟快速高抬腿练习，做 6~8 组，间歇 2~3 分钟，强度为 90%~95%。要求越快越好。如发展乳酸性无氧耐力，则可做 1 分钟练习，或 100~150 次为一组，6~8 组，每组间歇 2~4 分钟，强度为 80%。要求动作规范。也可前支撑做高抬腿练习。

（四）两人追逐跑

跑道上两人一组相距 10~20 米（根据水平不同），听口令后起跑，后面人追赶前面人，800 米内追上有效，间歇 3~5 分钟，下次交换位置。重复 4~6 次，强度为 65%~75%。也可以要求在最后 100 米内追上方为有效。

四、柔韧性素质

柔韧素质是指人体各个关节的活动幅度、肌肉和韧带的伸展能力。它是人体一项重要的身体素质和健康指标。它对掌握运动技术、预防受伤的预感性和可能性、保持肌肉的弹性和爆发力、维持身体姿态等方面都具有很重要的意义，因此，无论男女老少，不管是运动员还是普通人，都需要加以重视并经常进行练习。柔韧性素质锻炼的方法很多，可分为动力拉伸和静力拉伸两种，并有主动和被动之分。练习应以静力性拉伸为主，辅以动力拉伸。

（一）发展柔韧素质的基本要素

1）进行柔韧素质锻炼时要循序渐进，不能一开始就用力过猛和速度过快。

2）柔韧素质锻炼时不得动作幅度过大，不能超过正常的生理范围，练习时以感觉到酸、胀、痛为限。

3）柔韧素质锻炼必须与速度和放松练习相结合，这样可以保持肌肉、关节、肌腱和韧带的弹性，利于营养物质的恢复。

4）柔韧素质锻炼时，要将动力性和静力性练习相结合。

5）每次进行柔韧素质锻炼的时间不宜过长。柔韧素质锻炼必须在其他锻炼之前进行。

（二）柔韧素质锻炼的方法

1. 主动练习法

主动练习法是指不依靠外力而通过肌肉的主动收缩来增加关节灵活性的锻炼方法，可以分为主动动力性练习和主动静止性练习。主动动力性练习特点是有动作次数的重复，有负重或不负重的，例如各种踢腿、摆腿、肢体绕环、甩腰、涮腰、扩胸等练习。主动静力性练习是一种依靠自身肌肉的力量，使动作达到最大幅度并保持静止姿势的练习，例如双杠直角支撑、体前屈、左右分腿、前后分腿、劈叉等练习。如图 3-11~图 3-14 所示。

2. 被动练习法

被动练习法是指依靠外力的作用，增大关节灵活性的一种方法，也可以分为被动动力性练习和被动静力性练习两种方法。被动动力性练习是依靠他人的助力来拉长肌肉和韧带的练习。例如，后举腿练习时，借助人力抬高后举的幅度；坐立向前屈体时，用人在背部向前推压等练习。被动静力性练习是借助外力保持固定的姿势。例如，借助力保持体前屈，借助力向前、后、侧抬腿等练习。

图 3-11 压腿准备

图 3-12 侧压腿

图 3-13 后踢腿

图 3-14 肩部柔韧练习

五、灵敏性素质

灵敏素质是指人体在各种突然变换的条件下，快速、协调、敏捷、准确地完成动作的能力。它是人的运动技能、神经反应和各种身体素质的综合表现。各专项的每一个动作都不同程度地体现了力量、速度、耐力、柔韧等素质。通过力量特别是爆发力量，控制身体的加速或减速；通过速度，特别是爆发速度，控制身体移动、躲闪、变换方向的快慢；通过柔韧保证力量、速度的发挥；通过耐力保证持久的工作能力。发展灵敏素质，首先是提高大脑皮质神经过程的灵活性，可采用球类、技巧、跳高、拳击等非周期项目进行锻炼。

灵敏性素质锻炼方法如下：

1）在跑、跳中做迅速改变方向的各种跑、躲闪、突然起动以及各种快速急停和迅速转体练习等。

2）做各种调整身体方位的练习。

3）做专门设计的各种复杂多变的练习，如用“之字跑”“躲闪跑”“穿梭跑”和“立卧撑”四项组成的综合性练习。

4）限制完成动作的空间练习，如在缩小的球类运动场地进行练习。

5）改变完成动作的速度的练习，如变换动作频率或逐步增加动作的频率。

6）做各种变换方向的追逐性游戏和对各种信号做出应答反应的游戏等。

六、协调性素质

协调性指身体作用肌群的时机正确、动作方向及速度恰当，平衡稳定且有韵律性。在各项体能中，协调性训练可以说最困难，因为影响协调性的因素除了遗传、运动员心理个性，尚有肌力与肌耐力、技术动作纯熟度、速度与速度耐力、身体重心平衡（关系肌力与肌耐力）、动作韵律性（技术动作要纯熟方可）、肌肉放松与收缩，甚至还有柔软度等。

1）单脚站立，另一只脚不能碰到地面，站立的脚不能移动，身体尽量保持稳定，坚持1分钟。

2）跳跃法。双脚合并向前跳，落地后再向后跳，接着向左跳，最后向右跳。跳完这样一组动作后，双脚站立的地方尽量是在开始的地方。重复20~30次。

3）转向跳。双脚合并，跳起的同时身体往左转动 180°落地站稳；再跳起身体向右转动 180°落地站稳。重复 30 次。

4）站蹲撑。先站立，然后下蹲，再双手支撑地面，双脚同时往后蹬直；然后再收回双脚，恢复站立姿势。

5）跳绳练习。单脚跳绳，左右脚不停地替换。跳绳时要保持匀速，呼吸也要保持一定的节奏。

6）球类运动也是一个能锻炼身体协调性的好方法。因为在做球类运动的时候，需要手脚互相配合，而且全身肌肉都在活动，能够很好地提高个人的速度、反应和力量。

7）跳舞也能提高人的身体协调性和律动性，但跳舞对人的要求比较高，需要不断地反复练习才能掌握好舞蹈的节奏和动作。

第四节　田径运动

一、田径运动概述

（一）田径运动的起源与发展

田径运动是径赛、田赛和全能比赛的统称。以高度和距离长度计算成绩的跳跃投掷项目称为田赛；以时间计算成绩的竞走和跑的项目称为径赛。田径运动是各项体育运动的基础。田径运动是在社会发展中逐步产生和发展的，是历史上最古老的体育运动之一。

田径运动是发展人体基本活动能力和提高人体基本素质的手段之一，它在各级学校体育课和《国家体育锻炼标准》中都占有很大比重，经常利用田径项目锻炼身体能提高人体走、跑、跳跃、投掷等基本活动能力，能促进人体正常的生长发育和各器官的新陈代谢，改善神经系统的调节功能和内脏器官的机能，提高人体健康水平与工作能力。田径运动可以培养人们勇敢、顽强、坚韧、果断的意志品质。

（二）田径运动的重要赛事

在现代竞技体育大家庭中，田径项目比赛是全球影响力最大的竞技活动之一。这不仅是因为田径运动是各项运动的基础，赛事规模大、项目多、运动水平高、竞争激烈，更重要的是它可以让观众真实地感受到运动场上人类生命的无限激情与无尽的活力，现场体验“更快、更高、更强”的体育运动的瞬间精彩与永恒魅力。作为金牌大户的田径比赛因其特有的欣赏价值及轰动效应，将会永远吸引世人的目光。田径比赛主要有：

1）马拉松；

2）奥运会田径赛；

3）世界杯田径赛；

4）世界田径锦标赛。

二、跑的基本练习

跑是单脚支撑与腾空相交替、蹬摆相结合、动作协调连贯的周期性运动（运动员在跑的周期中要经历两次单脚支撑状态和两次腾空状态），它是人体完成位移的主要方式之一，也是人体运动的自然动作。跑的基本练习主要有：

（一）小步跑

身体稍前倾，大腿抬起与水平成35°~45°，膝关节放松，然后大腿下压小腿顺下压的惯性前伸，并很快以脚前掌积极着地，脚趾完成最后“扒地”动作。小步跑要求步幅小，频率快而放松，小腿自然伸开用脚前掌着地，支撑腿三关节充分伸展，骨盆前送，两臂前后摆动配合两腿动作。

1. 动作要领

1）上体正直肩放松，两臂前后自然摆动。

2）髋、膝、踝关节放松，迈步时膝向前摆出，髋稍有转动。

3）当摆腿的膝向前摆动时，另一腿的大腿积极下压，脚前掌扒地式着地，着地时膝关节伸直，脚后跟提起，踝关节有弹性。

2. 易犯错误

直腿拍打式着地或踝膝紧张直腿前踢。

（二）高抬腿

高抬腿是较常见且简单易做的有氧运动之一。高抬腿的主要作用是训练腿部力量，提高下肌肉群的蹬撑能力，长期练习可以起到增强腿部力量，扩大步幅，提高髋关节、膝关节、踝关节等下肢关节的力量、柔韧、协调性。一般分为原地高抬腿与高抬腿跑两种。

1. 动作要领

1）保持上身挺直的情况下，两腿交替抬至水平。

2）原地高抬腿：运动者的位置大致不发生变化的高抬腿运动。

3）高抬腿跑：运动者在交替抬腿的同时向前（快速）移动。

2. 易犯错误

上体后仰，臀部下坐，步幅过大。

（三）后蹬跑

后蹬跑时上体正直或稍前倾，两臂前后有力摆动，充分伸展髋关节，膝、踝关节蹬地，后蹬力量大，重心前移，身体较放松。摆动腿积极向前上方摆动至水平或接近水平部位时，带动同侧髋充分前送，同时膝关节放松，大腿积极下压小腿前送至脚前掌着地，缓冲，迅速转入后蹬。

1. 动作要领

1）后腿用力蹬伸，前腿屈膝前顶、送髋。

2）落地时小腿积极后拉，脚掌扒地。

3）手臂上提摆至肩高制动，有明显的腾空时间。

2. 易犯错误

后蹬不充分，送髋不够；不能送髋；膝踝关节明显伸不直；腾空过高，跑动中明显向上跳。

三、短跑

短跑属于极限强度运动，比赛项目包括 60 米、100 米、200 米、400 米跑。其特点是人体快速奔跑时，生理负荷大，供能方式以无氧代谢为主。它是发展速度素质最有效的手段，是许多田径项目以及其他一些运动项目的基础。它经历了踏步式、迈步式和摆动式三个阶段。短跑全程技术按技术动作变化可分为起跑、起跑后加速跑、途中跑和终点跑四个部分。

（一）100 米跑的技术

1. 起跑

起跑的任务是使身体迅速摆脱静止状态，为起跑后加速跑创造条件。田径规则规定，在短跑比赛中运动员必须采用蹲踞式起跑，必须使用起跑器，运动员要按照发令员的口令完成起跑动作（如图 3-15 所示）。

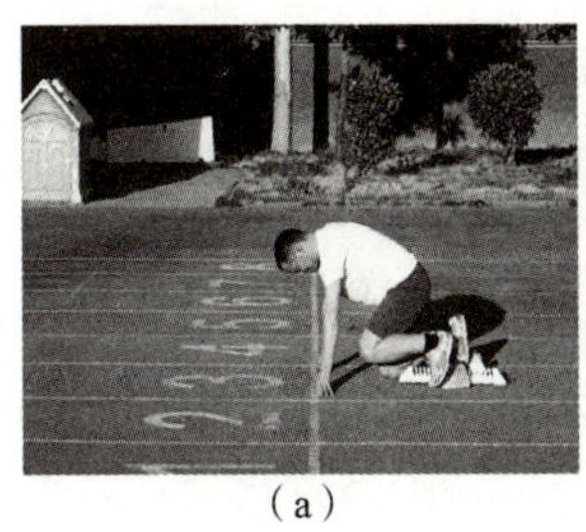
（a）

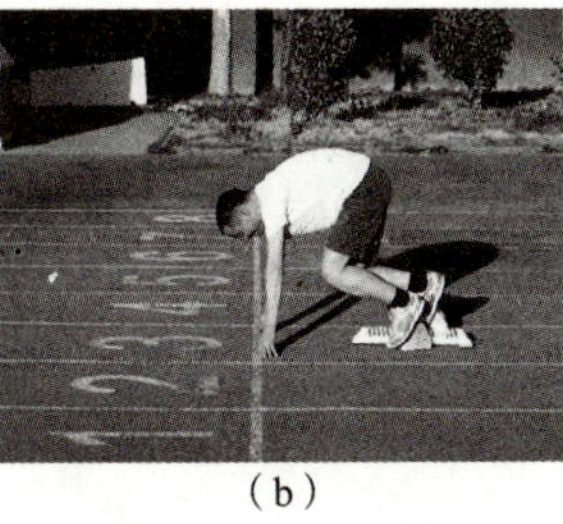
（b）

（c）

图 3-15　起跑

2. 起跑后的加速跑

起跑后的加速跑是从蹬离起跑器到途中跑的一段距离，一般为 30 米（优秀运动员略长）。它的任务是尽快地在最短距离内发挥出最大的速度。

3. 途中跑

途中跑的任务是继续发挥和保持最大速度跑到终点。在跑的周期中，包括后蹬与前摆、腾空、着地缓冲等动作，跑时要做到自然放松（如图 3-16 所示）。

图 3-16　途中跑

4. 终点冲刺和撞线（终点跑）

终点冲刺的任务是尽量保持高速度跑过终点。在跑到距终点 15～20 米处，应加快两臂摆动，距终点线最后一步时，上体迅速前倾，用胸或肩部撞线，跑过终点后不要突然停止，应逐渐减速慢跑。

（二）200 米、400 米跑技术

1. 弯道起跑和起跑后的加速跑

200 米、400 米跑是由弯道起跑，并约有一半的距离是在弯道上进行的，为了适应弯道，在技术上要有相应的变化。起跑到切点后，身体要逐渐向内倾斜。

2. 弯道跑的技术

弯道跑时，左脚以脚掌外侧着地，右脚以脚掌内侧着地，身体前倾并向左侧跑道圆心方向倾斜。越是里道，跑速越快，越要向左侧倾斜。弯道跑的蹬地与摆动方向应与身体向圆心方向倾斜趋于一致。从弯道跑入直道时，应在弯道最后几步，逐渐减小身体内倾幅度，自然跑几步，然后全力向前跑。

四、中长距离跑

中长距离跑是田径运动竞赛中数量较多的运动项目，是对速度、耐力要求较高的项目。中距离跑具体项目为男女 800 米、1000 米、1500 米、3000 米等。长跑是以耐力为主的项目，男女 5000 米、10000 米均属于长距离跑。马拉松跑（42.195 公里）属于超长距离跑。另外，还有公路赛，男、女标准距离分别为 15 公里、20 公里、半程马拉松、25 公里、30 公里、100 公里和公路赛接力跑等。

中长跑的特点是长时间的内脏器官工作和连续的肌肉协调活动。跑时要轻松协调、重心平稳、直线性好、节奏性强，尽可能减少能量的消耗。保持步长，提高跑的步频是当今中长跑技术发展的趋势。

中长跑是一项人体负荷很大，锻炼价值高的运动项目，经常参加锻炼能改善呼吸系统和心血管系统功能，发展耐力素质，同时，可培养人们勇敢、顽强、不怕苦、不怕累和克服困难的意志品质。

中长跑的技术，根据全程跑的特点分为起跑、起跑后的加速跑、途中跑、终点跑和呼吸五个部分。

（一）起跑

田径规则规定，中长跑起跑必须是站立式起跑。起跑技术分为“各就位”“鸣枪”两个技术环节。

（二）起跑后的加速跑

听到枪声后，两脚用力蹬地，后腿蹬地后迅速前摆，两臂配合两腿的蹬摆做快而有力的前后摆动，使身体快速向前冲出，随着跑距的延长，上体逐渐抬起。加速跑时，应占领有利的战术位置，为途中跑创造条件。起跑后上体前倾稍大，蹬摆积极有力，与短跑基本相似。

（三）途中跑

途中跑在技术结构上与短跑相同。由于中长跑距离长，体力消耗大，要求跑时动作更要放松、协调、平稳和省力。途中跑技术主要体现在动作的经济性和实效性两个方面。

它与短跑相比，在上体的前倾角度、摆臂、摆动腿的动作幅度、步长和后蹬力量等方面都要小，后蹬角度相对较大。脚着地时脚前掌或脚前掌外侧先着地，然后过渡到全脚掌着地。进行中长跑时，应做到轻松自如、步伐均匀、步长适中、重心平稳、呼吸与动作节奏配合好，这样才能提高中长跑的成绩。

（四）终点跑

终点跑是在身体十分疲劳的情况下进行的，它是中长跑临近终点时最后一段距离的冲刺跑。终点跑的距离要根据不同项目、个人特点、场上的情况和战术要求而定。比赛距离越长，终点跑的距离应相对加长。冲刺时应动员全部力量，加快摆臂、加大后蹬、提高频率，以顽强的意志冲过终点。

（五）中长跑的呼吸

中长跑时，首先感到的困难是呼吸跟不上，主要是能量消耗大，机体对氧的需求量增加，肺的通气量比安静时增加 10~15 倍，每分钟可达到 100 多千克。为了供给肌体充足的氧气，必须掌握一定的呼吸频率和深度。呼吸应做到均匀深长，吸入的气体最好稍有停留，然后再均匀呼出。只有充分地呼出二氧化碳，才能充分地吸进氧气，故呼吸必须与跑步协调配合。多数长跑者都采用“二步一吸，二步一呼”或“一步一吸，一步一呼”的方法。随着疲劳的出现，呼吸的频率也有所加快。呼吸是利用鼻子与半张开的嘴进行的。冬天练长跑或顶风时，可用鼻子呼吸或用鼻子吸、用嘴呼的方法。跑速加快以后，靠鼻子呼吸就不够了，需用鼻子和嘴同时呼吸。

由于内脏器官工作条件的改变，氧气的供应落后于肌肉活动的需要，故跑到一定阶段往往会出现胸部发闷、呼吸节奏破坏、呼吸很困难、跑速降低而难以坚持跑下去的感觉，这种现象是通常所说的“极点”，这是跑的过程中出现的正常现象。跑的强度越大，“极点”出现越早。当“极点”出现时，一定要以顽强的意志坚持下去，同时要注意呼吸的方法，做到深呼吸，特别是加深呼气，另外可适当调整跑速。

课外实践

1. 积极参与学院体育社团活动，在活动中积极运用所学的技术，快速提高运动技能。
2. 制订身体素质周训练计划、月训练计划和长年训练计划，需体现各基本技术动作的具体训练内容和达到的目标。

知识拓展 

近几年，中国田径代表队在国际重大赛事中，顽强拼搏、争金夺银，为祖国增光添彩，大大提升了我国田径在国际上的影响和地位。请同学们收集刘翔、苏炳添、巩立姣等田径运动员的训练比赛事例，学习他们为祖国的体育事业努力奋斗的事迹，正气修身，传递正能量，为我们的国家形成风清气正的良好社会风气而贡献我们的力量。

专项体育技能

第四章 篮球运动

学习目标 

1. 了解篮球运动的起源、比赛规则；
2. 掌握篮球的基本战术；
3. 培养对篮球运动的兴趣和爱好。

一、篮球运动的起源

美国马萨诸塞州斯普林菲尔德市基督教青年会训练学校体育教师詹姆士·奈史密斯博士于1891年创造了篮球运动。奈史密斯最初是想设计一项适合室内活动的体育运动，他受到工人和儿童用球投射桃篮的启发，设计了将两只桃篮分别钉在健身房内看台的栏杆上，桃篮上沿距离地面3.05米，用足球做比赛工具，向篮内投掷，投球入篮得一分，按得分多少决定胜负。1893年将桃篮改为活底铁质球篮，并在铁篮下沿挂了网袋。由于在每次投中篮后，须将球重新取出来很麻烦，于是，在1913年将网底剪开，形成了近似现代的篮板、篮圈和篮网。因这项游戏起初使用的是桃篮和球，遂取名为“篮球”。篮球运动产生后，由于它本身所具有的趣味性、竞争性和对抗性的特点，很快就在全球传播开来。

二、篮球运动的比赛规则

（一）篮球比赛

篮球比赛由两个队、每队5人进行，每队的目的是把球投进对手球篮得分并阻止另一队得分。比赛由裁判、记录台裁判和技术代表管理。比赛时间结束，得分多的队将获得胜利。

（二）比赛场地与设备

1. 球场

篮球场长28米，宽15米。

2. 篮球

男子比赛用球标准（7号球）：重量567~650克，圆周长749~780毫米。

女子比赛用球标准（6号球）：重量510~567克，圆周长724~737毫米。

篮球从高度约1800毫米（篮球底部）落到地面上反弹高度为1200~1400毫米（篮球顶部）

（三）比赛规则

1. 比赛时间、平分和加时赛

比赛分四节，每节10分钟，第一节和第二节（上半场）之间、第三节和第四节（下半场）之间和每一加时赛之前间隔2分钟。上、下半场之间间隔15分钟。

如果四节比赛结束时两队平分，将延长5分钟进行加时赛，直到决出胜负。

2. 跳球和交替拥有

跳球发生在第一节比赛开始，交替拥有是在第一节跳球一方控制球权后。比赛开始以后出现下列情况之一，双方交替拥有掷界外球权：

1）每一节的开球；

2）争球；

3）双方犯规无控球方；

4）双方同时使球出界。

3. 得分分值

罚球得分计1分。在两分区投篮得分计2分。在三分区投篮得分计3分。

4. 暂停

每队上半场（第一节和第二节）2次停，下半场（第三节和第四节）3次停，每一加时赛一次暂停，每次暂停1分钟。未用的暂停作废。请求暂停的时机：

1）双方球队：球成死球并停止比赛计时钟，且裁判员已结束向记录台报告；

2）双方球队：最后一次或仅有的一次罚球得分后球成死球；

3）对方投篮得分，非得分队可以请求暂停。

5. 换人

替换队员进场前应向记录台报告，并做好比赛的准备。请求换人的时机：

1）双方球队：球成死球并停止比赛计时钟，且裁判员已结束向记录台报告；

2）双方球队：最后一次或仅有的一次罚球得分后球成死球；

3）第四节最后2分钟或每一加时赛最后2分钟投篮得分，非得分队可以换人。

（四）违例及其罚则

违例是违反规则的行为。裁判员应根据下列基本原则来判断是否违例：规则的精神和意图以及坚持比赛完整的需要；在每场比赛中运用常识的一致性，在比赛中要记住有关队员的能力以及他们的态度和行为；在比赛控制和比赛流畅之间保持平衡的一致性。

1. 运球违例（两次运球或非法运球）

运球是指持球队员在原地或移动中，用单手连续按拍借助地面反弹起来的球的技术。球在一手或双手之中停留的一刹那运球即停止。不能翻腕运球（携带球），不能双手同时拍球，不能两次运球。

漏接是指运球开始或结束时，队员偶然地失去球，接着又恢复控制球。漏接不是运球。

2. 持球移动违例（走步）中枢脚的确定

第一种类型：队员双脚着地接到球（原地接球），可用任一脚做中枢脚，一脚抬起的一刹那，另一脚就成为中枢脚。

第二种类型：队员在移动或运球中接到球。这又可以分两种情况：

第一种情况：队员接到球时一脚正触及地面，另一脚一触及地面，原先那只脚就成为中枢脚；如队员跳起原先触及地面的那只脚并双脚同时落地，则哪只脚都不能成为中枢脚。

第二种情况：队员接到球时双脚离开地面。这又可以分三种情况：

①双脚同时落地，任一脚都可作为中枢脚；

②两脚分先后落地，先触及地面的脚为中枢脚；

③一脚落地又跳起这只脚并双脚同时落地，哪只脚都不能成为中枢脚。

3. 判定持球移动

确定中枢脚后，队员在传球或投篮中可抬起中枢脚，但在球离手前不准落回地面；队员开始运球时，在球离手前不得提起中枢脚。哪只脚都不能作为中枢脚时，如队员传球或投篮，可抬起一脚或双脚，但在球离手前不得落回地面；如运球，在球离手前哪只脚都不可以抬起。

4. 球回后场违例

（1）三个必备条件：

1）控制球队才能出现球回后场；

2）必须是控制球队使球从前场进入后场；

3）必须是控制球队的队员在后场首先触球。

（2）不算球回后场违例的情况

1）被防守队员断回后场的球，可以被双方任一球队重新获得；

2）运球队员在中线附近由后场向前场做后转身运球，即使身体接触了前场地面但球运在后场地面上，继续向前运球；

3）在前场投篮出手后球弹回后场。

5. 球出界与掷界外球违例

当球触及界外队员或任何其他人员、界线上或界线外的地面或任何物体、篮板的支柱或背面时即为球出界。

6. 时间类的违例

（1）3 秒违例

在比赛计时钟已经启动、某队在场上控制活球时，该队队员在对方限制区内不得停留超过连续 3 秒。队员在限制区内停留接近 3 秒时，可允许向篮下运球投篮。连投抢不受秒规则限制。队员准备离开限制区时或当处于限制区内的队员正在做投篮动作球正在离手或已离手时不算 3 秒违例。

（2）5 秒违例

罚球队员在裁判员递交球后 5 秒没有投篮出手；掷界外球的队员在裁判员递交球后或已将球放在他可处理球的地点后 5 秒没有将球掷入场内；持球队员被严密防守在 5 秒内没有传、投、滚或运球时。

（3）8 秒违例

进攻队员在后场控制活球时，该队没有在 8 秒内使球进入前场。

（4）24 秒违例

当一名队员在场上控制一个活球时，该队必须在 24 秒内完成投篮。必须满足下列条件才构成一次投篮：24 秒装置鸣响之前球必须离手；球离手后在 24 秒装置鸣响前必须触及篮圈。

当在 24 秒接近结束时投篮，球已离手在空中飞行时 24 秒装置鸣响，如果球进入球篮，此球为投中；如果球触及篮圈但未进入球篮，球仍是活球，没有违例发生并且比赛不中断，应继续进行。

下列情况 24 秒从中断处连续计算：球出界仍由原控制球队掷界外球；裁判员中止比赛以保护受伤队员。

7. 干扰球违例

1）在投篮过程中，当球在飞行中下落并完全在篮圈水平面上时，进攻或防守队员均不能触球。

2）当球在球篮中时，防守队员不得触球或球篮。

3）当球触及篮圈时，攻守队员都不得触及球篮或篮板，如果触球，进攻队员违例，投中无效；防守队员违例，球即使没中也要判攻方得分。

8. 脚踢球与拳击球

故意踢球、用拳击球或用腿的任何部分拦阻球为违例，脚或腿偶然碰球不算违例。

（五）犯规及罚则

犯规是违反规则的行为，含有身体接触和违反体育道德的举止。犯规可分为侵人犯规和技术犯规。

宣判程序：鸣笛并做停表手势，用手势表明犯规队员的号码、犯规性质及罚则。

罚则：由对方掷界外球；如犯规队每节全队累计达 4 次后，罚球 2 次；如被侵犯队员在做投篮动作，投中 2 分或 3 分，加罚 1 次，不中则罚 2 次或 3 次。

1. 身体接触的一般原则

（1）圆柱体原则

圆柱体原则定义为一名站在地面上的队员占据一个假想的圆柱体内的空间。它包括该队员上方的空间，以及前面由手的双掌、后面由臀部、两侧由双臂和双腿的外侧组成的立体空间。双手和双臂可以在躯干前面伸展，其肘部的双臂弯曲不超过双脚的位置。

（2）垂直原则

在比赛中，每一队员都有权占据未被对方队员占据的任何场上位置（圆柱体），这个原则保护队员所占据的地面空间和当他在此空间内垂直起跳时的上方空间。

（3）处理身体接触的原则

1）每个队员都有责任尽量避免发生身体接触，每个队员都有权占据没有被对方队员占据的位置。

2）每一个跳起在空中的队员都有权落在自己起跳的位置，或落在起跳前未被对手占据的位置。从背后来的身体接触不是正常的篮球比赛动作，在背后的队员通常要对身体接触负责。

3）如果发生了身体接触由造成身体接触的人负责。

2. 对身体接触与侵人犯规的若干规定

（1）合法的防守位置

双脚以正常跨立姿势着地；面对对手；两臂向上伸直，两脚间的距离与身高成比例。

（2）防守控制球的队员和不控制球的队员

1）不控制球的队员和任何防守他的对手必须考虑时间和距离的因素，即都不能离对手太近。如果队员在上位时忽视了时间和距离的因素并发生身体接触，他应对接触负责。

2）在防守控制球队员时，时间和距离的因素可置之不顾。

（3）谁先到达某处，谁就有权通过：判断阻挡与撞人的主要依据

进攻队员头和肩部已越过对手并发生了接触，判防守阻挡；进攻队员以胸或肩撞在处于合法防守位置的对手的躯干部位，判进攻队员撞人犯规。

（4）队员的位置与球的关系

双方队员为抢球而发生身体接触，宣判犯规时必须考虑双方队员距球的位置。如队员从对方队员的旁边或后面位置上去抢球，而对方已占据有利位置，发生身体接触，前者负责；如双方面对面均处于有利位置，发生身体接触可不予考虑，除非队员用臂、肩、臀或腿将对方推离。

（5）垂直原则

队员对他们上方的空间拥有权力。防守队员不能将双臂放在进攻队员上方，以阻止进攻队员垂直起跳和投篮；进攻队员不能斜着跳起而撞在处于合法防守的队员身上。

（6）腾空的队员

从场上某处跳起在空中的队员有权不受对方妨碍再落到原地点上，也可落在场上另外在起跳时没有被对手占据的地点和从起跳点至落地点之间的直通路径。当对手已跳起在空中后，队员不得移至对手的路径上。

（7）手测

当对手位于某队员的视野之外时，偶尔的触及是合法的。

（8）合法掩护与非法掩护

掩护对手的队员时两脚着地未移动为合法掩护；掩护对手的队员在移动中进行掩护并与被掩护的队员发生身体接触为非法掩护。

3. 几种特定犯规及其罚则

（1）技术犯规

队员或教练员及随队人员违反规则，漠视裁判员的劝告或有不正当、不道德的行为都将被视为技术犯规。技术犯规不包含身体接触。

罚则：比赛中队员的技术犯规判给 1 次罚球和在中场掷界外球；比赛休息期间所有人员的技术犯规均判给 2 次罚球；比赛中球队席上的人员技术犯规，判给两罚一掷。

（2）违反体育道德的犯规

这是指依裁判员的判断，使用超出规则的精神和意图及不合理的动作进行比赛而造成的侵人犯规。裁判员应依据下列原则来判定：

1）如果一个队员不是以打球为目的而发生身体接触；

2）如果一个队员以打球为目的，但造成过度的身体接触；

3）如果一个队员拉、打、踢或故意推对方。

（3）取消比赛资格的犯规

这是指任何技术犯规、侵人犯规等十分恶劣的不道德行为。罚则为两罚一掷。

（4）双方犯规

这是指双方队员同时犯规。比赛应以下列方式重新开始：

1）如双方犯规发生时，球投中有效，则由投中队对方在端线掷界外球；

2）双方犯规发生时若一队控制球或被判给球权，则由该队在离犯规发生最近处掷界外球；

3）若双方均未控制球或未判给球权，则进行交替拥有。

（5）特殊情况下的犯规

1）几乎同时发生多起犯规，在此情况下的处理原则为登记犯规；

2）罚则相同相互抵消，双方跳球；

3）必须分出犯规的先后次序，按次序进行罚球；

4）后面如有新的罚则，前面罚则中的掷界外球权将被取消。

（6）打架

在打架时，任何座席人员离开球队席区域的界限应被取消比赛资格，并登记教练员一次技术犯规，按教练员技术犯规进行处罚。

三、篮球运动的基本技战术

（一）移动技术

移动是队员在比赛中为了改变速度、方向、位置和高度所采用的各种脚步动作方法的总称。移动与掌握、运用进攻和防守技术有着密切的关系，它是篮球技术的基础。在篮球比赛中，各种攻防技术动作的完成与运用，都需要脚步动作的配合。所以，要求篮球运动员在正式比赛中，积极快速地移动，合理运用各种脚步动作，占据有限的地面与空间，争取掌握攻防的主动权。在篮球技术教学与训练中，要重视移动技术的动作方法和教学训练方法。

1）基本站立姿势：两脚前后或左右开立，两脚与肩同宽或稍宽，两膝微屈，重心保持在两脚之间，上体略向前倾，两臂自然屈肘下垂，置于体侧，抬头、收腹、含胸，两眼注视场上情况。

2）后退跑：队员由攻转守时常采用的移动方法。脚跟提起，两脚脚前掌交替用力蹬地，上体放松直起，两臂屈肘摆动，保持身体平衡，两眼平视观察场上情况。

3）变向跑：队员在跑动中突然改变方向的一种脚步动作。最后一步脚着地后脚尖内扣，脚前掌内侧用力，屈膝，腰部转向变向方向，重心快速转移，支撑脚上步要快。

4）侧身跑：跑动时为了观察场上情况，头和腰部向球的方向扭转并随时准备接侧耳后方传来的球而经常采用的跑动方法。

5）跨步急停和跳步急停：实战中常用的无球转换为有球状态的步法运用。

6）转身：利用一只脚做中枢脚，另一只脚蹬地向不同方向跨移，改变原来身体方向的一种方法。

①前转身：转身时移动脚向自己身前（中枢脚前的方向）跨出的同时，中枢脚碾地旋转使身体改变方向。

动作要领：屈膝提踵，重心平稳。

②后转身：移动脚蹬地向自己身后（中枢脚后的方向）跨出的同时，中枢脚碾地旋转使身体改变方向。

动作要领：两脚用力蹬碾地，重心平稳不起伏。

7）滑步：防守时的一种主要移动方法。常用来堵截对方的移动路线，调整自己的防守位置。它易于保持身体平衡，可向侧、向前和向后进行滑动来阻截对方的移动。

①侧滑步：从基本站立姿势开始，脚平行站立，两膝较深弯曲，上体微向前倾，两臂侧伸。向右侧滑步时，左脚脚前掌内侧蹬地，右脚向右（称动方向）跨出，在落地的同时，左脚紧随滑动，向右脚靠近，两脚保持一定距离，右脚继续跨出。在滑步时，要保持屈膝低重心的姿势，身体不要上下起伏，重心保持在两脚之间，眼注视对手。向左侧滑步时脚动作相反。

②前滑步：两脚前后站立，脚前掌内侧蹬地，前脚向前跨出一小步，着地后，后脚紧随着向前滑动，保持前后开立姿势。

③后滑步：后滑步动作方法与前滑步相同，向后方移动时更应注意身体的重心稳定。

侧滑步、后滑步、前滑步

（二）传接球技术

进攻队员在原地或移动中，用手将球在队友之间相互传递，称为“传接球”。传接球是球运动中重要技术之一，也是篮球比赛中运用最多的一项基本技术，它是进攻队员在场上相互练习和组织进攻的纽带，也是实现战术配合的具体手段。传接球技术的好坏，直接影响战术质量和比赛的胜负。准确巧妙的传接球，能够打乱对方的防御部署，创造更多、更好的投篮机会。

1. 接球

（1）双手接球

这是一种适应面很广的接球方法，可用来接胸部高度、高于胸部或低于胸部高度离身体较近的各种来球。接球时，两眼注视来球方向，两臂自然伸出迎球，两手成半圆形，掌心向前；当球触及手指时，两臂随球后引缓冲来球力量，两手握球置于胸腹前，准备衔接下一个动作。

（2）单手接球

这是一种能接离身体较远来自不同方向球的方法。右手接球时，注视来球方向，手臂向来球方向伸出迎球，臂微屈，手指自然分开，成勺形；当球触及手指时，手臂顺势后引，另一手迅速扶球，将球置于胸腹之间，准备衔接下一个动作。

2. 传球

（1）双手胸前传球

动作要领：两手五指自然张开，两大拇指成八字形，用指根以上部位持球，掌心空出。两肘自然弯曲于体侧，置球于胸腹部位，身体成基本姿势站立。传球时，目视传球方向，两臂前伸，手腕由下向上转动，再由内外翻，急促抖腕，同时拇指用力下压，食、中指用力弹拨，将球传出。出球后手心和拇指向下，其余四指向前。远距离传球，则需加大蹬地和腰腹的协调用力。

双手胸前传接球

（2）单手肩上传球

动作要领：（以右手为例）双手胸前握球，两脚前后站立，左脚在前，左肩对传球方向，将球引至右肩，右手执球，肘关节外展，右手腕后仰，指根以上托球，掌心空出，重心落在右脚上。传球时，右脚蹬地，转体，前臂迅速向前挥摆，手腕前屈，通过拇指、食指、中指拨球，将球传出。球出手

双手胸前传接球单人技术

后身体重心随之移到左脚上。

(3) 单手体侧传球

动作要领：持球手法与单手肩上传球相同（以右手传球为例），将球由胸前引到体前右侧，传球时振动前臂、手腕急速前扣，并向内翻，同时食指、中指、无名指用力拨球，将球传出。

（三）运球

运球是持球队员在原地或行进中用单手连续按拍由地面反弹起来的球的一种动作方法，是篮球比赛中个人进攻的重要技术。它不仅是个人摆脱、吸引、突破防守的进攻手段，也是组织全队战术配合的桥梁，并且对发动快攻、突破紧逼防守都起着极大的作用。通过不断的运球练习，能促进学生熟识球性，增强手对球的控制、支配能力。随着篮球技术的发展和竞赛规则的修订，放宽了手对球吸拉过程的尺度，运球动作及其运用都发生了极大的变化。

1. 运球的技术要点

运球的技术要点由队员的身体姿势、手型、手按压球的动作和球的运行及落点等环节组成。

1）身体姿势：两脚前后开立，两膝微屈，上体稍前倾，屈肘抬头，非运球手臂屈肘保护。

2）手型：五指自然分开，用手指根以上部位触球，掌心空出，手腕放松。

3）手按压球的动作：以肘关节或肩关节为轴，带动臂、腕、指主动按压和迎引从地面反弹起来的球。

4）球的运行：球的运行方向和速度取决于按压球的部位与力量。按压球的部位不同，球向地面的入射角和从地面反弹起来的反射角也不同；按压球的力量不同，球从地面反弹起来的高度和速度也不同。

5）球的落点：运球时要控制球的落点，使球完全保持在自己所能控制的范围内，以便利用自己的身体、臂、腿来保护球；如运球向前推进时，球的落点应控制在身体的侧方，并保持适当的距离，以免脚踢球。在对手紧逼防守时，应使球远离对手，采用侧对防守的运球方法，将球的落点控制在身体的侧后方。

2. 高运球

动作要领：两腿微屈，上体稍前倾，抬头平视，以肘关节为轴，带动臂、腕、手指柔和而有力地按压球的后侧上方（如图 4-1 所示）；球的落点在运球手臂的同侧脚的外侧前方，球的反弹高度在胸腹之间，手脚配合要协调。高运球一般在队员由后场向前推进并无防守阻挠时运用。

图 4-1 高运球

3. 低运球

动作要领：两腿迅速弯曲，降低重心，上体前倾，用手腕和手指短促按拍球的后上方，使球落点在体侧，球的反弹高度在膝关节处，并注意用肩、臂、腿保护球（如图 4-2 所示）。低运球一般在遇到防守堵截时运用。

（a）　　（b）

图 4-2　低运球

4. 体前换手运球

动作要领：两腿开立，屈膝降低重心，眼睛平视前方，以肩关节为轴，手臂自然伸直，手指朝下，用手掌边缘和手指控制球，让球在体前一侧远端经由体前反弹到另一侧远端，注意无球手的跟随幅度和节奏（如图 4-3 所示）。体前换手运球一般运用于突然改变节奏和运球方向来摆脱防守。

（a）　　（b）　　（c）

（d）　　（e）

图 4-3　体前换手运球

5. 后转身运球

动作要领：以右手为例（如图 4-4 所示），运球做转身时，左脚向前跨出一步为中枢脚，置于对手两脚之间，然后右脚用力蹬地后撤，顺势做后转身动作，同时将球拉引至身体的后侧方，换左手运球，从对手右侧突破。运球转身一般运用于对方贴身防守时，利用运球转身来摆脱防守。

（a）（b）（c）（d）（e）

图 4-4　后转身运球

6. 背后运球

动作要领：在跑动中背后向右变向时，左脚前跨，同时右手按压球的前上方，手臂逐渐外旋，手指迅速向下，手心向前，在背后直臂按拍球的左侧后上方，使球向右脚的侧方落地，随即迈右脚，球反弹后换右手继续向前推拍前进，加速超越防守（如图 4-5 所示）。

（a）（b）（c）（d）

图 4-5　背后运球

（四）投篮

投篮是进攻队员将球投入对方球篮而采用的各种专门动作方法的总称。投篮是篮球比赛中唯一的得分手段，是一切进攻、战术的最终目的和全部攻守矛盾的焦点。投篮得分的多少是决定比赛胜负的关键。为此，加强投篮技术的教学与训练、掌握和运用好投篮技术，以及不断提高投篮命中率，对于学习篮球技术具有十分重要的意义。

1. 投篮动作要领

（1）持球方法

以原地单手肩上投篮为例：由双手持球开始，右手投篮时，五指自然分开，用手掌外沿和指根以上部位托住球的后下方，手心空出，手腕后仰，球的重心落在食指和中指之间，肘关节自然下垂，置球于同侧肩的前上方，左手扶住球的侧下方。

（2）投篮准备姿势

首先，要使身体各部分处于开始工作的适度紧张状态；其次，要维持身体重心使其处于便于投篮动作开始的高度和位置；最后，便于由投篮转换为其他技术动作。因此，进攻队员接球后，必须面向篮圈并抢占有利投篮位置和保持能投篮、能传球、能运球的进攻姿势。

（3）瞄准点

瞄准点是投篮时的目标注视点，是提高投篮命中率的重要环节。投空心篮时，通常是瞄篮圈离自己最近的一点，其优点是有实体目标；投碰板篮时，一般是投篮角度越小，距离越远，弧度越高，碰板点越高；反之，越近则弧度越低。

（4）出手动作

出手动作指投篮时球最后出手的动作，是完成投篮的最后一个环节。这一环节对于球是否中篮具有决定性的作用。因为手腕用力、手指前屈、指端拨球，直接影响着球飞行的方向、出手角度、入篮角度和球的旋转。

（5）球的旋转

球离手后能正确地旋转，使球沿着正确的方向飞行，有助于提高命中率。球旋转的方向和速度取决于手指、手腕的动作。一般情况下，球在空中飞行大都沿着球的横轴向后旋转，向后旋转的球不但有助于保持球飞行的稳定性，而且由于球的上、下面所受的空气压力不同（球的上面气流速度慢、压强大，将球向上托），所以，带有后旋的球，有助于提高球飞行的弧度。另外，向后旋转的球碰到篮圈时，球的反弹方向是向下的，所以较易中篮。在篮下侧面碰板投篮时，应使球向侧旋转；行进间单手低手投篮时，应使球向前旋转。

（6）抛物线

投篮球出手后在空中飞行的路线为抛物线。抛物线分低、中、高三种。其中，中抛物线是投篮命中最适宜的抛物线，因为中抛物线是球飞行弧线最高点，大致与篮板上沿在一条水平线上，球篮的大部分暴露在球的下面，易命中。由于投篮的距离、人的高度、投空心篮和碰板篮、防守的干扰和跳起的高度不同，投篮的弧线也有所不同，最好的弧线是既能控制球飞行的路线，又适合球进篮的角度。

总之，上述投篮各要素是相互影响、相互促进和相互制约的，只有合理地组合起来，才能体现一个完整的投篮技术。

2. 原地单手肩上投篮

以右手为例（如图 4-6 所示），右手五指自然分开，手心空出，指根以上部位触球，向后屈腕、屈肘持球于肩上耳部左右，肘内收，前臂与地面接近垂直，左手扶球的左侧，右脚稍前，左脚稍后，重心放在两脚之间，两膝微屈，目视投篮目标；投篮时，两脚脚前掌用力蹬地，伸展腰腹，抬肘，手臂上伸，即将伸直时，手腕用力前屈，手指拨球，球最后从中指和食指的指端投出。球出手后，腿、腰、臂自然伸直。

单手肩上投篮

(a) (b) (c) (d) (e)

图 4-6 原地单手肩上投篮

3. 行进间单手低手投篮

这是在快攻中和突破防守切入篮下时最常用的一种方法，多在快速跑动中超越对手并接近篮下时运用，具有速度快、伸展距离远的特点。以右手投篮为例（如图 4-7 所示），行进间右脚跨出一大步的同时双手接球，并用身体保护球，接着左脚迈出一小步同时用力蹬地起跳，随之充分伸展身体，右臂外旋伸直向篮圈方向举球（手心向上），当举球手接近篮圈时，做以中间三指为主的向上拨球动作使球通过指端投出。投碰板球时要注意控制球的旋转。

(a) (b) (c) (d) (e)

图 4-7 行进间单手低手投篮

动作要领：腾空时身体向前上方充分伸展，投篮出手前保持单手低手拨球上挑动作的柔和。

（五）篮球进攻战术配合

简单的两三个人间的传切、掩护、策应、突分的配合是组成全队进攻战术的基础，这些配合在半场和全场都可以使用。只有熟练地掌握和运用进攻战术基础配合，才能使全队战术有效地发挥作用。

1. 传切

传切是进攻队员利用传球和切入技术组成的配合，是指进攻队员把球传给同伴后，利用快速起动、改变方向及身体虚晃等假动作摆脱防守队员，切入篮下接球投篮的一种简单的进攻方法。

2. 掩护

掩护是指以合理的移动身体挡住同伴的防守对手的移动路线，使同伴摆脱防守对手的技术动作。掩护时，面向被掩护同伴的防守对手，两脚自然分开，两腿微屈，上体稍前倾，这样可以扩大掩护面积；掩护的面积越大，防守对手绕过防守就越困难，掩护就越容易成功。当掩护动作完成后，应根据场上当时情况，如对方做交换防守时，立即做后转身向篮下切入接球上篮。掩护的配合，包括选择时机、掩护位置、摆脱切入路线、传球及时、转身跟进及切分配合等。如某一环节配合不好，掩护的配合就完成不好。掩护的方法很多，包括前掩护、后掩护、侧掩护、定位掩护、反掩护、双人掩护等。

3. 策应

策应是指内线队员背对篮或侧对篮接球后，与同伴的空切或绕切相结合，以摆脱防守，制造各种进攻机会的一种配合形式。策应前要注意及时抢占有利位置；视野要广，能知道队友及防守对手的跑动情况，以便及时传球；保护球，注意防守对手抢球或打球，用身体和持球晃动动作保护球；根据不同情况运用不同的传球方式。

4. 突分

进攻队员持球或运球突破，遇到对方协防时，及时将球传给插入防守空隙地带接应的同伴，这种突破中根据情况及时传球的配合叫突分配合。

（六）篮球防守战术配合

防守战术是指两三个防守队员之间采用协同防守的方法，包括挤过、绕过、交换防守、夹击、协防等配合。

1. 挤过配合

防守队员在掩护队员临近自己时，积极向前迈出一步，贴近自己的防守对手，从掩护队员前挤过去，继续防守自己的对手。

2. 绕过配合

在松动盯人或对手无投篮威胁时采用。

3. 交换防守配合

防守队员之间在进攻队员掩护的一刹那，进行换人防守，以破坏进攻的掩护配合。

4. 夹击配合

夹击是指持球队员向边角运球或在边角停球时，临近的防守队员突然上前封堵传球角度，限制持球队员的正常传球路线和活动范围，并组织断球，造成对方失误或违例的防守配合。选择合适的夹击区域，如边线、边角、边线和中线的夹角区域；要尽量挥动双臂封堵对方的传球路线，不要因为急于抢球而造成不必要的犯规；其他队员要迅速补位，将强侧进攻队员防住，果断放掉弱侧对手。

5. 协防配合

协防是指防守队员失去防守位置，进攻队员运球突破或空切在篮下，有可能直接得分时，临近的防守队员立即放弃自己的对手，进行协防。补防时，注意动作要迅速、果断，其他防守队员也要观察突破队员的分球意图，以便及时抢占有利位置争取断球。

6. 人盯人防守

人盯人防守是篮球运动中各种防守战术的基础。它的特点是：在预先分工盯人的基础上，以球为主，人球兼顾，分工明确，针对性强，能加强队员的责任感，发挥队员积极性，并根据对方进攻情况，及时调整位置，有效地控制对方进攻重点。

防守原则：根据对手、球篮、球来选位置。近球紧，远球松，随时抢占有利位置，破坏对方进攻配合，加强防守的集体协作。

人盯人防守可缩小为半场人盯人防守和扩大为全场人盯人防守两种形式。这两种战术形式都是在个人防守的基础上，运用各种防守基础配合而组成的。运用时，可视对手情况来确定采用哪一种防守形式。

7. 区域联防

区域联防是防守队员退回后场，每个队员负责一定区域，并把每个区域有机地联系在一起的集体防守战术。要求队员协同一致，积极随球移动，加强有球一侧的防守，相互补位，封堵断抢。对付个人突破能力强、内线威胁大的队可采用此战术。

区域联防的站位队形是固定的，常用的有 2-1-2 和 3-2 联防形式。

篮球运动中的防守和进攻是相互制约又相互促进和共同提高的。现在国内外一些强队运用的区域联防已扩大了控制区域，具有针对性和综合性的特点，发展成为轮转式的、带紧逼和夹击的、攻击性较强的综合性防守战术。

【练习一】

1. 练习目标

从基本站立姿势到起动、跑、急停、转身、滑步，遵循先易后难的顺序，让学生体会动作方法和难点，在慢速完成中掌握正确的动作方法，在此基础上逐渐提高速度。

2. 练习内容

（1）基本站立姿势、起动和跑步练习

方法：两列横队，前后距离 4 米，左右间隔 3 米，做好基本站立的姿势，听信号后集体向前起动做短距离快跑。此练习可结合原地各种跑步（小步跑、高抬腿、小碎步等）进行，听信号向不同方向起步快跑。

要求：起动要突然，反应要快，起动后要加速快跑。

（2）急停和转身练习

方法：成体操队形，从边线开始，发出开始信号后，第一排向前 45°方向慢跑 4 步做一次跨步或急停，做两次前转身（后转身）后，然后做交叉步 45°变向跑 4 步，重复至边线为止。

要求：认真体会动作要领，急停时重心下降，控制好中枢脚，再次起动时注意不要走步。

【练习二】

1. 练习目标

在教学过程中要狠抓传球手法，强调接球时伸手迎球，手指触及球时要随球后引，并反复练习。先教传平直球的用力手法，再教传折线球的用力手法，最后教高吊球（弧线球）的用力手法，并以三种传球路线交替进行练习。对动作的规范和要领要有严格的要求，使学生学会正确的传球手法，为掌握多样化的传球方式打好基础。

接传球练习

2. 练习内容

（1）原地传接球练习

两人一组一球，相向站立，注意身体的基本站立姿势及重心控制，体会关节打开的顺序及手腕手指的拨球及跟随动作。

（2）移动传接球练习

球要传到接球队员体侧 2 米处，使接球队员在快速移动中能接到球。接球队员应把接球与脚步动作的配合连贯起来，利用跨步和跳步急停控制好身体重心，做到不走步。

（3）一防两传练习

三人一组，两人传球一人断球，传球人综合利用传球的方式，提高传球的成功率。断球人充分利用脚步移动，积极干扰、抢断传球，触球即算防守成功，与传球失误的队员互换攻守。

【练习三】

1. 练习目标

在教学训练中，要着重抓好运球基本功的训练，提高学生控制球、支配球的能力。学生初步掌握了运球动作后，要求他们抬头运球，用手的感觉来控制球，并在训练中严格要求，使他们养成运球时目视前方、观察场上情况和屈膝的习惯。同时要结合各种熟识球性的辅助性练习，练好手上功夫和脚步动作的快速与灵活性，特别要注意弱侧手的运球训练。

2. 练习内容

（1）原地运球组合练习

学生每人一球，成体操队形，进行原地高低运球结合、体前换手运球及体侧拉球等练习。

体会手指、手腕、上臂、前臂用力和按拍球的手型，以及各种前推、后拉、左右变向时按拍球的部位和力度，提高控制球、支配球的能力。

（2）行进间运球练习

学生分两组站在端线外，每组一球，同时向对面端线运球，采用单手高运球及体前变向、转身变向和背后变向运球进行组合练习，然后交给下一队员。为增加练球兴趣，此练习可结合分组比赛进行。

（3）全场一对一攻守练习

开始时防守队员消极防守，几次以后改为积极防守练习，运球队员动作变化要多、要突然，并注意保护球。到前场底线返回时，攻守交替，轮流练习。亦可规定每组往返若干次后由另一组进行练习。

【练习四】

1. 练习目标

1）在投篮技术教学训练中，建立在正确投篮技术动作定型的基础上，要把投篮与摆脱防守、传球、运球、接球、突破、脚步动作、假动作、抢篮板球等技术结合起来，培养其应变能力。

2）重视投篮的心理训练，提高投篮命中率。通过比赛和一些特殊训练手段，提高学生的抗干扰能力，使他们能在一定的心理压力下，保持较高的投篮命中率。

3）在教学、训练中随时注意观察，发现错误动作，找出其产生的原因，及时采取针对性的措施加以纠正，以免形成错误的运动动力定型。

2. 练习内容

（1）徒手模仿练习

两人一组相互徒手对投，体会投篮手法和用力动作。要求注意正确的持球手法和各个关节的发力顺序，体会蹬、伸、拨及手指的跟随动作，培养正确的投篮姿势。

（2）左右手低手上篮练习

一人一球，从中线边线的两个夹角处与球篮之间往返进行，注意体会“一大二小三跳高”的技术动作衔接，加强弱侧手上篮练习，保证低手上篮的命中率。

（3）正面定位投篮练习

队员每人一球在罚球线上排成单行，自投自抢，依次反复进行。要求注意持球手法，下肢先发力，体会蹬、伸、手指拨球的动作。

（4）不同距离、角度的投篮

队员面对球篮，每人一球，离篮 5~7 米站成一个弧形。每人依次在同一角度，三个不同距离的位置进行投篮，投完后，按顺时针轮转到下一个角度的位置。队员轮流投进后，按顺时针方向移动位置，根据不同距离体会用力大小。

【练习五】

1. 练习目标

1）借助于讲解和演示的方法使学生对基础配合的概念、配合方法、移动路线、动作的时机、行动的顺序等有所了解。

2）教学的基本顺序应该为先进行传切和掩护的教学，再进行突分配合的教学，最后进行策应配合的教学，先教两人配合，后教三人配合。

3）在选择教学方法时，首先在固定条件下练习配合的方法、路线、时机，重视对合作意识的培养，注意配合的节奏与变化，要使配合的质量、运用和应变的能力得到进一步的提高。

2. 练习内容

（1）二打一练习

三人一组，两人进攻一人防守，体会场地上的空间和进攻路线选择。要求注意传接球的稳定性及隐蔽性，培养正确的战术意图。

（2）半场二打二练习

四人一组，半场二对二攻防演练。通过讲解和示范，使学生对选位、掩护质量、无球跑动路线形成完整的概念。

（3）半场三对三练习

要求同（2），增加学生的自主进攻选择性，使学生在实战运用中提高战术素养。

【练习六】

1. 练习目标

1）借助于讲解和演示的方法使学生对基础配合的概念、配合方法、移动路线、动作的时机、行动的顺序等有所了解。

2）教学的基本顺序应该为先进行传切和掩护的教学，再进行突分配合的教学，最后进行策应配合的教学，先教两人配合，后教三人配合。

3）在选择教学方法时，首先在固定条件下练习配合的方法、路线、时机，重视对合作意识的培养，注意配合的节奏与变化，要使配合的质量、运用和应变的能力得到进一步的提高。

2. 练习内容

（1）半场二防二练习

四人一组，两人进攻两人防守，熟练运用各种防守脚步，控制对手接球和合理进行抢、断、卡位。

（2）全场人盯人练习

十人一组，五人进攻五人防守，由罚球命中后，根据场上的位置，迅速落位寻找进攻方的发球队员及无球队员，通过合理的场上选位，控制对手的发球路线和无球跑动路线，形成完整的防守概念。

（3）2-1-2 区域练习

十人一组，五人进攻五人防守，前期通过频繁的传接球来调动防守人的位置移动能力，后期增加进攻队员的进攻方式选择，使学生在实战运用中提高战术素养。

四、篮球课程考核评价标准

（一）篮球课程考核评价内容及项目比重（如表 4-1 所示）

表 4-1　篮球课程考核评价内容及项目比重

分类	比重/%	内容
平时考评	20	考勤、课堂表现、课下练习作业
理论考评	20	篮球运动概述、技战术理论、竞赛组织与编排、裁判法、篮球运动损伤的处理
素质考评	20	大学生健康测试项目达标
技能考评	40	往返运球上篮、一分钟投篮

考评形式：平时、理论、素质、技能四项成绩相加。

考评标准：百分制，20+20+20+40=100（分）。

（二）篮球技能考核标准

1. 半场行进间往返上篮

考评形式：技术加时间达标。

考评标准：如表 4-2 和表 4-3 所示，百分制，60+40=100（分）。

考评要求：

1）在规定场地内采用行进间单手上篮技术；

2）要求采用外侧手运球；

3）上篮不中，必须完成补篮并命中方可继续进行。

表 4-2　半场行进间往返上篮技术评分标准

半场行进间往返上篮技术评分标准	得分
运球节奏和速度配合默契，三步动作连贯、流畅，左右手均能完成上篮	60
能够熟练运用三步上篮的技术，动作规范，完全遵守考评要求	50
基本能够熟练运用上篮技术，动作符合要求	40
技术动作基本熟练，没有二次运球及走步的错误，能够完整完成考评	30
技术动作不太熟练，有二次运球及走步的错误，基本完成考评	20
动作生疏，人球配合不协调，频繁出现走步、二次运球等错误动作	10

表 4-3　半场行进间往返上篮时间评分标准

男生达标时间/秒	女生达标时间/秒	得分
30	40	40
35	45	35
40	50	30
45	55	25
50	60	20
60	50	10

2. 一分钟自投自抢投篮技术

考评形式：技术评定加投篮命中数。

考评标准：如表 4-4 和表 4-5 所示，百分制，40+60=100（分）。

考评要求：

1）在规定场地内采用单手或双手投篮技术；

2）投篮时脚不允许踩线；

3）投篮出手后，方可移动去捡球，回到投篮点进行下一次投篮。

表 4-4　一分钟自投自抢投篮技术评分标准

一分钟自投自抢投篮技术评分标准	得分
投篮节奏和篮板球速度配合默契，投篮动作连贯、流畅，投篮技术动作标准	40
能够熟练运用投篮的技术，动作规范，完全遵守考评要求	35
基本能够熟练运用投篮技术，动作符合要求	30
投篮技术动作基本熟练，能够完整完成考评	25
投篮技术动作不太熟练，基本完成考评	20
动作生疏，人球配合不协调，投篮技术动作不符合要求	10

表 4-5 投篮命中数评分标准

男生达标命中数/个	女生达标命中数/个	得分
8	6	60
6	5	50
5	4	40
4	3	30
3	2	20
2	1	10

课外实践

1. 学习篮球裁判法，观看高水平比赛直播或视频，进一步了篮球项目的规则及裁判的正确行为。

2. 了解篮球比赛规程，在教师的指导下，组织一场篮球赛。

知识拓展 

1. 中华人民共和国成立前的中国篮球

1938 年年初，120 师篮球队成立。贺龙元帅为这支队伍起名“战斗篮球队”。这支成立于中华人民共和国成立前的篮球队镌刻着红色的印记。在随后的几年中，战斗篮球队作为根据地一支作风硬、技术精的体育队伍，在频繁的战斗间隙里艰苦锻炼，迅速成长，其高超的技术水平，良好的竞赛作风，被朱德总司令授予“球场健儿，沙场勇士”的锦旗，这是来自根据地最高首长的褒奖。毛泽东同志也接见了战斗篮球队全体队员，给予了极大的鼓励。中华人民共和国成立后，八一体工大队正式组建，首任大队长便是 120 师战斗篮球队的黄烈，这支队伍也极大地支持了新中国体育事业的发展。

2. 中国篮球职业化道路

中国篮球协会于 1995 年 10 月 21 日召开会议，正式推出了与国际接轨的篮球职业联赛——CBA 和 WCBA，中国有了自己的最高等级的篮球联赛。中国篮球协会通过加强联赛管理，提高联赛质量，加大联赛包装和宣传，提高联赛直转播质量、时间和数量，以此来提高国家队的成绩，培养篮球文化，充分利用好媒体的舆论和导向作用，为国家政治经济稳定发展和社会文化进步做出了卓越贡献。中国也培养了如姚明、胡卫东、刘玉栋、王治郅等一批世界知名运动员。中国男篮在亚特兰大、希腊和北京奥运会上三次取得 8 强的成绩。

第五章 排球运动

学习目标

1. 学握排球运动中的基本技术、基本战术；

2. 了解和掌握排球运动的基本知识、规则与裁判方法，以及比赛的组织与编排方法，学会欣赏排球比赛。

3. 培养对排球运动的兴趣和爱好。

4. 增强体育锻炼的能力习惯和意识，发展竞争意识等良好意志品质。

一、排球运动的起源

排球运动诞生于1895年，创始人是威廉·G. 摩根，美国马萨诸塞州霍利沃克城基督教青年会干事。摩根在排球场上架起了网球网（高约1.98米），以排球胆为球，让人们像打网球一样用手隔网来回托传球。

二、排球运动的比赛规则

1. 排球规则简介

排球是一项集体比赛项目，由两队12名队员组成，两队各派6名队员在由球网分开的场地上进行比赛。

比赛的目的是各队遵照规则，将球击过球网，使其落在对方场区的地面上，而防止球落在本方场区的地面上。每队可击球3次（拦网触球除外），将球击回对方场区。

比赛由发球开始，发球队员击球使其从网上飞至对方场区，比赛由此连续进行，直至球落地、出界或某一队不能合法地将球击回对方场区。

排球比赛采用五局三胜制，胜三局的队胜一场。比赛中，某队胜1球，即得1分（每球得分制）。接发球队胜1球时得1分，同时获得发球权，队员按顺时针方向轮转一个位置。每局比赛（决胜局第五局除外）先得25分并同时领先对手2分的队胜一局。当比分为24∶24时，比赛继续进行至某队领先2分（26∶24，27∶25，…）为止。决胜局先得15分并同时领先对手2分的队获胜。当比分为14∶14时，比赛继续进行至某队领先2分（16∶14，17∶15，…）为止。

2. 发球犯规

发球犯规包括发球击球时的犯规和发球击球后的犯规。

(1) 发球击球时的犯规

1) 发球次序错误;

2) 发球队员在击球时或击球起跳时,踏及场区(包括端线)或发球区以外地面;

3) 发球队在第一裁判鸣哨允许发球后8秒内未将球击出;

4) 球未被抛起或持球手未清楚放离就击球;

5) 双手击球或单手将球抛出、推出;

6) 将球抛起准备发球却未击球。

(2) 发球击球后的犯规

1) 球触及发球队其他队员或球的整体没有从过网区内通过球网的垂直平面;

2) 界外球;

3) 球越过发球掩护的个人或集体(在发球时,某一队员或两名以上队员密集站位或挥臂跳跃、移动遮挡接发球队员,且发出去的球从他或他们上空飞过,则构成个人或集体发球掩护犯规)。

3. 位置错误

排球规则规定,当发球队员击球时,如果场上队员不在其正确位置上,则构成位置错误犯规。下列情况之一者均为位置错误犯规:

1) 发球队员击球时,场上其他队员未完全站在本场区内;

2) 发球队员击球时,场上队员未按"每一名前排队员至少有一只脚的一部分比同列后排队员的双脚距中线更近"的规定站位;

3) 发球队员击球时,场上队员未按"每一名左边(右边)队员至少有一只脚的一部分比同排中间队员的双脚距左(右)边线更近"的规定站位。

4. 击球时的犯规

(1) 连击犯规

排球比赛时,运动员身体任何部分均可触球,但一名队员(拦网队员除外)连续击球两次或球连续触及其身体的不同部位即为连击犯规。但在第一次击球时,允许队员在同一击球动作中,球连续触及其身体的不同部位。

(2) 持球犯规

排球运动员在比赛中,身体任何部分均可触球,但球必须被击出,不得接住或抛出,否则即为持球犯规。

(3) 四次击球犯规

一个队连续触球四次(拦网除外)为四次击球犯规。队员不论是主动击球还是被动触及,均算该队员击球一次。

(4) 借助击球犯规

队员在比赛场地内借助同伴或任何物体的支持进行击球,皆为借助击球犯规。

(5) 队员在球网附近的犯规

队员在球网附近的犯规包括过网击球犯规、过中线犯规、触网犯规和网下穿越进入对方空间妨碍对方比赛犯规等。对方进攻性击球前或击球时,在对方空间触及球为过网击球犯规。比赛进行中，队员整只脚、手或身体其他任何部分越过中线并接触对方场区，为过中线犯规。比赛过程中，队员触网或触标志杆不是犯规，但队员在击球时或干扰比赛情况下的触网或触标志杆为犯规。队员击球后可以触及网柱、全网长以外的网绳或其他任何物体，但不得影响比赛。比赛过程中，在不妨碍比赛的情况下，允许队员在网下穿越进入对方空间。若网下穿越进入对方空间的队员妨碍了对方比赛则为犯规。

(6) 同时击球

双方队员或同队队员可以同时触球。同队的两名或两名以上队员同时触到球，被计为两次或两次以上击球（拦网除外）。双方队员在网上同时击球后，如果球落入场内，应继续比赛，获得球的一方仍可击球三次。

(7) 拦网犯规

拦网犯规包括过网拦网犯规、后排队员拦网犯规、拦发球犯规和以标志杆外伸入对方空间拦网犯规几种情况。在对方进攻性击球前或进球时，在对方空间拦网触球为过网拦网犯规。判断过网拦网犯规的依据是进攻队员与拦网队员触球时间的先后。后排队员或后排自由防守队员完成拦网或参加了完成拦网的集体，为后排队员拦网犯规。拦对方发过来的球为拦发球犯规。从标志杆外伸入对方空间拦网并触球为拦网犯规。

(8) 后排队员进攻性击球犯规

后排队员在前场区内或踏及进攻线（或其延长线），将整体高于球网上沿的球，击过球网垂直面或触及对方拦网队员，则为后排队员进攻性击球犯规。

5. 暂停和换人

在比赛中，每队最多可以请求 2 次暂停和 6 人次换人。暂停时间限制为 30 秒。第 1~4 局，每局另外有 2 次时间各为 60 秒的技术暂停，每当领先队达到 8 分和 16 分时自动执行。决胜局（第 5 局）没有技术暂停，每队在该局中可请求 2 次 30 秒的普通暂停。

6. 自由防守队员的有关规定

排球比赛的各队可以在最后确认的 12 名队员中选择 1 名作为自由防守队员。自由防守队员身着区别于其他队员颜色的服装。比赛前，自由防守队员必须登记在记分表上，并在旁边注明“L”字样，其号码必须登记在第一局上场阵容位置表上。自由防守队员仅作为特殊的后排队员参加比赛，在任何位置上（包括比赛场区和无障碍区）都不得将高于球网的球直接击入对方场区完成进攻性击球。自由防守队员不得发球、拦网或试图拦网。自由防守队员在前场区进行上手传球且所传球的整体高于球网上沿时，其同伴不得在高于球网处完成对该球的进攻性击球。

三、排球运动的任务与练习

（一）移动技术

1. 准备姿势

按照身体重心的高低，准备姿势可分为半蹲准备姿势、低蹲准备姿势和稍蹲准备姿势 3 种。

(1) 半蹲准备姿势

两脚开立略比肩宽，两膝弯曲，脚跟自然提起，上体前倾，重心靠前，膝部的垂直线应在脚尖前面，两臂放松，自然弯曲置于腹前，两眼平视，注意来球，两脚始终保持微动。

（2）低蹲准备姿势

身体重心比半蹲准备姿势更低更靠前，两脚左右、前后的距离更宽一些，膝部弯曲的程度大于半蹲准备姿势。身体重心要更靠前，肩部垂直线过膝，膝部垂直线超过脚尖。两手臂置于胸腹之间。

（3）稍蹲准备姿势

两脚左右开立与肩同宽，一脚在前，两膝微屈，身体重心位于两脚之间，并稍靠近前脚，后脚跟稍提起，上体稍前倾，两臂放松，自然弯曲置于腹前。两眼注视球并兼顾场上情况，两脚保持微动状态。

2. 移动

移动

移动由起动、移动步法和制动三个环节构成。

（1）起动

起动是移动发力的开始，它的快慢是移动的关键，起动的速度取决于正确的准备姿势、反应能力和腰腿部的速度力量。

（2）移动步法

起动后应根据临场战术的需要，灵活地采用各种移动步法进行移动。

1）并步与滑步。并步如向前移动，则一脚蹬地，另一脚向来球方向跨出一步，后脚迅速跟上做好击球准备。连续并步就是滑步。

2）跨步与跨跳步。跨步如向前移动，则一脚用力蹬地，另一脚向来球方向跨出一大步，膝部弯曲，上体前倾，身体重心移至前腿上。跨步过程中有跳跃腾空即为跨跳步。

3）交叉步。以向右交叉步为例：上体稍向右转，左脚从右脚前面向右交叉迈出一步，然后右脚再向右跨出一大步，同时身体转向来球方法，保持击球前的姿势。

4）跑步。跑步时两臂要配合摆动，如球在侧方或后方时应边转身边跑。

5）综合步。以上各种步法的综合运用。

（3）制动

在快速移动之后，为了保持稳定的击球姿势和克服身体惯性的冲力，必须运用制动技术。

1）一步制动法。一步制动时，最后跨出一大步，同时降低重心，膝和脚尖适当内转，全脚掌横向蹬地，抵住身体重心继续移动的趋势，并用腰腹力量控制上体，使身体重心的投影落在两脚所构成的支撑面内。

2）两步制动法。两步制动时，以倒数第二步做第一次制动，接着跨出最后一步做第二次制动，同时身体后仰，重心下降，双脚用力蹬地，使身体处于有利于做下个动作的姿势。

（二）发球

发球是 1 号位队员在发球区内自己抛球后，用一只手将球直接击入对方场区的一种击球方法。发球是排球技术中唯一不受他人制约的技术。

1. 正面上手发球

如图 5-1 所示，队员面对球网，两脚前后自然开立，左脚在前，用手托球于身前，用抬臂和手掌的平托上送，将球平稳地垂直抛于右肩前上方，高度适中。在左手抛球的同时，右臂抬起，屈肘后引，肘与肩平，上体稍向右转。击球时，利用蹬地、转体和收腹带动手臂挥动，在右肩前上方伸直手臂的最高点，以全手掌击球的中下部。击球时，手指自然张开吻合球，手腕要迅速主动地做推压动作，使击出的球呈上旋飞行。为了加强发球的力量和发球攻击性，还可采用一步、两步或多步的助跑发球方法。

（a）（b）（c）（d）

图 5-1　正面上手发球

2. 侧面下手发球

左肩对网，两脚左右开立，约与肩同宽，两膝微屈，重心落在两肩之间，上体稍前倾，左手持球与腹前。左手将球垂直上抛在身体正前方，球距离手高度约一个半球，在抛球的同时，右臂摆至右侧后下方。利用右脚蹬地向左转体的力量，带动右臂向前上方摆动，在体前腹部高度用全掌、虎口或掌根击球后下方，击球后，身体应转向球网，并顺势进场。

3. 正面下手发球

正面下手发球是正面对网，手臂由后下方向前摆动，在腹前将球击入对方场区的发球方法。

如图 5-2 所示，面对球网，两脚前后开立，左脚在前，两膝微屈，上身稍前倾，重心偏右脚。左手持球于腹前，将球轻轻抛起在体前右侧，离手高约 20 厘米，在抛球的同时右臂伸直以肩为轴向后摆动，借右腿蹬地力量，身体重心随着右手向前摆动击球而移至左脚上，在腹前以全手掌、掌根或虎口击球后下方。

（a）（b）（c）（d）

图 5-2　正面下手发球

正面上手发球

侧面下手发球

正面下手发球

4. 勾手飘球

发勾手飘球时，采用侧面对网站位，可利用身体转动和腰部力量带动手臂的快速挥动去击球，比较省力。勾手飘球是目前排球比赛常用的一种主要发球方法，男女队员均可采用。

发球队员左肩对网，左手将球平衡抛向左肩前上方，抛至相同于球点的高度。在抛球同时，右臂伸直向身体右侧后下方摆动，身体重心移至右脚。当球开始上升到最高点时，右脚蹬地，身体向左侧转动，带动手臂沿弧线轨迹挥动，在右肩前上方以掌根或半握拳拇指根部坚硬平面击球后中下部，击球一瞬间，手腕稍后仰并保持紧张，用力集中，作用力要通过球体的重心。击球后，可做突停或下拖动作，但不能有推压的动作。

无论采用哪种发球动作，都必须做到以下三点：一是抛球要稳；二是击球要准；三是手法要正确。

（三）垫球

垫球在比赛中主要用于接发球、接扣球、接拦回球以及防守和处理各种困难球。现将几种常用的垫球技术做如下介绍。

1. 正面双手垫球

正面双手垫球是双手在腹前垫击来球的一种垫球方法，是各种垫球技术的基础，是最基本的垫球方法，适合于接各种发球、扣球和拦回球，在困难时也可以用来组织进攻。正面双手垫球的基本手型有抱拳式、叠掌式和互靠式（如图 5-3 所示）。

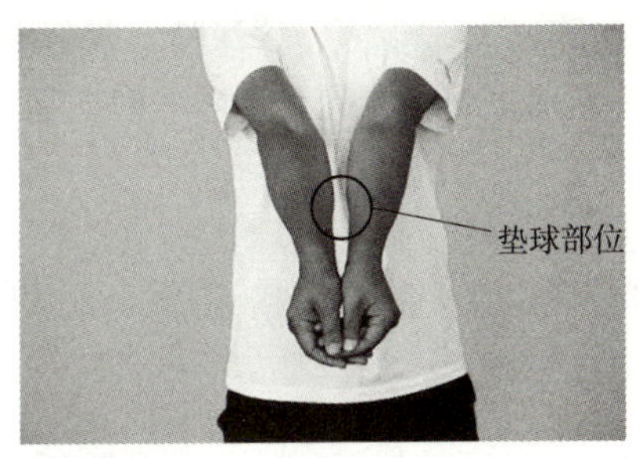

图 5-3　叠掌式双手垫球

垫球

一抛一垫+自垫+对垫

正面双手垫球在垫轻球、垫中等力量来球和垫重球时，其动作方法是有一定区别的。

（1）垫轻球

如图 5-4 所示，采用半蹲准备姿势，当球飞到腹前一臂距离时，两臂插于球下，双手成垫球手型，手腕下压，两臂夹紧前伸，向前上方蹬地抬臂，迎击来球，利用腕关节以上 10 厘米左右处的桡骨内侧平面击球的后下部，身体重心随击球动作前移。击球点保持在腹前一臂距离。

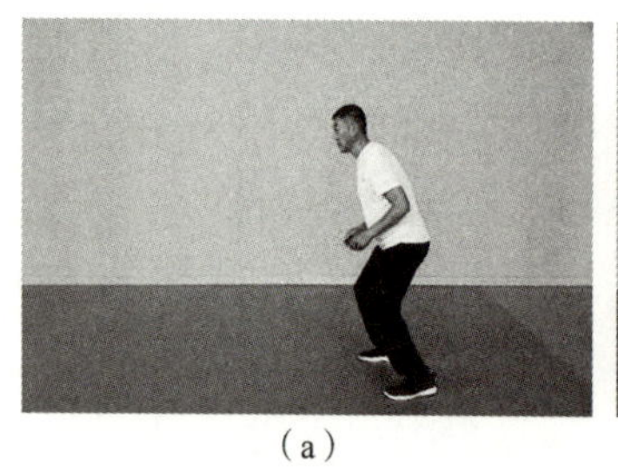
（a）

（b）

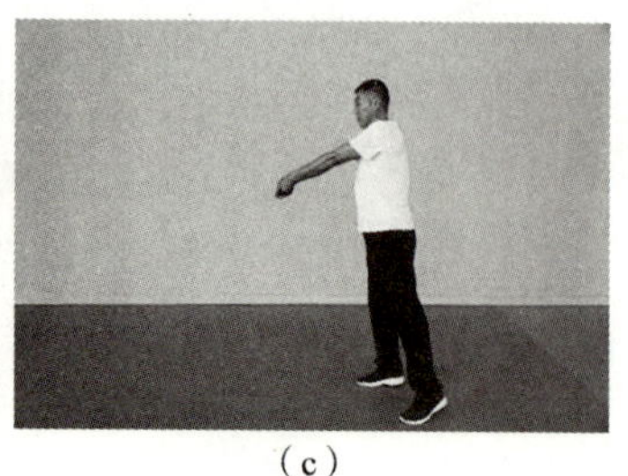
（c）

图 5-4 垫轻球

（2）垫中等力量来球

动作方法与垫轻球相同，由于来球有一定力量，因此击球动作要小，速度要慢，手臂适当放松。

（3）垫重球

根据来球的高低和角度，采用半蹲或低蹲准备姿势，击球时采用含胸、收腹的动作，帮助手臂随球屈肘后撤，适当放松，以缓冲来球力量。在撤臂缓冲的同时，用微小的前臂和手腕动作控制垫球方向和角度。

2. 体侧垫球

体侧垫球简称侧垫，是在身体侧面垫球的一种垫球方法。其特点是控制面宽，但较难把握垫击的方向、弧度和落点。

例如左侧垫球时，以右脚前掌内侧蹬地，左脚向左跨出一步，身体重心随即移至左脚，并保持左膝弯曲，两臂夹紧向左侧伸出，左臂高于右臂，右肩向下倾斜，再用向右转腰和收腹的力量，配合两臂在体侧截击球的后下部。

3. 跨步垫球

队员向前或向侧跨出一步的垫球方法称为跨步垫球。当来球的速度较快，弧线低，距身体 1 米左右时，可采用跨步垫球的方法。

跨步垫球时，当判断来球的落点后，迅速向来球方向跨出一大步，屈膝深蹲，臀部下降，两臂夹紧伸直插入球，用两前臂的内侧平面击球的后下部，对准垫出方向，将球平稳垫起。

4. 单手垫球

当来球较远，速度快，来不及或不便用双手垫球时，可采用单手垫球。单手垫球动作快，垫击范围大，但触球面积小，不易控制。单手垫球可采用各种步法接近球，可采用虎口、半握拳、掌根、手背以及前臂内侧击球。

（四）传球

传球

传球熟悉球练习

传球是排球运动的一项重要技术，是组织进攻战术的基础。传球主要运用在第二传，用于衔接防守和进攻。

按照传球的方向基本上把传球动作分为正面传球、背传球和侧传球，上述三种传球技术是指在原地完成。跳起在空中完成传球动作的，称为跳传。

1. 正面传球

面对出球方向的传球动作，称为正面传球。正面传球是最基本的传球方法，是其他一切传球技术的基础。

如图 5-5 所示，采用稍蹲准备姿势，当来球接近额头时，开始蹬地、伸膝、伸臂，两手微张经脸前向前上方迎球。击球点在额头前上方约一球距离处。当手触球时，两手自然张开成半球形，手腕稍后仰，两拇指相对成“一”字形或“八”字形，两手间有一定距离，用拇指内侧，食指全部，中指的二、三指节触球的后下部，无名指和小指在球两侧辅助控制传球方向，两肘适当分开，两前臂之间约成 90°夹角。传球时主要靠蹬地伸臂和手指、手腕力量，以及球的反弹力将球传出。

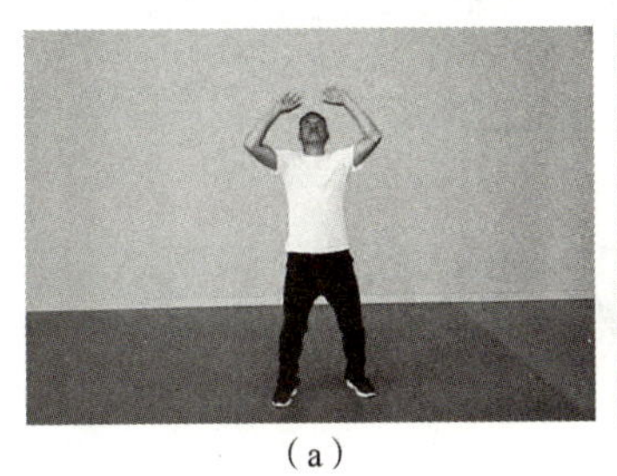
（a）
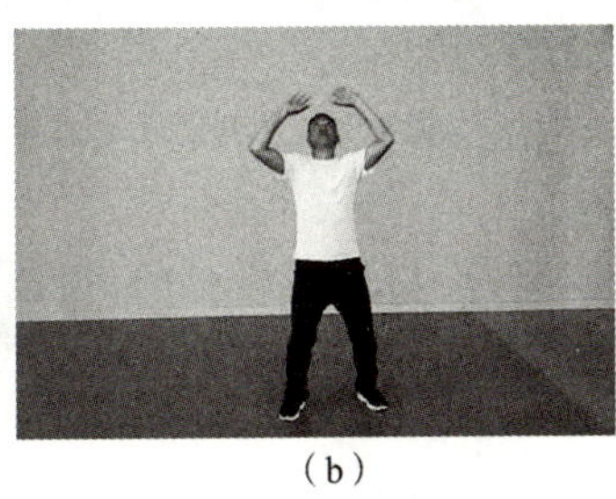
（b）

（c）

图 5-5　正面传球

2. 侧向传球

击球点偏向传球方向一侧，有利于达到向侧向传球。上体和手臂向传球方向伸展，异侧手臂的动作幅度、用力距离和动作速度要大于同侧手臂，有利于向侧向发力，并保持良好的手型向侧向传球。

3. 背传

背对传球目标的传球动作叫背传。身体背面要对正传球目标，上身正直或稍后仰，身体重心在两脚之间，双手自然抬起，放松置于脸前。迎球时，击球点保持在额上方，比正传稍高、稍后。触球时，手型与正面传球相同。背传用力要靠蹬地、展腹、抬臂、伸肘和手指、手腕的弹力，把球向后上方传出。

4. 跳传

跳传是当一传弧线较高而又接近球网时，所采用的跳起传球技术，目前在比赛中运用比较广泛，一般用于二传。跳传可起到加快进攻速度和迷惑对方的作用，并且可使进攻战术多样化，扩大进攻的范围，减少二传环节中的失误。

起跳时，首先选好起跳点和掌握好起跳时间。起跳后，两臂屈肘抬起，两手放置脸前，击球点保持在额上方，在身体跳至最高点时，用伸臂动作及手指、手腕的弹力将球传出。由于人在空中，无法用上伸腿蹬地的力量去传球，因此，要加大伸臂的幅度和速度。

（五）扣球

扣球是攻击性最强、最有效的进攻手段，在比赛中占有非常重要的地位，如图 5-6 所示。

1. 正面扣球

正面扣球是扣球技术中一种重要的方法，是比赛中运用得最多的一项进攻性技术，适合近网和远网扣球。

（a）

（b）

（c）

图 5-6 扣球

（1）准备姿势

扣球助跑前采用稍蹲姿势，两臂自然下垂，站在离网 3 米左右处，身体转向来球方向，观察来球，做好向各个方向助跑起跳的准备。

（2）助跑

助跑开始时，左脚先向前迈出一步，紧接着右脚再快速跨出一大步，左脚及时并上，踏在右脚之前，两脚尖稍向右转。两臂绕体侧向上引摆。

（3）起跳

在助跑跨出最后一步（即第二步），左脚并上踏地制动的同时，两臂自后积极向前摆动，随着双腿蹬地向上起跳，两臂配合起跳有力地向上摆动。

（4）空中击球

起跳后，挺胸展腹，上体稍向右转，右臂向后上方抬起，身体成反弓形。挥臂时，以迅速转体、收腹动作发力，依次带动肩、肘、腕各部位关节向前上方成甩鞭动作挥动。击球时，五指微张，以掌心为主，全掌包满球，在手臂伸直的最高点的前上方击球的后中部，同时主动用力屈腕屈指向前推压，使扣出的球呈上旋。

（5）落地

落地时，以两脚前掌先着地再迅速过渡到全脚掌着地，同时顺势屈膝、收腹，以缓冲下落的力量，立即做好下一个动作的准备。

2. 调整扣球

调整扣球是指在接发球或后排防守垫球不到位时，二传队员从后场区将球传到网前所进行的扣球。调整扣球技术动作与正面扣球相同，但由于二传球来自后场区，有近网球，也有远网球，还有拉开球和集中球，与球网有一定的角度并且弧线不固定，扣球队员难以判断，所以扣这种球难度较大。因此，扣球队员要准确判断来球的方向、弧线、速度和落点，调整好人和球的关系，选择好起跳点，掌握好起跳时间，根据人和球网的距离，合理地采用不同的扣球方法，控制好扣球的力量、速度、方向、路线和落点。

3. 扣快球

扣快球是扣球队员在二传队员传球前或传球的同时起跳，并迅速将二传队员传出的球击入对方场区的扣球。快球在时间上争取主动，起着攻其不备、突然袭击的作用，可使对方拦网和防守产生判断错误。这种扣球的特点是速度快、力量大、时间短、落点近、突然性强、牵制能力大。快球技术动作方法较多，有近体快球、半快球、短平快球、平拉开快球、背快球、背平快球、调整快球等。

（六）拦网

1. 单人拦网

单人拦网是集体拦网的基础。如图 5-7 所示，其动作结构分为准备姿势、移动、起跳、空中动作和落地五个互相衔接的部分。

（a）

（b）

（c）

图 5-7　单人拦网

（1）准备姿势

队员面对球网，两脚左右开立，约与肩同宽，距网 30～40 厘米，两膝微屈，两臂屈肘置于胸前。

（2）移动

常用步法有一步、并步、交叉步、跑步等。无论采用哪种移动步法，都要做好制动动作，以保证向上起跳，避免触网和冲撞同队队员。

（3）起跳拦网

原地起跳时，两腿屈膝，重心降低，随即用力蹬地，两臂以肩发力，于体侧近身处，做画弧或前后摆动，帮助身体迅速跳起。移动后的起跳，其起跳动作与原地起跳一样，但要注意制动并使移动与起跳动作紧密衔接。

（4）空中动作

起跳时，两手从额前沿球网向上方伸出，两臂伸直并保持平行，两肩上提。拦网时，两臂应伸过网去接近球。两手自然张开，屈指屈腕成半球状。当手触球时，两手要突然收紧，手腕下压盖在球的前上方。

（5）落地

拦球后，要做含胸动作，以保持身体平衡。手臂要先后摆或上提，从网上收回至本方上空，再屈肘向下收臂，以保持身体平衡。与此同时屈膝缓冲，双脚落地，随即转身面向后场，准备接应来球或做下一个动作准备。

2. 双人拦网

由前排两个队员互相靠近，同时起跳组成的拦网，称双人拦网。双人拦网是集体拦网的一种，是比赛中最常用的一种拦网形式，主要在对方大力扣球时采用。双人拦网时，应以一人为主拦队员，另一人为配合队员。但主拦队员不是固定的，一般情况下距对方扣球点近的队员应为主拦队员。主拦队员必须抢先移动到对正扣球点的位置，做好起跳准备，配合队员则迅速移动靠近主拦队员准备同时起跳。两队员之间的距离一定要合适，距离太远，跳起后将出现“空门”；距离太近，起跳时互相干扰，致使双方都跳不高。双人拦网起跳时，两人的手臂应该在体前画小弧向上摆伸，都要尽量垂直向上起跳，要防止互相碰撞或干扰。手臂在空中既不能重叠，造成拦击面缩小，又不能间隔太宽，造成中间漏球。扣球靠近边线时，靠边线近的拦网队员外侧的手应适当内转，以防打手出界。

3. 三人拦网

三人拦网也是集体拦网的一种形式，它是在对扣球进攻力强，路线变化多，但很少轻扣和吊球时采用。三人拦网的动作方法与双人拦网相同，关键在于移动迅速，取位恰当，配合密切。无论对方从哪个位置进行扣球，一般都以3号位队员为主拦队员，2号、4号位队员为配合队员。由于三人拦网对配合的要求高，加之减弱了防守、保护的力量，故要在很有必要的情况下才采用。拦网队员要在短短的瞬间从防守转为进攻，从被动转为主动，而完成这些都要在空中进行，所以难度较大，这就要求拦网应积极主动，判断准，起动快，跳得高，下手狠。

（七）排球基本战术

排球运动是一项集体竞赛项目，因而不仅要求每个队员有比较熟练的基本技术，而且要求全队密切配合，运用得当的战术，发挥全队每个队员的特长，才能取得比赛的胜利。

1. 阵容配备

（1）“三三”配备

由三名进攻队员和三名二传队员组成。站位时，一名进攻队员间隔一名二传队员。目前采用这种配备形式的队伍比较少，一般适用于初学者和水平较低的球队。

（2）“四二”配备

由四名进攻队员（主攻和副攻队员各两名）和两名二传队员组成，他们分别站在对角的位置上。目前，在水平一般的球队中采用这种配备形式的比较多。一传队员和两个进攻队员，便于组织“中二三”“边二三”进攻，战术配合有一定的稳定性。缺点是前排进攻点相对较少，隐蔽性差，不能适应高水平球队的要求。

（3）“五一”配备

由五名进攻队员和一名二传队员组成。位置的安排与“四二”配备基本相同，只是由一名进攻队员站在与二传对应的位置上作为接应二传，其目的是弥补在主二传来不及到位传球时所出现的被动局面，但主要还是承担进攻任务。这种阵容配备在水平较高的球队中普遍采用。

“五一”配备的优点是加强了拦网和前排进攻力量，使全队的进攻队员只需适应一名二传队员的技术特点，有利于统一指挥、相互配合，能够更好地控制比赛的进行，使进攻战术富于变化。缺点是当二传队员轮转到前排时，有三轮前排只有两名进攻队员，影响了前排整体进攻的威力。

2. 进攻战术

进攻战术主要有以下三种形式：“中一二”进攻阵形、“边一二”进攻阵形、“插上”进攻阵形。

（1）“中一二”战术形式特点

容易组织，但战术变化少，只能两点进攻，战术意图容易被识破，战术的突然性和攻击性小。其变化形式有：扣球队员通过二传队员传出集中、拉开、背传和平快等各种球，采用斜线助跑、直线助跑和跑动中变步起跳扣球等。

（2）“边一二”战术形式特点

形式简单，容易掌握，也是基本战术形式之一。其变化形式有：除“中一二”战术形式变化外，还可组织快球掩护拉开、短平快掩护拉开、前交叉、围绕、快球掩护夹塞、梯次、掩护活点进攻等战术变化。

(3)“插上”战术形式特点

保持前排3人进攻，能充分利用网的全长，发挥每个队员的特点，组成快速多变的各种战术变化。进攻的突破点多，突然性大，使对方难以有效地组织集体拦网和防守。

3. 防守战术

(1)“心跟进”防守形式

此种形式在本方拦网能力强，对方采取打吊结合时采用。当甲方4号位队员进攻时，乙方2号、3号位队员拦网，后排中心的6号位队员在本方拦网时跟在拦网队员之后进行保护，其余3名队员组成后排弧形防守。其优点是加强了前区的防守能力，缺点是后排防守队员之间的空档较大。

(2)“边跟进”防守形式

此种形式多在对方进攻较强、吊球较少时采用。当甲方4号位队员进攻时，乙方2号、3号位队员拦网，其他4个队员组成半圆弧形防守。如遇甲方吊前区，由边上1号位队员跟进防守。其优点是加强了拦网，缺点是边上的队员既要防直线，又要跟进防前区比较困难。

【练习一】移动

1. 练习目标

培养学生吃苦耐劳、勇敢拼搏的精神；使学生初步掌握移动技术，并能在练习中间熟练运用。

2. 练习内容

1）单个动作的练习；

2）随着教师的手势单个动作的练习；

3）综合步法的移动练习；

4）结合球的步法移动练习。

【练习二】发球

1. 练习目标

培养学生吃苦耐劳、勇敢拼搏的精神；使学生初步掌握发球技术，并能在练习中间熟练运用。

2. 练习内容

1）徒手模仿技术动作练习；

2）不隔网两人相对10米的发球练习；

3）距墙5~6米对墙发球练习；

4）站在场地内距网6~7米的发球练习；

5）站在线后轮流发球练习；

6）规定任务的发球练习；

7）发球比赛。

【练习三】垫球

垫球练习

1. 练习目标

培养学生勇敢坚毅、顽强拼搏的精神，互相合作的团队精神；使学生初步学会垫球技术，逐渐掌握并能熟练运用。

2. 练习内容

1）徒手动作练习；
2）一人持球另一人做垫球动作练习；
3）一抛一垫练习；
4）分组一人抛多人垫练习；
5）自垫球练习；
6）对墙垫球练习；
7）侧垫球练习；
8）两人对垫练习；
9）隔网两人三米线内对垫练习。

对墙垫

自垫

【练习四】传球

1. 练习目标

培养学生勇敢坚毅、顽强拼搏的精神，互相合作的团队精神；使学生初步学会传球技术，逐渐掌握并能熟练运用。

2. 练习内容

1）徒手动作练习；
2）持球模仿动作练习；
3）原地传抛来球练习；
4）原地自传练习；
5）原地对传练习；
6）移动传抛来球练习；
7）改变方向的传球练习；
8）顺网对传球练习。

【练习五】扣球

1. 练习目标

培养学生勇敢坚毅、顽强拼搏的精神，互相合作的团队精神；使学生初步学会扣球技术，逐渐掌握并能熟练运用。

2. 练习内容

1）徒手技术动作练习；
2）利用吊球做原地挥臂练习；
3）原地对墙扣反弹球练习；
4）低网自抛自扣练习；
5）助跑扣吊球练习；
6）助跑网前扣抛球练习；
7）结合二传进行扣球练习；
8）串联各种扣球技术练习。

【练习六】拦网

1. 练习目标

培养学生勇敢坚毅、顽强拼搏的精神，互相合作的团队精神；使学生初步学会拦网技术，逐渐掌握并能熟练运用。

2. 练习内容

1）徒手技术动作练习；

2）各种步法与制动练习；

3）一人一球自抛自拦练习；

4）两人一组，隔网一抛一拦练习；

5）两人一组，结合步法拦抛在网口的球；

6）结合步法移动，单、起跳拦高台扣球练习；

7）结合步法移动，单、双人起跳拦抛扣球练习；

8）结合步法移动，单、双人起跳拦传扣球练习。

【练习七】排球战术

1. 练习目标

培养学生勇敢坚毅、顽强拼搏的精神，互相合作的团队精神；使学生初步学会排球进攻和防守战术，逐渐掌握并能在比赛中熟练运用。

2. 练习内容

1）适应“中、边一二”进攻战术的二传练习；

2）适应“后排插上”战术的二传练习；

3）适应不同进攻战术配合的扣球练习；

4）拦网后的二传练习；

5）拦网后的防守练习；

6）扣球后的防守练习；

7）扣球后的再扣球练习；

8）“边一二”“后排插上”战术的局部配合练习；

9）整体战术配合练习（“边一二”“中一二”“后排插上”）。

四、排球课程考核评价标准

（一）排球课程考核评价内容及项目比重（如表5-1所示）

表5-1　排球课程考核评价内容及项目比重

分类	比重/%	内容
平时考评	20	考勤、课堂表现、课下练习作业
理论考评	20	排球运动概述、技战术理论、竞赛组织与编排、裁判法、运动损伤的处理
素质考评	20	大学生健康测试项目达标
技能考评	40	垫球技术、发球技术

考评形式：平时、理论、素质、技能四项成绩相加。

考评标准：百分制，20+20+20+40=100（分）。

（二）排球技能考核标准

1. 垫球技术

考评形式：技术加次数达标。

考评标准：如表 5-2 和表 5-3 所示，百分制，60+40=100（分）。

考评要求：

1）两人对垫者一个来回算一个球，15 个达标；

2）教师可以采用任一种垫球方式进行考试。

表 5-2　垫球技术评分标准

垫球技术评分标准	得分
垫球时要稳，基本上就在指定的小范围内垫球；自垫的高度至少不低于头，对墙垫球时身体与墙的距离不少于 1.5 米，两人对垫时距离不少于 2 米；垫球技术动作准确，两手腕下压，两臂夹紧，垫球的部位准确，垫球时全身协调	40
垫球时比较稳；自垫的高度至少不低于头，对墙垫球时身体与墙的距离不少于 1.5 米，两人对垫时距离不少于 2 米；垫球技术动作基本准确，两手腕下压，两臂夹紧，垫球的部位基本准确，垫球时全身比较协调	35
垫球时不稳；自垫的高度稍微有点低，对墙垫球时身体与墙的距离少于 1.5 米，两人对垫时距离少于 2 米；垫球技术动作基本准确，两手腕下压，两臂没有夹紧有点松，垫球的部位在腕关节上一寸左右，垫球时全身不协调	30
垫球时不稳；自垫高度不过头顶，对墙垫球时身体与墙的距离少于 1 米，两人对垫时距离少于 1.5 米；垫球动作基本准确，手腕没有下压，两臂没有夹紧，垫球部位在手腕或手上	20
有上述所有错误动作，但垫球还比较协调	10

表 5-3　垫球次数评分标准

自垫/次	对墙垫/次	对垫/次	得分
45	35	25	60
40	30	20	50
35	25	18	40
30	20	15	30
25	15	12	20
20	12	10	10

2. 正面上手发球（男）、侧面下手发球（女）

考评形式：技术加个数达标。

考评标准：如表 5-4 和表 5-5 所示，百分制，60+40=100（分）。

考评要求：

1）考试者站在发球区发球，每人发 10 个球，发到对方的比赛场区；

2）男生必须采用正面上手发球，女生必须采用侧面下手发球。

表 5-4　发球技术评分标准

发球技术评分标准	得分
发球的技术动作正确，全身协调，球速快，具有一定的攻击性	40
发球的技术动作比较正确，全身协调，有一定的球速，有一定的攻击性	35
发球的动作基本正确，全身比较协调，没有攻击性	30
发球的动作不正确，身体不协调，发球没有攻击性	20
能将球发起，但力量不够或身体不协调	10

表 5-5　发球个数评分标准

男生正面上手/个	女生侧面下手/个	得分
9	9	60
8	8	50
7	7	40
6	6	30
5	5	20
4	4	10

课外实践

1. 学会技术动作，参加课外组织的排球比赛。
2. 组织学院、系部的排球比赛。

女排“五连冠”背后的故事

1981 年 11 月，中国队在日本举行的第三届世界杯女子排球赛中，以七战七捷的佳绩，首次登上世界冠军领奖台。

中广网北京 3 月 30 日消息：异军突起的中国女排在 1981 年获得世界杯冠军。这是我们这个格外珍视集体荣誉的东方民族千百年来首次夺得集体球类项目的世界冠军。在后来的 5 年中，中国女排又连续 4 次获得世界锦标赛、奥运会和世界杯这世界三大赛事的桂冠，让“三连冠”“五连冠”这样的词汇，第一次出现在了我们民族的语汇中。

1976 年，“四人帮”被粉碎，十年浩劫刚过，中国第一次主动推开国门，启动了融入世界的旅程。人们心中普遍存在着这样的惶恐：我们有能力为自己在世界舞台上赢得一席之地吗？中国女排用她们夺取世界冠军的优异成绩及时作出了回答。因为排球是集体项目，比个人项目更能象征一个国家的整体实力，故此女排的胜利对国人的鼓舞尤其巨大。

1976年，37岁的袁伟民出任中国女排主教练。当时中国女排在世界上默默无闻。袁伟民上任后想邀请日本队来访。长期对中国排球界抱有真诚善意的日本排协说，那就派二队去吧，二队的水平就够了。故此，袁伟民担任主教练后提出的第一个奋斗目标并不是夺取世界冠军，也不是亚洲冠军，而是“赶超日本”。

5年后，袁伟民带领的中国女排参加在日本举行的世界杯赛，一举登上了世界冠军的领奖台。在对苏联队的比赛中，中国女排第三局竟然打了这个老牌霸主一个15∶0。这是苏联女排第一次输给中国女排，0∶15的罕见局分也同样具备了历史记载的非凡价值。

1982年世界锦标赛在秘鲁举行。中国女排在小组预赛中以0∶3输给了美国队。当时的规则与现在的有所不同，预赛的成绩将被带入后面的赛事。中国女排当时唯一能做的事情，就是在后面的6场比赛中全部都以3∶0获胜，寄希望于最终能以小分的优势重新获得争夺冠军的资格。奇迹还真的就发生了，中国女排在后面的6场比赛中，场场均以3∶0获胜。算局分的话，是18∶0。中国女排不仅首次获得世界锦标赛的冠军，而且以6个3∶0的强势姿态展示了自己超一流的实力，宣示了一个新的世界霸主的到来。

“三连冠”“三连冠”，呼声四起。就是在那个时候，“三连冠”这个词汇第一次出现在古老的方块字体系中。已有两冠在手的中国女排，现在只差一个奥运会冠军，这一世界上含金量最高的冠军了。

1984年洛杉矶奥运会，小组赛上中国队以1∶3输给了美国队。而决赛，中国女排却以3∶0击败美国队，第一次站上了奥运会的最高领奖台。

1985年世界杯、1986年世锦赛中国女排勇夺世界冠军。

奋力拼搏的中国女排精神，值得我们中华民族永远珍惜秉承，发扬光大！

第六章 足球运动

学习目标

1. 掌握足球的基本传控球技术；
2. 形成简单的足球战术意识；
3. 了解足球竞赛规则；
4. 让足球运动成为自己终身锻炼的一个运动项目。

一、足球运动的起源

古代足球最早起源于中国东周时期的齐国，当时把足球名为“蹴鞠”。汉代蹴鞠是训练士兵的手段，制定了较为完备的体制。经过汉代的初步流行，唐宋时期蹴鞠活动达到高潮，甚至出现了按照场上位置分工的踢法。

现代足球［Football（英）/Soccer（美）］运动诞生于英国。1863 年 10 月 26 日，剑桥大学、牛津大学和凯尔波里特专科学校与伦敦周围地区 11 个最主要的俱乐部和学校，举行联席会议，创立了英格兰足球协会。这一天被称为现代足球的诞生日。两个月后，英格兰足球协会制定出世界上第一个统一的足球规则。

二、足球运动的发展及现状

1872 年，足球运动史上的第一次正式比赛在英格兰和苏格兰之间进行，即泛英足球比赛。在此后 30 年，足球运动逐渐风靡英国和欧美各国。1900 年，足球首次在奥运会上露面。

1908 年，足球被正式批准为奥运会比赛项目。1930 年，乌拉圭成功举办了第一届世界足球锦标赛。1904 年 5 月 21 日，国际足球联合会（FIFA）在法国巴黎成立，总部设在瑞士苏黎世。这标志着足球作为一项世界性的体育项目登上了国际体坛，足球运动在更加广泛的范围内开展起来，影响也越来越大。

国际足联从最初的 7 个会员国，发展到现在的 190 多个，是世界上最大的国际单项体育组织。其举办的重大比赛包括 4 年一届的世界杯足球赛、奥运会足球赛、世界青年足球锦标赛和女子世界杯足球赛，此外还有许多洲际比赛。

三、足球运动的比赛规则

足球比赛规则由国际足球协会理事会（IFAB）制定并修改，是正规足球比赛所必须遵守的规则。

（一）比赛场地

比赛场地必须是长方形，边线的长度必须长于球门线的长度，长度为90~120米，宽度为45~90米。

（二）球门区

球门区在场地的两端，规定如下：从距球门柱内侧5.50米（6码）处，画两条垂直于球门线的线。这些线伸向比赛场地内5.50米，与一条平行于球门线的线相连接。由这些线和球门线组成的区域范围是球门区。

（三）罚球区

罚球区在场地的两端，规定如下：从距每个球门柱内侧16.5米（18码）处，画两条垂直于球门线的线，这些线伸向比赛场地内16.5米，与一条平行于球门线的线相连接。由这些线和球门线组成的区域范围是罚球区。在每个罚球区内距球门柱之间等距离的中点11米（12码）处设置一个罚球点。在罚球区外，以距每个罚球点9.15米（10码）为半径画一段弧。

（四）角球区

在比赛场地内，以距每个角旗杆1米（1码）为半径画一个四分之一圆，弧内地区叫角球区。

（五）队员人数

一场比赛应有两队参加，每队上场队员不得多于11名，其中必须有一名守门员。如果任何一队少于7人则比赛不能开始。在由国际足联、洲际联合会或国家协会主办的正式比赛中，每场比赛最多可以使用3名替补队员。竞赛规程应说明可以有几名替补队员被提名，从3名到最多不超过7名。

（六）越位

队员处于越位位置本身并不是犯规。

1）队员处于越位位置：

攻方队员出球时，其中攻方有队员比对方第二名队员更接近于对方球门线且接球队员处于对方半场内。

2）队员不处于越位位置：

①角球和界外球除外；

②他在本方半场内；

③他齐平于倒数第二名对方队员；

④他齐平于最后两名对方队员。

（七）犯规（越位）

处于越位位置的队员，在同队队员踢或触及球的一瞬间，裁判员认为其就下列情况而言“卷入”了现实比赛中时才被判为越位犯规：

1）干扰比赛；

2）干扰对方队员；

3）利用越位位置获得利益。

对于任何越位犯规，裁判员应判给对方在犯规发生地点踢间接任意球。

（八）没有犯规（越位）

如果队员直接从下列情况下接到球，则没有越位犯规：

1）球门球；

2）掷界外球；

3）角球。

（九）犯规行为

1）裁判员认为，如果队员草率地、鲁莽地或使用过分的力量违反下列 7 种犯规中的任何一种，将判给对方踢直接任意球：

①踢或企图踢对方队员；

②绊摔或企图绊摔对方队员；

③跳向对方队员；

④冲撞对方队员；

⑤打或企图打对方队员；

⑥抢截对方队员；

⑦推对方队员；

2）如果队员违反下列 3 种犯规中的任何一种，也判给对方踢直接任意球：

①拉扯对方队员；

②向对方队员吐唾沫；

③故意手球（不包括守门员在本方罚球区内）。

注：在犯规发生地点踢直接任意球。

3）如果守门员在本方罚球区内违反下列 4 种犯规中的任何一种，将判给对方踢间接任意球：

①用手控制球后在发出球之前持球超过 6 秒；

②在发出球之后未经其他队员触及，再次用手触球；

③用手触及同队队员故意踢给他的球；

④用手触及同队队员直接掷入的界外球。

4）裁判员认为，队员在出现下列情况时，也将判给对方踢间接任意球：

①动作具有危险性；

②阻挡对方队员；

③阻挡对方守门员从其手中发球；

④违反规则第十二章以前未提及的任何其他犯规，而停止比赛被警告或罚令出场。

注：在犯规发生地点踢间接任意球。

（十）掷界外球

1）掷界外球是重新开始比赛的一种方法。

2）掷界外球不能直接进球得分。

3）当球的整体不论从地面或空中越过边线时，判为掷界外球，由最后触球队员的对方，从球越出边线处掷界外球。

四、足球运动的任务与练习

（一）控制球

1. 拉球

拉球是以脚前掌触球的上部，将球由前向后或由左（右）向右（左）进行拖拉的动作。如图 6-1 所示。

（a）（b）（c）

图 6-1 拉球

2. 扣拨球

扣拨球是指持球者以脚背内侧或脚背外侧触球，使球向侧方或侧后、前方滚动，如图 6-2 所示。当扣拨球动作完成后，身体重心应立即跟上，迅速进入下一个动作。

（a）（b）（c）

图 6-2 扣拨球

3. 颠球

颠球是指持球者以身体各有效部位连续触击球，并尽量不使其落地的技术动作。通过练习，可有效地促进人体对于球的各种特性（如弹性、重量、旋转等）的熟悉程度，同时加深练习者对于触球部位、击球力量的感觉。颠球的部位包括脚背、脚内侧、脚外侧、大腿、头部、胸部、肩等，如图 6-3 所示。

（a）

（b）

（c）

图 6-3 颠球

（二）脚内侧踢球

脚内侧踢球又称脚弓踢球，是运动员有目的地用脚的内侧（脚弓）将球击向预定目标的技术动作。脚内侧踢球是踢球时最常使用的部位，它触球的面积比脚的其他部位都大，这使得在踢球时可以更容易地控制住球。因此，脚内侧踢球是进行短距离传球和射门的理想方法。但由于踢球时要求大腿前摆到一定程度需要外展且屈膝，故大腿与小腿的摆动都受到限制，因此出球力量较小。

动作要领：直线助跑，支撑前的最后一步稍大些，支撑脚踏在球侧约 15 厘米处，膝关节微屈，脚趾指向出球方向。踢球腿以髋关节为轴由后向前摆动，膝踝关节外展，脚尖稍翘，以脚内侧对准来球，当膝关节摆至接近球体上方时，小腿加速前摆，击球刹那，脚跟前顶，脚型固定，用脚内侧击球的后中部（如图 6-4 所示）。

图 6-4 脚内侧踢球

（三）脚背内侧踢球

脚背内侧踢球是运动员有目的地用脚背内侧将球击向预定目标的技术动作。是用第三、四、五跖骨体接触球的一种踢球方法。其特点是摆踢动作顺畅、幅度大、脚触球面积大、出球平稳有力，且性能和路线富于变化，适用于中远距离传球和射门。

动作要领：斜线助跑，助跑方向和出球方向约成 45°，支撑脚踏在球侧后，脚趾指向出球方向，膝关节微屈，眼睛看球，重心稍倾向支撑脚一侧。在支撑脚踏地的同时，踢球腿以髋关节为轴，大腿带动小腿由外后向前内略呈弧线摆动，膝踝关节稍外旋，当膝关节摆至接近球的内侧上方时，小腿加速前摆。击球时，膝关节向前顶送，脚背绷直，脚趾扣紧斜下指，以脚背内侧击球的后中部或后中下部，击球后踢球腿顺势前摆落地（如图 6-5 所示）。

(a)

(b)

图 6-5 脚背内侧踢球

（四）停球

1. 停地滚球

地滚球的处理需要考虑下一步处理球的动向，如果要停向传球的方向左右 90°范围内，脚弓或外脚背压于球的中上部，触球瞬间保证脚腕的紧张，否则球可能偏离轨迹。触球的力度需要多加练习，根据来球的速度进行感悟，使用最为合适的力度。

2. 停反弹球

反弹球的处理要领就是找准球的落点，在球落地的瞬间，当球刚刚弹起的瞬间，用脚底板、脚弓、外脚背压在球的斜上方从而改变球的方向，并且可以将球压于地面上，以便更加容易地处理球。触球的瞬间一定保持脚腕的稳定，并且要想好下一步处理球的方向。最重要的还是要注意多加练习，找到球的落点是关键，初练者往往不能赶在足球的第一落点压住足球，这样足球就会再次弹起，如果加上防守队员就会错失最佳进攻机会甚至丢掉球权。

3. 停高空球

这种停球难度比较高，对人的基本功要求也比较高。如果球的抛物线比较高，就像直上直下的球，一般就用大腿或者正脚背进行停球，停球时注意脚背要迎合球运动一段距离，进而得到缓冲，而大腿停球则需要给予球一定的力，从而使球的速度降低。如果球的抛物线比较低时，根据球的高度则需要用脚弓或者胸部进行停球，停球时也要注意脚弓给球一定的力，脚腕要相对紧张。对于胸部停球，一开始会觉得球砸在胸上比较疼，所以一定要用左胸脯或者右胸脯进行停球，并且要主动用胸脯接触球，触球瞬间一定要憋住气。

（五）运球绕障碍

运球绕障碍是对练习者掌握的足球基本控球技术进行巩固提高的一种很有效的练习方法。练习者用双脚内侧交替推球或者单脚扣拨球结合拉球等技术动作完成运球绕障碍。

在具体的练习过程中可以循序渐进地增加障碍的数量、改变障碍的距离，要使用绕障碍的技术动作进行练习。

动作要领：身体重心要降低，所使用的任何技术动作要规范，击球力量要合适，身体要随着支撑脚踢球而转动，球出障碍马上要衔接下一个动作，整个过程要有一个明显的节奏感。

（六）传抢球练习

传抢球练习是对练习者掌握的各种传球、控球技术的一种综合提高的练习方法，同时让练习者培养包括观察、接应和无球跑动等简单的足球战术意识。

传抢球练习的最基础练习为“围圈耍猴”：在直径 8 米左右的场地里，外面 6~7 人通过传球接应等躲避中间 1~2 人对球的抢劫；要求外围的练习者要快速停球和传球，将球始终能够传到让抢劫球的队员防守最为困难的接应位置上，同时要求担任抢劫球任务的队员要积极拼抢，完成抢劫任务后和对应的进攻者进行角色互换；然后升级成为在不同大小的场地之内的 2 抢 3、2 抢 4、3 抢 4、4 抢 4 等传抢球练习方式。练习过程中始终要体现出合理的接应、无球跑动、传球的力量、提前量等一些基本元素。

（七）足球运动的基本战术

1. 局部进攻战术

（1）“二过一”战术配合

“二过一”战术配合是指两个进攻队员在局部地区通过两次或两次以上的连续传球配合，越过一个防守队员的战术行动。“二过一”是集体配合的基础，所以在任何场区、任何位置上运用这种方法来摆脱对方的抢断或突破防线。进攻的两个队员之间相距 10 米左右，进行一传一切的配合，要求传球平稳及时，一般多用“脚内侧”“脚外侧”等脚法，以传地平球为主。球传的位置，尽可能是接球人脚下或前面两三步远的地方。

（2）“三过二”战术配合

“三过二”战术配合是在比赛场地中的局部地区，通过三个进攻队员的连续配合突破两个防守队员的防守。由于这种配合有两个同队队员可以同时接应传球，因此使持球人传球路线更多，且进攻面也更大。

2. 整体进攻战术

整体进攻战术是指在比赛中一方获得球后，通过队员之间的传递配合达到射门的目的而采用的配合方法。与局部进攻战术相比较，整体进攻战术具有进攻面更加扩大、进攻和反击速度更加快速等特点。

（1）边路进攻

边路进攻一般是围绕边锋进行的配合方法，因此边锋的速度要快，个人突破能力要强，传中技术要突出。其方法是由守转攻时，获球队员将球传给边锋或其他边路上的队员，从边路发起进攻，经过局部配合突破后，一般采用下底和回扣传中方式，将球传到中央，由其他队员包抄射门。

（2）中路进攻

中路进攻时，必须要求边锋拉开，借以牵制对方的后卫，诱使对方中间区域出现较大的空隙，为中路进攻创造有利条件。前场和中场队员要机动灵活地跑位，以有效调动来拉开对方的防线。进攻的推进应有层次和梯队。传球要准确，技术动作应在跑动中准确、简练地完成。

（3）快速反击

比赛中当攻方进攻时，后卫线往往压至中场附近，防守人数也由于插上进攻和助攻而相对减少，此时如防守方能抓住对方防区空隙较大和回防速度较慢的机会，乘攻方失球之机发动快速反击，往往能取得良好的效果。但其难度较大，既要冒险，又要有准确、快速的传切配合技术。

3. 局部防守战术

（1）补位

补位是足球比赛中在局部地区队员集体进行配合的一种方法。当防守过程中一个防守队员被对手突破时，另一个队员应立即上前进行封堵。

（2）围抢

围抢是足球比赛中在某局部位置上，防守一方利用人数上的相对优势（通常是两三个队员）同时围堵对方的持球队员，以求在短暂时间内达到抢断球或破坏对方进攻（防守）的目的。

（3）造越位战术

造越位战术是利用规则而设计的一种防守战术，是一种以巧制胜的省力打法，因而成为一种重要的防守手段。

4. 整体防守战术

整体防守战术主要有盯人防守、区域防守和综合防守三种。

（1）盯人防守

盯人防守是指被盯防的对手不管跑到哪个位置就盯防到哪里。盯人防守分为全场盯人和半场盯人。这种防守方法是对口盯人，分工明确，但体力消耗大，一旦被突破，很难补位，会使整个防线出现很大的漏洞。因此，在比赛中，单纯采用人盯人防守方法是不利的。

（2）区域防守

由攻转守时，根据场上位置的分布，每个防守队员负责防守一定的区域，当对方队员跑到本区域时，就负责盯防，离开这个区域，就不再跟踪盯防。这种战术较为省力，但是，对方可以任意交叉换位，容易造成局部以少防多的被动局面。因此，目前在比赛中已很少单纯采用这种防守方法。

（3）综合防守

综合防守是指盯人防守和区域防守相结合的防守方法。综合防守是目前在比赛中普遍采用的一种防守方法，它集中了盯人防守和区域防守的优点，从而在防守中能根据场上情况进行逼抢、盯人、保护与补位，以达到防守的目的。

5. 任意球战术

任意球进攻，特别是前场任意球进攻，是当今足坛破门得分的最锐利的武器之一。在比赛中常用的进攻方式有三种：一是直接射门（直接任意球）；二是两人配合射门；三是三人或三人以上配合射门。

（1）任意球进攻战术

任意球进攻方式的选择，主要取决于队员特点和场上的具体形势。一般来说，在发任意球时应遵循以下几个原则：

1）任意球机会在高水平比赛中甚为难得，组织进攻必须考虑周密，认真对待，力争成功。

2）任意球进攻时，任一队员只要有可能直接射门就应直接射门，不必要弄华而不实的骗术。

3）任意球进攻过程应尽可能快速，每一队员都应尽量排除不必要的传、带球。

4）发任意球前，场上每一队员应根据赛前布置及时到位。

5）前场任意球失败后，每一队员必须迅速回位。

（2）任意球防守战术

当对方在中后场发任意球时，防守队员需要很好地组织和站位。如果在前场距离本方球门较近的区域发任意球时，则必须要排人墙，排墙队员的人数取决于球所处的位置。队员必须贴紧站立，以防球从人缝中穿过球门。球门近角由“墙”封堵，守门员站在挨门远角并保证能观察到踢球队员及其附近队员的活动。

排墙队员以外其他队员的站位原则：一般是头球好的防守者盯住对方空中争抢能力强的队员；中锋盯住对方插上的盯人中卫或拖后中卫；其余队员或者盯住自由进攻者或者站在墙的侧后起保护作用；另外派一名速度较快且技术熟练的队员站在中线附近准备反攻，一旦防下球，应尽快发动快速反击。

任意球中也包含“点球”，在罚点球时，进攻队员应注意补射，守门员应注意脱手或碰球门柱反弹后的第二动作，其他防守队员应注意在守门员脱手或球门柱反弹回来后冲上解围。

【练习一】控制球

1. 练习目标

通过拉球、扣拨球、颠球等基本控制球技术的练习，提高练习者的球感和身体综合协调能力，掌握简单的过人技术。

2. 练习内容

（1）拉球练习

1）原地左右脚交替拉球；

2）左右脚交替拉球向后 10 米往返；

3）单脚连续拉球 20 米往返。

（2）扣拨球练习

1）原地左右脚交替拉球和拨球；

2）单脚扣球+拨球折线运球 20 米往返；

3）左扣右拨+右扣左拨折线运球 20 米往返。

（3）推球练习

1）原地左右脚内侧交替推球；

2）左右脚内侧交替推球折线运球 20 米往返。

（4）颠球练习

1）左右脚正脚背和左右大腿的一抛一颠；

2）左右脚正脚背和左右大腿的一抛两颠；

3）左右脚正脚背和左右大腿的一抛多颠；

4）综合颠球练习。

脚内侧踢球

【练习二】脚内侧踢球

1. 练习目标

通过脚内侧踢球的技术练习，提高练习者的球感和身体综合协调能力以及腿部力量，让练习者掌握脚内侧踢球的正确脚型，能够用脚内侧踢球技术完成各种合理的传球动作。

2. 练习内容

1）原地固定脚型。理解脚内侧踢球的正确动作。

2）无球动作练习。体会脚内侧踢球的助跑、摆腿和击球动作。

3）踢固定球。重点体会支撑脚的位置、小腿的后摆与爆发性击球动作、击球的位置。

（4）两人相距5米连续踢球。重点体会与来球的合理结合、支撑脚的位置、小腿的后摆与爆发性击球动作、击球的位置以及击球的效果。

【练习三】脚背内侧踢球

脚背内侧踢球

1. 练习目标

通过脚背内侧踢球技术的练习，提高练习者的球感和身体综合协调能力以及腿部力量，让练习者掌握脚背内侧踢球的正确脚型，能够用脚背内侧踢球技术完成各种合理的传球动作。

2. 练习内容

1）原地固定脚型。理解脚背内侧踢球的正确动作。

2）无球动作练习。体会脚背内侧踢球的助跑、摆腿和击球动作。

3）踢固定球。重点体会支撑脚的位置、大小腿的折叠后摆与大腿带动小腿的击球动作、击球时插入球下的位置。

4）两人相距20米连续踢球。重点体会支撑脚的位置、大小腿的折叠后摆与大腿带动小腿的击球动作、击球时插入球下的位置以及击球的效果。

【练习四】停球

停球

1. 练习目标

通过各种停球技术的练习，提高练习者的球感和身体综合协调能力，让练习者掌握脚停球的各种正确脚型和动作，掌握大腿和胸部停球的正确动作，能够用身体各个部位完成各种合理的停球动作。

2. 练习内容

1）脚内侧切挡、迎撤停地滚球的无球动作练习。体会正确的脚型，理解切挡和迎撤的正确时机。

2）结合球的脚内侧切挡、迎撤停地滚球练习。体会与球的合理结合、正确的脚型、做切挡和迎撤动作的最佳时机以及停球的效果。

3）脚内侧、脚外侧和脚前掌停反弹球练习。体会正确的脚型，注意压球的正确部位以及正确时机，评价停球后的效果。

4）脚内侧、正脚背、大腿正面停空中球的无球迎撤动作以及挺胸式和收胸式停空中球的无球动作练习。

5）结合球的脚内侧、正脚背、大腿正面停空中球动作以及挺胸式和收胸式停空中球的动作练习。重点体会与球的合理结合、做动作的最佳时机以及停球的效果。

运球绕障碍正面

运球绕障碍侧面

【练习五】运球绕障碍

1. 练习目标

通过运球绕障碍的练习，提高练习者各种控制球技术和身体综合协调能力，让练习者能够合理使用所掌握的各种控制球技术熟练完成运球绕障碍。

2. 练习内容

1）左右脚内侧交替推球和单脚扣拨球的折线前行运球练习。体会正确的脚型和触球的力量，注重运球前行折线的一致性，始终保持良好的人和球的位置关系。

2）左右脚内侧交替推球和单脚扣拨球的运球绕三个障碍练习。通过比较简单的一个组合动作练习，体会正确的脚型和触球的力量，始终保持良好的人和球的位置关系。

3）左右脚内侧交替推球和单脚扣拨球的运球绕多个障碍练习。体会正确的脚型和触球的力量、击球的时机，保持良好的人和球的位置关系，整个过程形成明显的节奏。

【练习六】传抢球

1. 练习目标

通过传抢球的练习，提高练习者各种控制球技术和传球技术，培养练习者接应、跑位等简单的战术意识。

2. 练习内容

逗猴游戏。练习者能够快速判断出防守的弱侧区域，接球和传球衔接要快，可以通过变换“猴”的数量和限制触球次数来调整难度。

【练习七】战术练习

1. 练习目标

通过足球运动的一些简单的“碰墙二过一”战术练习，培养练习者的基本战术意识。

2. 练习内容

（1）“碰墙二过一”。注意双方传球和跑动的时机，形成默契，角色互换。

（2）“直传斜插”“斜传直插”。注意双方传球和跑动的线路和时机，形成默契，角色互换。

五、足球课程考核评价标准

（一）足球课程考核评价内容及项目比重（如表 6-1 所示）

表 6-1　足球课程考核评价内容及项目比重

分类	比重/%	内容
平时考评	20	考勤、课堂表现、课下练习作业
理论考评	20	足球运动概述、技战术理论、竞赛组织与编排、裁判法、运动损伤的处理
素质考评	20	大学生健康测试项目
技能考评	40	运球绕障碍、双人跑动传球射门

考评形式：平时、理论、素质、技能四项成绩相加。

考评标准：百分制，20+20+20+40＝100（分）。

（二）足球运动技能考核评价标准

1. 运球绕障碍

考评形式：技术加时间达标。

考评标准：如表 6-2 和表 6-3 所示，百分制，60+40＝100（分）。

考评要求：

1）可以采用双脚内侧推球和单脚扣拨等方式；

2）整个过程不得少绕障碍；
3）保持低重心，要有明显的节奏感。

表 6-2 运球绕障碍技术评分标准

运球绕障碍技术评分标准	得分
脚型非常规范，线路很稳定，击球力量非常恰当，有很好的节奏感	60
脚型比较规范，线路稳定，击球力量恰当，有较好的节奏感	50
基本能够熟练运用各种控制球技术完成考评，但线路不够稳定，节奏感不强	40
技术动作基本熟练，出现一次重复绕障碍情况，但能够完整完成考评	30
技术动作不太熟练，出现两次以上重复绕障碍情况，基本能完成考评	20
动作生疏，人球配合不协调，频繁出现控制不住球的错误动作	10

表 6-3 运球绕障碍时间评分标准

男生达标时间/秒	女生达标时间/秒	得分
10	14	40
12	16	35
14	18	30
16	20	25
18	22	20
20	24	10

2. 双人跑动传球射门

考评形式：技术加时间达标。
考评标准：如表 6-4 和表 6-5 所示，百分制，40+60 = 100（分）。
考评要求：
1）在规定的 60 米场地内往返双人跑动传球，每个人射门一次；
2）注意传球的提前量和传球之后的加速跑位；
3）传球动作标准，过程顺畅。

表 6-4 双人跑动传球射门技术评分标准

双人跑动传球射门技术评分标准	得分
传球动作非常规范，提前量很合适，接球和传球的衔接很自然，整个过程有很好的节奏感，能够很好地完成射门	40
传球动作比较规范，提前量合适，接球和传球的衔接自然，整个过程有较好的节奏感，能够较好地完成射门	35
传球动作规范，提前量合适，接球和传球的衔接自然，整个过程节奏感不强，能够完成射门	30
整个过程的技术动作基本熟练，出现两次（含）以内回跑接球情况，但能够完整完成考评	25
整个过程的技术动作基本熟练，出现两次以上回跑接球情况，但能够完整完成考评	20
整个过程动作生疏，传球频繁不到位，频繁出现控制不住球的错误动作，基本不能正常完成考评	10

表 6-5　双人跑动传球射门时间评分标准

男生达标时间/秒	女生达标时间/秒	得分
50	70	60
60	80	50
70	90	40
80	100	30
90	110	20
100	120	10

课外实践

1. 制订足球学期训练计划，需体现各基本技战术的具体训练内容、制定目标以及身体素质练习内容。

2. 组织一场院系间的足球比赛。

知识拓展

有氧运动与无氧运动的区别

有氧运动：通俗的解释就是呼吸顺畅类型的运动，强度低且持续性久，通过连续不断或者反复多次的活动，并在一定的时间之内完成一定的运动量。在整个运动的过程中我们能够顺畅地完成呼吸，只是呼吸有缓慢与急促之分。例如，长跑、游泳、跳绳、健身操、瑜伽、单车、登山等。与有氧运动相符合的健身器材为跑步机、健身车、椭圆机，登山机和划船器具。

无氧运动：通常可以解释为高强度、高频率、持续性短的运动，不能按照一定的节奏完成正常呼吸的运动项目。例如，专业的力量训练、一百米冲刺跑、举重等。健身房中一般都会配有专业的力量健身器材，如举重床、大飞鸟等专业的力量训练器。

有氧运动主要的作用是健身，而无氧运动主要的作用是塑形，一般的健身计划都是有氧运动配合无氧运动以达到强身健体的目的。

第七章 乒乓球运动

学习目标

1. 了解乒乓球的知识，学习基本的握拍托球、握拍垫球和准备姿势的动作与方法；
2. 学会对墙击球的技术和方法，学会正手攻球技术和基本步法的移动；
3. 学会反手推挡和发球的基本技术方法，学会搓球的摩擦动作和方法；
4. 通过乒乓球基本技术的学习和练习，提高学生的身体技能和各项身体素质，促进身心全面发展，进一步增强体质；
5. 培养学生爱国主义、集体主义的思想品德，发展个性，树立正确的道德观，结合乒乓球运动的特点，培养敢于拼搏、机智灵活、勇敢顽强和团结协作的精神，让学生对乒乓球运动产生浓厚的学习兴趣。

一、乒乓球运动的起源

乒乓球运动的起源与网球有着密切的关系。19 世纪末，欧洲盛行网球运动，但由于受到场地和天气的限制，英国一些大学的学生便把网球移到室内，以餐桌为球台，用书作球网，并用羊皮纸贴面做球拍，在餐桌上打来打去。最初只是一种活动性游戏，球用轻而富有弹性的材料制成，拍子用的是雪茄烟盒盖之类的木质板。大约在 1890 年，英国的退役越野跑运动员詹姆斯 · 吉布从美国带回了作为玩具的赛璐珞球，这种小而轻的球就以它弹性好的优势代替了软木球和橡胶球。由于当时普遍使用的是羊皮纸球拍击球，球击到台面时发生“乒”的声音，球拍击到球时发生“乓”的声音，所以人们模拟其声音又叫“乒乓”(Ping Pang)。其后也称为“桌上网球”(Table Tennis)，可以说网球运动是乒乓球运动的前身。

二、乒乓球运动的比赛规则

(一) 比赛场地

1) 赛区空间不少于 14 米长、7 米宽、5 米高；
2) 赛区应由 75 厘米高的同一深色颜色的挡板围起，与相邻赛区及观众隔开；
3) 赛区地板不应呈浅色，或明显反光，其表面不得为砖面、石面或水泥面。

（二）比赛器材

1. 球台

比赛台面为与水平面平行的长方形，长 274 厘米、宽 152.5 厘米，离地面高 76 厘米，由一个与台面端线平行的垂直球网划分为两个相等的台面。双打比赛中各台区由一条 3 毫米宽的白色中线划为两个相等“半区”，中线视为右半区一部分。

2. 球网装置

球网装置包括球网、悬网绳、网柱及将它们固定在球台上的夹钳部分。球网长 183 厘米，球网距离台面 15.25 厘米。

3. 球

球的直径为 40 毫米，重 2.7 克，用塑料制成，呈白色或橙色，且无光泽。

4. 球拍

球拍的大小、形状和重量不限，但底板应平整、坚硬。用来击球的拍面应用一层颗粒向外的普通颗粒胶覆盖，连同黏合剂，厚度不超过 2 毫米；或用颗粒向内或向外的海绵胶覆盖，连同黏合剂，厚度不超过 4 毫米。覆盖物应覆盖整个拍面，但不得超过其边缘，两面不论是否有覆盖物，必须无光泽。从 2021 年 10 月 1 日起乒乓球拍除了一面必须贴黑色胶皮，另一面的颜色可以有 4 种选择，包括绿色、蓝色、紫色、粉红色（特定范围内）。比赛开始时及比赛过程中运动员需要更换球拍时，必须向对方和裁判员展示他将要使用的球拍并允许检查。目前普遍使用的球拍有正胶海绵拍、反胶海绵拍和长胶拍三类。

（三）基本规则

1. 定义

1）回合：球处于比赛状态的一段时间。

2）球处比赛状态：从发球时球被有意向上抛起前，静止在不执拍手掌上的一瞬间，到该回合被判得分或重发球。

3）重发球：不予判分的回合。

4）一分：判分的回合。

5）执拍手：正握着球拍的手。

6）不执拍手：未握着球拍的手。

7）击球：用握在手中的球拍或执拍手手腕以下部分触球。

8）阻挡：对方击球后，处于比赛状态的球尚未触及本方台区也未超过比赛台面或其端线，即触及本方运动员或其穿戴的任何物品。

9）发球员：在一个回合中，首先击球的运动员。

10）接发球员：在一个回合中，第二个击球的运动员。

11）裁判员：被指定管理一场比赛的人。

12）裁判助理：被指定在某些方面协助裁判员工作的人。

13）运动员“穿或戴”的任何物品，包括他在一个回合开始时穿或戴的任何物品。

14）球从突出台外的球网装置之下或之外经过，或回击的球越过球网后又回弹过网，均应视作已“超过或绕过”球网装置。

15）球台的“端线”包括端线两端的无限延长线。

2. 合法发球

1）发球时，球应放在不执拍手的手掌上，手掌张开和伸平。球应是静止的，在发球方的端线之后和比赛台面的水平面之上。

2）发球员须用手把球几乎垂直地向上抛起，不得使球旋转，并使球在离开不执拍手的手掌之后上升不少于 16 厘米。

3）当球从抛起的最高点下降时，发球员方可击球，使球首先触及本方台区，然后越过或绕过球网装置，再触及接发球员的台区。在双打中，球应先后触及发球员和接发球员的右半区。

4）从抛球前球静止的最后一瞬间到击球时，球和球拍应在比赛台面的水平面之上。

5）击球时，球应在发球方的端线之后，但不能超过发球员身体（手臂、头或腿除外）离端线最远的部分。

6）运动员发球时，有责任让裁判员或副裁判员看清他是否按照合法发球的规定发球。

7）运动员因身体伤病而不能严格遵守合法发球的某些规定时，可由裁判员做出决定免予执行，但须在赛前向裁判员说明。

3. 合法还击

对方发球或还击后，本方运动员必须击球，使球直接越过或绕过球网装置，或触及球网装置后，再触及对方台区。

4. 比赛次序

1）在单打中，首先由发球员合法发球，再由接发球员合法还击，然后两者交替合法还击。

2）在双打中，首先由球员合法发球，再由接发球员合法还击，然后由发球员的同伴合法还击，再由接发球员的同伴合法还击，此后，运动员按此次序轮流合法还击。

5. 一分

除被判重发球的回合，下列情况（均是在比赛状态下）运动员得一分：

1）对方运动员未能合法发球；

2）对方运动员未能合法还击；

3）运动员发球或还击后，对方运动员在击球前，球触及了除球网装置以外的任何东西；

4）对方击球后，该球越过本方端线而没有触及本方台区；

5）对方阻挡；

6）对方连击；

7）对方运动员或他穿戴的任何东西使球台移动；

8）对方运动员或他穿戴的任何东西触及球网装置，包括对方运动员因抛乒乓球拍击球时乒乓球拍触网；

9）对方运动员不执拍手触及比赛台面；

10）双打时，对方运动员击球次序错误；

11）执行轮换发球法时，接发球运动员或其双打同伴，包括接发球一击，完成了 13 次合法还击。

6. 一局比赛

在一局比赛中，先得 11 分的一方为胜方，10 平后，先多得 2 分的一方为胜方。（T2 赛制 24 分钟限时，24 分钟前 11 分即获胜，无须多得 2 分，即使 10∶10 也只需要再得 1 分即胜利；24 分钟后采用 5 分制，即谁先得 5 分即胜利）

强调：一人达到 10 分后，领先 2 分，才算胜方。如 14∶15 不行，8∶5 也不行，但 11∶13 是 13 分的为胜方（T2 新赛制 24 分钟前 11 分制，24 分钟后 5 分制，而且无须领先 2 分）。

7. 轮换发球法

如果一局比赛进行到 10 分钟仍未结束（双方都已获得至少 9 分时除外），或者在此之前任何时间应双方运动员要求，应实行轮换发球法。

1）当时限到时，球仍处于比赛状态，裁判员应立即暂停比赛，由被暂停回合的发球员发球，继续比赛。

2）当时限到时，球未处于比赛状态，应由前一回合的接发球员发球，继续比赛。

3）此后，每个运动员都轮发一分球，直至该局结束。如果接发球方进行了 13 次合法还击，则判发球方失一分。

4）换发球法一经实行，该场比赛的剩余部分必须继续实行，直至该场比赛结束。

三、乒乓球运动的任务与练习

（一）握拍

1. 直板握法

直拍握法的特点是正手攻球、反手攻球和推挡，在一般情况下，都用球拍同一面击球，不需两面转换，这样出手较快。直拍握法在正手攻球时快速有力，手腕动作灵活，发球可做较多变化。

动作要领：它很像人们握钢笔写字一样。在拍的前面，以食指第二指关节和拇指第一指关节扣拍；在拍的后面，中指自然弯曲贴于拍的 1/3 上端。这种握拍法，简称中钳式。我国许多直拍近台快攻型选手采用这种握法。直板握法如图 7-1 所示。

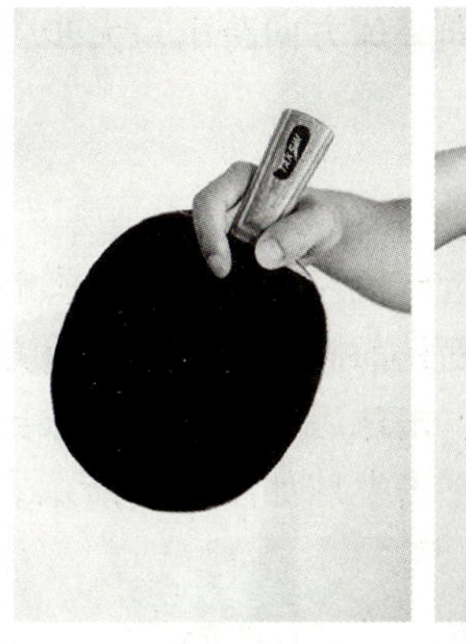
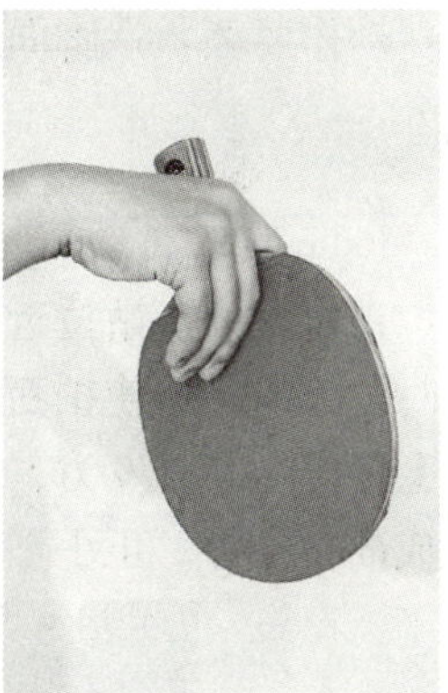

图 7-1　直板握法

2. 横板握法

横板握法的特点是正反手的控制性比较强，和传统直拍握法相比，横拍反手既可防守也可进攻，正反手弧圈球发力集中，中远台相持技术比较占优势，照顾的范围也比较大；但手腕的灵活性不够，主要体现在发球和处理台内小球方面，在变化球落点和旋转的时候，隐蔽性不强，对方比较容易判断。

动作要领：它很像人们见面时握手一样。一般的握法是虎口贴住拍肩，中指、无名指和小指自然地握住拍柄，拇指在拍的正面轻贴在中指旁边；食指自然伸直斜放于球拍的背面。在进攻和防守中都用同样的握法，但手指头可以做些调节。横板握法如图 7-2 所示。

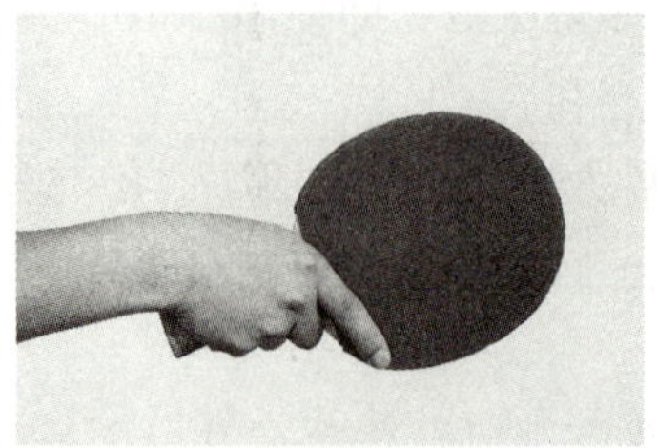

图 7-2　模板握法

（二）移动

1. 单步

在来球距离身体一步以内的较小范围、角度不大的情况下，台内球、还击追身球时，采用此种步法。

动作要领：以一脚脚前掌内侧为轴稍转动，蹬地用力，另一脚向来球方向做前、后、左、右移动一步。

2. 并步

并步又称滑步或换步，两面攻打法从基本站位向左右移动时多采用换步。

动作要领：一脚向来球方向移动，另一脚随即跟着移动一步。

3. 交叉步

通常来说，在来球较远的情况下多采用交叉步。

动作要领：以来球方向的脚作为支撑脚，该脚的脚尖指向移动方向，另一只脚在身前向来球方向做出交叉，支撑脚再向来球方向迈出一大步。

4. 跨步

来球急、角度大的情况下使用。

动作要领：一脚向来球方向跨出一大步，另一脚跟着移动。

（三）发球

1. 正手平击发球

动作要领：站位近台，左脚稍前，右脚略后，含胸收腹。左手持球置于掌心向上抛起，同时右臂内旋，使拍面稍前倾，手臂向右后方引拍。当球从高点下降至稍高于球网时，击球中上部向左前方发力，击球后第一落点在球台中央，击球后手臂继续向左前方挥动并迅速还原成准备姿势。正手平击发球如图 7-3 所示。

(a)

(b)

(c)

(d)

图 7-3　正手平击发球

2. 反手平击发球

动作要领：击球前，站位近台偏左角，右脚稍前或两脚平行站立，含胸收腹。左手持球置于掌心并向上抛起，同时右臂外旋，使拍面稍前倾，并向身体左后方引拍，当球从高点下降至稍高于球网时，以肘关节为轴，上臂带动前臂由左后方向向前方挥动并迅速还原，使球第一落点在球台的中段区域。反手平击发球如图 7-4 所示。

（a）

（b）

（c）

（d）

图 7-4　反手平击发球

（四）反手推挡球

反手推挡球

特点：动作幅度小，球速快、落点活、稍带上旋或不转，既可积极防守，又可辅助进攻，是使用最多的一种反手推挡技术。

动作要领：站位近台，右脚稍后或两脚平行开立，上臂和肘关节靠近右侧身旁。击球时，前臂向前推出，食指压拍，拇指放松，球拍前倾，在来球上升期击球的中上部。击球后，手臂顺势前送。反手推挡球如图 7-5 所示。

（a）

（b）

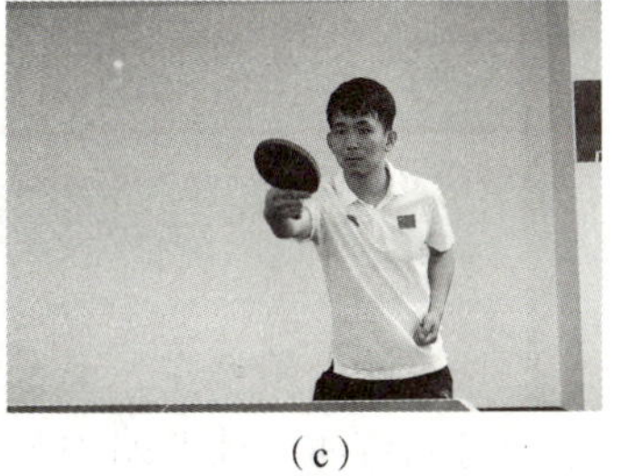
（c）

图 7-5　反手推挡球

（五）正手攻球

正手攻击球

特点：站位近，动作幅度小，球速快，击球力量大，多借力还击，攻击的角度多，是最常练、最常用的技术，更是快攻打法最基本的技术。

动作要领：击球前，左脚稍前站立，身体离台约 50 厘米；当来球将落至台面时，前臂外展将球拍后引至身体右侧稍后，当来球从台面弹起时，上臂带动前臂向左前上方快速挥动，并配合前臂内旋的动作使拍面前倾，在上升期击球的中上部；击球过程中，身体重心从右脚移至左脚，以腰部带动大臂、大臂带动小臂；击球后球拍继续挥至头部高度，然后迅速还原成击球前的准备姿势。正手攻球如图 7-6 所示。

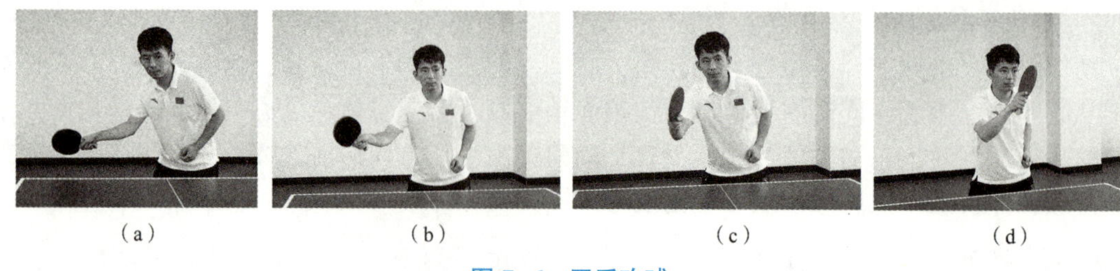
（a） （b） （c） （d）

图 7-6 正手攻球

（六）搓球

1. 反手搓球

特点：击球力量小、速度慢，球的旋转和落点变化多、线路短，球弹起后多在台内，缺乏前进力，对方不易发力进攻，故可作为过渡技术以等待、寻找或创造进攻机会。

动作要领：站位稍偏左，离台约 40 厘米。右脚稍前，两膝微屈，收腹含胸，身体向前或略向左转。手臂自然弯曲，前臂略内旋并向左上方提起，引拍至身体左前上方，使拍面稍后仰。来球从台面弹起后，前臂和手腕向右前下方挥拍迎球，在来球的上升期击球的中下部。球拍击球瞬间，前臂和手腕适当用力，使球拍向右前下方摩擦球，要注意利用来球的反弹力。击球后，手臂顺势向右前下方挥动，并迅速还原成准备姿势，动作过程中，身体重心从左脚移到右脚上。反手搓球如图 7-7 所示。

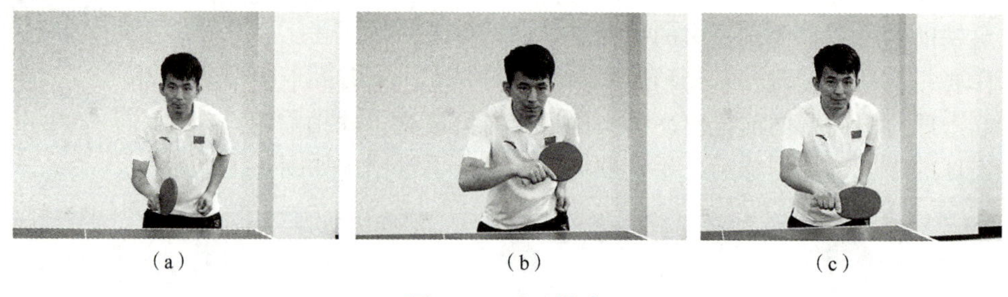
（a） （b） （c）

图 7-7 反手搓球

2. 正手搓球

动作要领：站位稍偏左，离台约 40 厘米。左脚在前，两膝微屈，收腹含胸，身体略向右转。手臂自然弯曲，前臂略向外旋并向右上方提起，引拍至身体右前上方，拍面稍后仰。来球从台面弹起后，前臂和手腕向左前下方挥拍迎球，在来球的上升期击球的中下部。球拍击球瞬间，前臂和手腕适当用力，使球拍向左前下方摩擦球，要注意利用来球的反弹力。击球后，手臂顺势向左前下方挥动，并迅速还原成准备姿势，动作过程中，身体重心从右脚移到左脚上。正手搓球如图 7-8 所示。

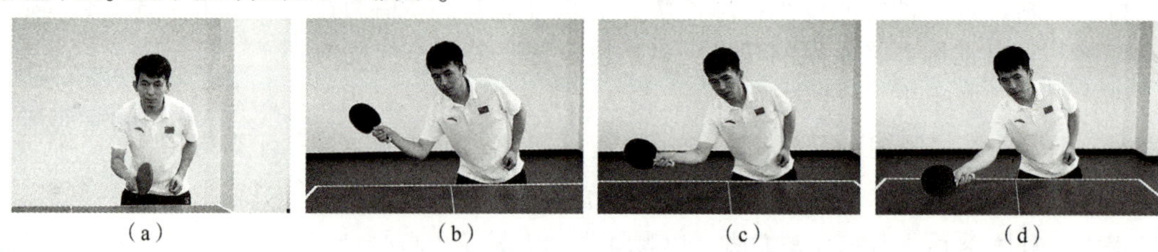
（a） （b） （c） （d）

图 7-8 正手搓球

（七）正手拉弧圈球

特点：球弧线曲度大，命中率高，落台后前冲力大，攻击力强，比赛中既可主动攻击，又可在相持或被动时作为过渡技术。弧圈球能稳健地回击低球和下旋球，故比快攻有更多的发力进攻时机。

动作要领：站位离台约60厘米。左脚稍前，身体重心放在右脚上，两膝微屈，收腹含胸，身体稍向右转。右肩下沉，右臂自然弯曲，前臂后引并下沉，将拍引至身体右后下方，同时，前臂内旋，使拍面微前倾。待来球弹起飞到高点时，在上臂带动下，以前臂为主向上兼向前挥拍迎球（与此同时，右侧腰、髋向左上方转动），在来球的下降期，以微前倾拍面击球的中部偏上位置。球拍击球瞬间，右脚脚前掌蹬地，右侧腰、髋向左上方转动、助力，前臂在上臂带动下向上兼向左前方发力摩擦击球。同时，还要充分运用手腕的力量，使球强烈上旋。击球后，手臂顺势向左前上方挥动，并迅速还原成准备姿势，动作过程中，身体重心从右脚移到左脚上。正手拉弧圈球如图7-9所示。

（a）

（b）

（c）

（d）

图7-9　正手拉弧圈球

【练习一】握拍

1. 练习目标

1）能够基本了解乒乓球的握拍方法并熟练掌握乒乓球握拍姿势，养成良好的习惯。

2）发展力量性、协调性等身体素质，发展上肢力量。

3）在学习过程中养成艰苦奋斗、吃苦耐劳的精神，培养仔细观察和自我评价的能力。

2. 练习内容

1）徒手模仿练习。教师检查初学者握拍时各手指位置及用力情况。

2）两人一组互相检查、纠正握拍动作。

3）观看优秀选手握拍技术录像。

【练习二】移动

1. 练习目标

1）基本掌握步法的技术要领，掌握乒乓球步法移动的连贯动作，提高对乒乓球的兴趣。

2）锻炼速度、力量、灵敏等各种身体素质，发展下肢力量。

3）在合作中以积极认真的态度学习，培养谦虚好学、开拓创新的学习能力。

2. 练习内容

1）单个步法或组合步法的徒手模仿练习。挥拍做单个步法，挥拍做跳步结合侧身步、并步结合侧身步、侧身步结合交叉步和并步等。

2）看教师手势，练习者快速变换前、后、左、右移动，要求重心保持同一水平面上。

3）采用多球训练法。一组球的单个步法或多种步法组合练习，可逐渐加大攻球速度和难度。

4）规定步法的次数或组数练习，或规定时间的步法练习。

【练习三】发球

1. 练习目标

1）学习乒乓球发球的作用和技术要点，不断提高击球的成功率。

2）发展速度、灵敏、协调等素质，提高判断力和应变能力。

3）培养自主、合作、探究学习的能力，培养积极思考、主动创新精神，提高社会适应能力。

2. 练习内容

1）进行单一旋转定点练习，掌握发球技术要领，同时找准击球点和击球时球拍方向。

2）单一旋转不定线路不定点练习，在掌握发球方法的基础上能够改变发球线路和落点。

3）通过相似的手法发出不同旋转的练习，通过体会摩擦球体的不同部位，制造不同旋转的方法。

【练习四】反手推挡球

1. 练习目标

1）掌握乒乓球准备姿势，基本掌握乒乓球反手推挡球的动作要领，提高乒乓球的球性，认识乒乓球的击球规律，提高控制球的能力。

2）积极参与到学习中，大胆向同学展示自己的动作，培养对体育运动的兴趣，养成良好的锻炼习惯。

3）在学习和练习的过程中不断进步，获得成功后的喜悦感，培养探究能力和良好的人际关系，发展个性。

2. 练习内容

1）徒手挥拍动作练习，使练习者在大脑皮层自主地建立起正规合理的运动动力定型，提高动作质量并完善技术动作。

2）通过单一落点的定点多球练习，熟练掌握乒乓球击球的动作要领，从而保持动作定型。

3）两人一组进行定点、两点和不定点的单球练习。

【练习五】正手攻球

1. 练习目标

1）基本掌握乒乓球正手攻球的基本技术与方法，建立正确的动作概念。

2）了解正手攻球的重要性及相关理论知识。

3）培养吃苦耐劳、精益求精的工匠精神。

2. 练习内容

1）练习者对着镜子进行徒手挥拍练习，及时纠正错误动作，确保动作的准确性和稳定性。

2）固定点、两点和不定点的多球练习，提升练习者步法移动的配合。

3）两人一组进行通过固定落点单一技术的单球练习。

【练习六】搓球

1. 练习目标

1）基本掌握搓球技术的动作要领，能够在比赛中灵活运用。

2）了解乒乓球基本知识和搓球理论。

3）发展上肢力量，养成良好的运动习惯，提高身体素质，培养挑战自我的坚强品质。

2. 练习内容

1）从分解动作到完整动作的摆臂模仿练习。

2）接下旋发球，要求发球有强烈的下旋或属下旋性质的球。

3）规定线路对搓，要求步法移动到位，选好击球点，保持前臂发力切削适宜的距离。

【练习七】正手拉弧圈球

1. 练习目标

1）了解乒乓球弧圈球的动作要领。

2）掌握乒乓球弧圈球技术，发展速度、力量、爆发力、灵敏和协调性。

3）提高练习积极性，通过友伴帮教进一步提升合作意识，培养团结协作的精神。

2. 练习内容

1）无球挥拍。根据动作要领进行徒手挥拍练习，要求动作准确，转腰及时。

2）单人练习。将乒乓球悬挂，练习者通过击球体会收前臂动作，要求转体与击球时机准确。

3）双人合作练习。一人发球另一人运用弧圈球技术击球，要求看准来球方向，运用正确技术击球。

四、乒乓球运动的基本战术

（一）发球抢攻战术

发球抢攻是力争主动、先发制人的主要战术。各种类型打法的运动员都普遍采用发球抢攻来抢占每个回合的上风。发球战术运用的效果主要取决于发球的质量和第三板进攻的能力。发球抢攻战术因打法类型不同而有所差异，但常用的发球抢攻战术，主要有以下几种：

1）正手发转与不转；

2）侧身正手（高抛或低抛）发左侧上（下）旋球；

3）反手发右侧上（下）旋球；

4）反手发急球或急下旋球；

5）下蹲式发球。

（二）搓攻战术

搓攻战术是进攻型打法的辅助战术之一，主要利用搓球旋转的变化和落点的变化为抢攻创造机会。搓攻战术也是削球型打法争取主动的主要战术之一。常用的搓球战术有：

1）慢搓与快搓结合；

2）转与不转结合；

3）搓球变线；

4）搓球控制落点；

5）搓中突击；

6）搓中变推或抢攻。

（三）对攻战术

对攻战术是进攻型打法在相持阶段常用的一项重要战术。快攻类打法主要依靠反手推挡（或反手攻球）和正手攻球（或正手拉弧圈球）的技术，充分发挥快速多变的特点来调动对方。常用的对攻战术有以下几种：

1）紧逼对方反手，伺机抢攻或侧身抢攻、抢拉；

2）压左突右；

3）调右压左；

4）攻两大角；

5）攻追身球；

6）变化击球节奏，加力推和减力挡结合，发力攻、拉与轻打轻拉结合；

7）改变球的旋转性质，如加力推后、推下旋；正手攻球后，退至中远台削一板，对方往往来不及反应，可直接得分或创造机会球。

（四）拉攻战术

拉攻战术是以攻为主的选手对付削球的主要战术。为了发挥拉攻战术的效果，首先要具备连续拉的能力，并有线路、落点、旋转、轻重等变化，其次要有拉中突击和连续扣杀的能力。常用的拉攻战术主要有：

1）拉反手后，侧身突击斜线或中路追身球；

2）拉中路杀两角或拉两角杀中路；

3）拉一角或杀另一角；

4）拉吊结合，伺机突击；

5）拉搓结合；

6）稳拉为主，伺机突击。

（五）弧圈球战术

由于弧圈球战术把速度和旋转有效地结合起来，所以稳健性好，适应性强。常用的弧圈球战术如下：

1）发球抢攻；

2）接发球果断上手；

3）相持中的战术运用。

五、乒乓球课程考核评价标准

（一）乒乓球教学考核评价内容及项目比重（如表 7–1 所示）

表 7–1　乒乓球教学考核评价内容及项目比重

分类	比重/%	内容
平时考评	20	考勤、课堂表现、课下练习作业
理论考评	20	乒乓球运动概述、技战术理论、竞赛组织与编排、裁判法、运动损伤的处理
素质考评	20	大学生健康测试项目达标
技能考评	40	反手推挡球、正手攻球

考评形式：平时、理论、素质、技能四项成绩相加。

考评标准：百分制，20+20+20+40＝100（分）。

（二）乒乓球技能考核标准

1. 反手推挡

以右手持拍为例，考生连续反手推左方斜线球，球的着台点必须在对方台面的左半区。

考评形式：技术和板数各占 50%。

考评要求：两名学生进行对打，根据板数和动作的规范性进行赋分，中间失误重新计数。

反手推挡技术评分标准如表 7–2 所示。

表 7–2　反手推挡技术评分标准

反手推挡技术评分标准	得分
推挡动作熟练、协调，击球有力量、速度，控制球能强	90～100
动作熟练，较协调，击球有一定力量、速度，控制球能力较强	80～89
动作较熟练，击球有一定力量、速度，控制球能力尚可	70～79
动作不熟练，击球力量、速度一般，控制球能力较差	60～69
动作不准确，击球速度慢，控制球能力差	60 分以下

反手推挡板数评分标准如表 7–3 所示。

表 7–3　反手推挡板数评分标准

板数	得分
0~9	50
10	60
11	62

续表

板数	得分
…	…
28	96
29	98
30	100

2. 正手攻球

以右手持拍为例，考生连续正手攻右方斜线球，球的着台点必须在对方台面的右半区。

考评形式：技术和板数各占 50%。

考评要求：两名学生进行对打，根据板数和动作的规范性进行赋分，中间失误重新计数。

正手攻球技术评分标准如表 7-4 所示。

表 7-4　正手攻球技术评分标准

正手攻球技术评分标准	得分
攻球动作熟练、协调，击球有力量、速度，落点精准	90~100
动作熟练，较协调，击球有一定力量、速度，落点较精准	80~89
动作较熟练，击球有一定力量、速度，落点尚可	70~79
动作不熟练，击球力量、速度一般，落点较差	60~69
动作不准确，击球速度慢，落点不定	60 分以下

正手攻球板数评分标准如表 7-5 所示。

表 7-5　正手攻球板数评分标准

板数	得分
0~9	50
10	60
11	62
…	…
28	96
29	98
30	100

课外实践

制订乒乓球学期训练计划，需体现各基本技术动作的具体训练内容、达到的目标以及身体素质练习。

知识拓展 

养狼计划

2009年3月，新任中国乒协主席蔡振华在上任之际就提出了“养狼计划”，主要方式是让更多教练和球员出国去交流，或让外国选手到中国来训练，帮助他们提高水平，缩小与中国选手的差距。第50届世乒赛的备战期间，中国乒协曾主动派人去充当波尔、萨姆索诺夫、苏斯等主要对手的陪练。经过无数次国际大赛夺冠后，国球已然跳出了过分计较得失的小格局，考虑更多的是乒乓球这项运动在世界范围内的发展和推广。

第八章 羽毛球运动

学习目标

1. 了解羽毛球运动的起源与发展；
2. 掌握基本的握拍法、发球法、击球法以及脚步移动步法；
3. 了解常用战术和羽毛球竞赛裁判法。

一、羽毛球运动的起源

相传羽毛球最早出现于14~15世纪时的日本，球拍是木质的，球用樱桃核插上羽毛制成。这种球由于球托是樱桃核，太重，球飞行速度太快，使得球的羽毛极易损坏，加之球的造价太高，所以该项运动时兴了一阵子就慢慢消失了。

大约18世纪时，印度的普那出现了一种与早年日本的羽毛球极相似的游戏，球用直径约6厘米的圆形硬纸板，中间插羽毛球制成（类似我国的毽子），板是木质的，玩法是两人相对站着，手执木板来回击球。

现代羽毛球运动诞生于英国，大约在1800年，由网球派生而来。我们可以注意到现今的羽毛球场地和网球场地仍非常相似。1870年，出现了用羽毛、软木做的球和穿弦的球拍。1873年，英国公爵鲍弗特在格拉斯哥郡伯明顿镇的庄园里进行了一次羽毛球游戏表演。从此，羽毛球运动便逐渐开展起来，“伯明顿”即成了羽毛球的名字，英文的写法是“Badminton”。那时的活动场地是葫芦形，两头宽中间窄，窄处挂网，直至1901年才改作长方形。

二、羽毛球运动的发展及现状

（一）羽毛球运动的现状

当前，羽毛球运动蓬勃开展，欧洲的丹麦，亚洲的泰国、印度，以及美洲的加拿大，羽毛球运动逐渐发展起来，欧洲和美洲个别优秀的运动员，已经在世界大赛中表现出了非常强劲的实力，这对我国羽毛球运动的领先地位造成了较大的冲击，同时也促使我国在羽毛球运动的训练、教学以及后备运动员的培养和选拔上更加时不我待。

三、羽毛球的比赛规则

（一）球场及其设备

1）球场是一个长方形，长 13.4 米，宽 6.1 米，用宽 40 毫米的线画出。

2）从球场地面起，网柱高 1.55 米。从球场地面起，球网中央顶部高 1.524 米，双打边线处网高 1.55 米。当球网被拉紧时，网柱应与地面保持垂直。

3）不论是单打还是双打比赛，网柱都应放置在双打边线中点上。

4）球网全长至少 6.1 米，上下宽 760 毫米。

5）球网两端与网柱之间不应有空隙。必要时，球网两端应与网柱系紧。

（二）羽毛球

羽毛球有 16 根羽毛固定在球托部，球重 4.74~5.50 克。

（三）羽毛球拍

球拍长不超过 680 毫米，宽不超过 230 毫米。球拍不允许有附加物和突出部，除非是为了防止磨损、断裂、震动或调整重心的附加物，或预防球拍脱手而将拍柄系在手上的绳索，但其尺寸和位置应合理。不允许改变球拍的规定样式。

（四）掷挑边器

1）比赛前，双方应执行掷挑边器，赢的一方将在以下两项中作出选择。

①先发球或先接发球；

②一个场区或另一个场区。

2）输方在余下的一项中作出选择。

（五）记分方法

1）每场比赛采取三局两胜制。率先得到 21 分的一方赢得当局比赛。如果双方比分打成 20 比 20，则获胜一方需超过对手 2 分才算取胜。如果双方比分打成 29 比 29，则率先得到第 30 分的一方取胜。

2）首局获胜一方在接下来的一局比赛中率先发球。

3）当一方在比赛中得到 11 分后，双方队员将休息 1 分钟。两局比赛之间的休息时间为 2 分钟。

（六）交换场区

1）以下情况运动员应交换场区：

①第一局结束；

②第三局开始前；

③在第三局或只进行一局的比赛中，领先的一方得分为 11 分时。

2）如果运动员未按规定交换场区，一经发现即在死球时交换，已得比分有效。

（七）发球

发球时不能移动，不能踩线，不能间歇性挥拍，不能过手违例，不能过腰违例，不能在错误的发球区发球和接发球。

（八）重发球

1）由裁判员或运动员（没有裁判员时）宣报“重发球”，用于中断比赛。
2）遇不能预见或意外的情况，应重发球。
3）除发球外，球过网后挂在网上或停在网顶，应重发球。
4）发球时发球员和接发球员同时违例，应重发球。
5）发球员在接发球员未准备好时发球，应重发球。
6）比赛进行中，球托和球的其他部分完全分离，应重发球。
7）司线员未看清，裁判员也不能作出裁决时，应重发球。
8）发球区错误应重发球。
9）重发球时，最后一次发球无效，原发球员重新发球。

（九）死球

下列情况为死球：
1）球撞网并挂在网上。
2）球撞网或网柱后开始向击球者网的这一方地面落下。
3）球触及地面。
4）宣报了“违例”或“重发球”。

四、羽毛球运动的任务与练习

（一）握拍

1. 正手握拍

虎口对着拍柄窄面的小棱边，拇指和食指贴在拍柄的两个宽面上，食指和中指稍分开，中指、无名指和小指并拢握住拍柄，掌心不要紧贴，拍柄端与近腕部的小鱼际肌平，拍面基本与地面垂直，如图 8-1 所示。正手发球、右场区各种击球及左场区头顶击球等，多采用这种握拍法。

2. 反手握拍

在正手握拍的基础上，拇指和食指将拍柄稍向外转，拇指顶点在拍柄内侧的宽面上或内侧棱上，中指、无名指和小指并拢握住拍柄，柄端靠近小指根部，使掌心留有空隙，球拍斜侧向身体左侧，拍面稍向后仰，如图 8-2 所示。

图 8-1　正手握拍

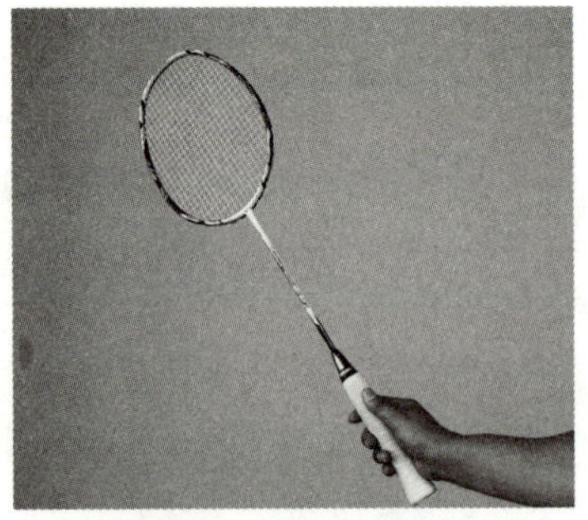
图 8-2　反手握拍

（二）发球

1. 正手发球（以右手发球为例）

正手发球

站在靠近中线的一侧，离前发球线约 1 米的位置上。身体左肩侧对球网，右脚在后，脚尖稍向右侧，两脚距离与肩同宽，身体重心放在右脚上。准备发球时，右手握拍向右后侧举起，肘部微屈，左手拇指、食指和中指夹住球，举在腹部右前方，然后放开球，挥拍击球，击球时，身体重心由右脚移至左脚上。正手发球可发出高远球（如图 8-3～图 8-5 所示）、平高球、平快球和网前球。

图 8-3　正手发后场高远球准备姿势

图 8-4　正手发后场高远球击球点

图 8-5　正手发后场高远球顺势挥拍

2. 反手发球

反手发球

发球站位可在前发球线后 10～50 厘米及中线附近，也可在前发球线后及边线附近。面向球网，两脚前后开立，上体前倾，身体重心在前脚上。右手臂屈肘，用反手握拍将球拍横举在腰间，拍面在身体左侧腰下，左手拇指与食指捏住球的羽毛，球托朝下，球体或球托在拍面前对准拍面。击球时，前臂带动手腕横切推送，使球的飞行弧线略高于网顶，下落到对方的前发球线附近。反手发球可发出平高球、平快球和网前球（如图 8-6～图 8-8 所示）。

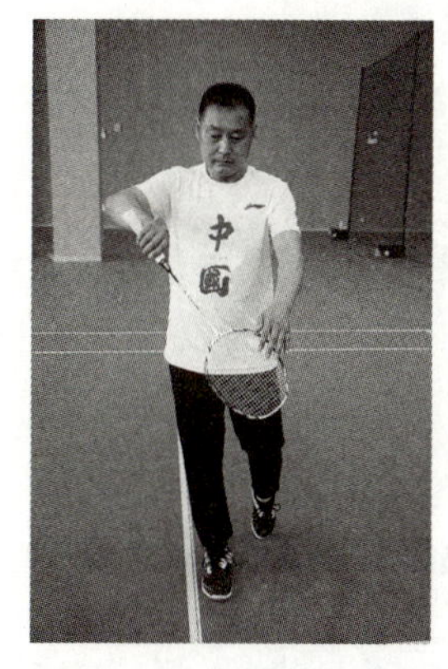

图 8-6　反手发网前球准备姿势

图 8-7　反手发网前球引拍

图 8-8　反手发网前球击球

（三）击球

1. 后场击球

将击球点高于头部的球回击过去，称为高手击球。高手击球按技术特点和球的飞行弧线可分为高远球、平高球、杀球和吊球等。

高远球技术

（1）高远球

高远球是将球打得又高又远，直到对方底线上空垂直下落的球。正手击高远球：左肩对网，左脚在前，右脚在后，重心在右脚上。左臂屈肘，左手自然高举，右手持拍，手臂自然弯曲，将球拍举在右肩上，两眼注视来球。击球时，右上臂后引，随之肘关节上提至明显高于肩部，将球拍后引至头部，自然伸腕拳心朝上。然后在后脚蹬地、转体收腹的协调用力下，以肩为轴，上臂带动前臂快速向前上方甩腕，在手臂伸直至最高点时击球；击球后，持拍的手臂顺惯性往前左下方挥动并收拍至体前，与此同时，右脚向前迈出，身体重心由后脚移到前脚上。如图 8-9~图 8-12 所示。

图 8-9　后场击球功架

图 8-10　后场高远球击球点正面

图 8-11　后场高远球击球点侧面

图 8-12　后场高远球击球后缓冲

（2）平高球

平高球是属于后场快速进攻的主要技术之一。它是比赛中控制与反控制，直接进攻或主动过渡以创造进攻机会的有效手段。击平高球的方法与击高远球的方法基本一致，要求在击球点上的拍面仰角小于击高远球时的拍面仰角。

（3）杀球

正手扣杀球的准备姿势与正手击高远球大致相同。击球时，要充分运用腰腹力量和肩关节的力量，发力时身体稍为后仰，成反弓形，然后发力挥拍，击球点在右肩前上方，拍面角度以 75°～85°为宜。

杀球

（4）吊球

击球前做出击高远球或扣杀球姿势，击球瞬间突然减力，闪动手腕切削球托。关键是掌握好击球点和击球的力量及运用拍面的变化变向。

吊球

2. 中场击球

中场击球主要包括半蹲快打、平抽球、接杀球等。

（1）半蹲快打

两脚平行站立或右脚稍前站，两膝弯曲成半蹲，屈肘举拍于肩上。击球时，以前臂带动手腕快速挥拍，争取在身前较高位置将头部以下肩部以上的来球平击过去。根据来球位置，可分为正手快打和反手快打，如图 8-13～图 8-15 所示。

图 8-13　正手快打姿势

图 8-14　反手快打正面姿势

图 8-15　反手快打侧面姿势

（2）平抽球

1）正手平抽球。对方击来右后场底球时，快步向右后场移动到适当位置，最后一步以右脚向球下落的方向跨去，重心落到右脚上，右臂屈肘举拍于右肩上方，击球时，前臂带动腕部发力，闪动挥拍，将球抽向对方场区，如图 8-16 所示。

2）反手平抽球。对方击来左后场底球时，转身快步向左后场移动到适当位置，最后一步以右脚向球下落的方向跨去，背对球网，重心落到右脚上。击球时，以躯干为轴，上臂带动前臂做向后的半圆形挥拍，在手臂似乎伸直时，手腕用力向后闪动挥拍击球，如图 8-17 所示。

3）中场平抽球击打的是肩部以下腰部以上的来球。

（3）接杀球

接杀球分为正手接杀和反手接杀。两脚略微左右站位，重心更低，注意力更集中（如图 8-18 所示）。根据自己的战术意图，可以采用放网、勾对角、挑后场高远球等技术。

图 8-16 正手平抽球

图 8-17 反手平抽球

图 8-18 接杀球准备姿势

3. 网前击球

网前击球是羽毛球技术中较重要的部分，此技术较为细腻，动作幅度小且多变，能为自己进攻创造很多机会，也是进攻的好手段（如图 8-19 和图 8-20 所示）。它包括放网前球、搓球、推球、扑球、勾球和挑球等。

图 8-19 正手网前击球功架

图 8-20 反手网前击球功架

（1）放网前球

正手放网前球时，右脚前跨，上体前倾，向前伸臂伸拍，触球时，正拍面朝上垫在球托的底部，主要靠手腕控制球拍向前上方轻轻托球，使球越网。关键在于要控制托球的力量，使球刚好越过球网落下。反手放网前球技术要先转体侧对球网，并及时换成反手握拍，用反手击球。

（2）搓球

正手搓球和反手搓球的上网动作与放网前球一样，但最后一步身体重心较高。正手搓球伸臂举拍时稍屈肘、展腕，使球拍自然地稍往后拉，以肘关节为轴，通过前臂的外旋和收腕动作，用正拍面切削球托的后底部，使球翻滚过网。反手搓球用反拍面切削球托后底部。搓球的关键在于应争取较高的击球点，出手要快，控制好击球力量和拍面角度。

（3）推球

推球的方法与搓球相仿。推球在击球时，拍面竖得较直。正手推球时，由前臂内旋，主要用食指向前快速推击。反手推球时，反手握拍，用腕部的转动和拇指向前快速推击。推球的关键在于控制好拍面角度，拍的预摆幅度要小，发力短促快速。

（4）扑球

跨步上网，屈肘向前上方举拍，用前臂和手腕的力量，在体前用前倾的拍面向前下方快速挥击。其关键在于要在高于网的位置击球，击球动作幅度小而快，拍面要前倾。

（5）勾球

勾球与搓球相仿。正手勾球时，前臂内旋带动展腕动作，用拍面击球托的右后部分。反手勾球时，前臂外旋带动伸腕动作，用拍面击球托的左后部分。

（6）挑球

网前挑球技术有正手挑后场高远球技术和反手挑后场高远球技术。要将球挑得又高又远，直到对方底线上空垂直下落。

（四）移动步法

羽毛球移动步法根据场区可分为前场上网步法、后场后退步法和中场的两侧移动步法；根据来球距离的远近，可以采用一步、两步和三步上网步法，其中最常用的是两步交叉步上网步法。后场后退步法有正手后场后退步法、头顶后场后退步法和反手后场后退步法。两侧移动步法也叫两侧接杀步法，有正手和反手两种接杀步法。所有的步法都包括五个阶段：判断来球的方向和落点、起动步法、移动步法、到位击球和击球后回位。

1. 交叉步上网步法

判断来球的方向和落点之后，双脚快速起动，左脚先迈出一小步，然后脚内侧用力蹬地，右脚向网前跨出一大步成弓步，重心在右脚。击球后，右脚朝后蹬地，利用小步、交叉步或并步回位。

交叉步上网步法

2. 后场后退步法

判断来球的方向和落点之后，双脚快速起动，蹬转侧身转向移动方向，然后衔接一个并步，到达击球位置，完成击球后，运用三步自然放松跑回到准备位置。

后场后退步法

3. 两侧移动步法

正手移动时，左脚快速向右脚并拢，落地瞬间由脚前掌内侧快速蹬地，跨出右脚，击球后并步回位。反手移动时，左脚先向移动方向跨出一小步，然后右脚快速蹬转向移动方向跨出一大步，击球后并步回位。

两侧移动步法

【练习一】握拍（以右手持拍为例）

1. 练习目标

了解球拍的结构，掌握正确的握拍技术，明确握拍的重要性，提高手指的灵活性和力量，达到放松、灵活的握拍要求。

2. 练习内容

1）认识球拍：拍柄底座是八边形，对应拍柄八面体，面面相交八条棱，两个宽面、两个窄面、四个棱面。

2）左手捏中杆，让拍面垂直于地面，左内右外两个宽面，上下两个窄面，从左往右，上面四个顶点分别对应拍柄的第一、二、三、四条棱。

3）拇指与其余的四指分开，虎口张大，八字朝前、掌心向下。掌根外侧肌肉放在拍柄底端，中指、无名指和小拇指经拍柄外侧宽面托住拍柄的下面窄面，食指的第二指关节与拍柄的第四条吻合并自然弯曲，大拇指自然放下，轻贴在拍柄的内侧宽面。虎口的顶点对应拍柄的第二条棱，掌心空出，握拍放松。食指略高于拇指，拇指和食指之间大约 1 厘米的距离。

4）食指下拉，拇指上提，转动球拍，把拇指立起来，轻贴在拍柄内侧宽面和上面窄面之间的棱面上。掌心空出，握拍放松。

5）转动球拍，变换拇指和食指的高低位置顺序，提高正手握拍和反手握拍的灵活转换能力。

【练习二】发球

1. 练习目标

掌握基本的正手发后场高远球技术和反手发网前球技术，提高身体的协调性和灵活性。

2. 练习内容

1）发球身体准备姿势练习；

2）持球持拍技术练习；

3）徒手分解动作练习；

4）徒手完整动作练习；

5）多球练习。

【练习三】击球

1. 练习目标

掌握基本的正手击后场高远球技术，掌握不同技术击球点的具体位置，提高身体协调性和灵活性，增强后场击球技术的稳定性和一致性。

2. 练习内容

1）后场击球身体准备姿势练习；

2）徒手分解动作练习；

3）徒手完整动作练习；

4）多球完整动作练习（接抛球）；

5）接发球完整动作练习。

后场击球身体准备姿势练习

【练习四】步法

1. 练习目标

掌握基本的脚步移动步法，增强下肢的力量和爆发力，发展全身协调性和灵活性。

2. 练习内容

1）身体准备姿势：两脚左右开立，比肩稍宽。膝关节微屈，脚分前后，前脚比后脚多出半个脚位。

2）起动步法：双脚脚前掌快速短促发力，将身体向移动方向弹射出去。

3）移动步法练习：运用相应的垫步、并步、交叉步或蹬跨步以及跳步等技术移动。

4）到位击球；到位后脚跟落地制动，快速过渡到全脚掌，膝不过脚。

5）击球后回位技术练习：根据距离中心位置的远近和回球情况放松回到中心位置。

五、羽毛球运动的基本战术

（一）单打

单打是根据比赛者的个人技术特点、身体素质、心理素质等条件而形成的技术打法。常见的战术有以下 5 种：

1. 控制后场，高球压底

从发球开始就运用高远球或进攻性的平高球压对方后场底线，迫使对方后退。当对方回球不够远时，以扣杀球制胜或当对方疏于前场防守时，就可以以轻吊、搓球等技术在网前吊球轻取。轻吊必须在若干次高远球大力压住后场，对方又不能及时回到前场的基础上进行。这种打法主要是力量和后场的高、吊、杀技术的较量。对初学者而言，这是一种必须首先学习的基础打法。

2. 打四角球，高短结合

在后场以高远球、平高球和吊球，在前场则以放网前球、推球和挑球准确地攻击对方场区前后左右四个角落，调动对方前后左右奔跑，顾此失彼，待对方来不及回中心位置或回球质量差时，向其空当部位发动进攻制胜。这种打法要求进攻队员具有较强的控制球落点的能力和灵活快速的步法，有速度，否则难占上风。

3. 下压为主，控制网前

这是一种通过后场的高远球、扣杀、劈杀、吊球等技术，先发制人，然后快速上网以搓、推、扑、勾等技术，高点控制网前，导致对方直接失误或被动击球过网，被一举击败的打法，通常也称“杀上网”的打法。这种打法是进攻型的打法，能够快速上网、高点控制网前，对速度耐力和力量耐力的要求较高。这种打法，体力消耗较大，如果碰上防守技术好的对手，体力就往往成为成败的关键因素。

4. 快拉快吊，前后结合

以平高球快压对方后场两底角，配合快吊网前两角（或运用劈杀）引对方上网，当对方被动回击网前球时，即迅速上网控制网前，以网前搓、勾球结合推后场底线两角，迫使对方疲于应付，为前场扑杀和中、后场大力扣杀创造机会。这也是一种积极主动、快速进攻的打法。这种打法，要求运动员身体素质好，特别是速度耐力要好，技术全面熟练，而且还要具备突击进攻的特长。

5. 守中反攻，攻守兼备

以平高球和快吊球击向对方前后左右四个角落，以调动对方，让对方先进攻，针对进攻方打的高远球、四方球、吊球等，加强防守，以快速灵活的步法、多变的球路和刁钻准确的落点，诱使对方在进攻中匆忙移动，勉强扣杀，造成击球失误或当对方回球质量较差时，抓住有利战机，突击进攻。这种打法要求运动员具有攻中有守、守中有攻的控球和反控球能力，不仅应具备优良的速度耐力、灵活的步法、准确快速的反应和判断应变能力，还应具有顽强的拼搏精神和良好的心理素质，这样，才能在逆境和被动中保持沉着冷静，并奋起反击。

（二）双打

双打是根据双方的技术水平、身体素质和心理素质以及伙伴的配合特点，经过长期训练而形成的。常见的战术有以下 3 种：

1. 前后站位打法

此打法基本上是本方处于发球时所采用。发球的队员站位较前，当发球队员发球后立即举拍封堵前场区，另一名队员则负责中场或后场的各种来球。前后站位法可充分运用快攻压网前搓、吊、推、扑技术，寻找空隙，一举打乱对方站位或通过后攻前扑，后场连续大力扣杀，前场积极封堵，当回球在网附近时，一举给予致命打击。

2. 左右站位打法

此打法基本上为本方处于接发球状态和受到下压进攻时所采用。对方发球或打来的平高球处于后场，接球方可从原来的前后站位立刻转换为左右站位，两人各负责左右半场区的防守，以平抽、平打压住对方后场底线两角，在对方扣杀球时也能以平抽反击或挑高远球至两底角，造成对方回球无力，一举扣杀或吊球成功。

3. 轮转站位打法

在比赛中，攻守双方总是根据比赛的情况而不断地在前后站位和左右站位间相互变换。站位的变换通常具有如下特点：

1）发球或接发球时前后站位：当对方回击高球至后场偏一侧进攻时，位于前面的队员要直线后退，后方的队员看情况向侧移动，改换成左右站位。

2）发球或接发球时处于左右平行站位：在发球后或在对手击球过程中，一旦有机会进行下压进攻时，一名队员便快速上网封堵，另一名队员则快速移动到后场进行大力扣、吊、杀球，促使对方处于被动地位。

六、羽毛球课程考核评价标准

（一）羽毛球课程考核评价内容及项目比重（如表 8-1 所示）

表 8-1　羽毛球课程考核评价内容及项目比重

分类	比重/%	内容
平时考评	20	考勤、课堂表现、课下练习作业
理论考评	20	羽毛球运动概述、技战术理论、竞赛组织与编排裁判法、运动损伤的处理
素质考评	20	大学生健康测试项目
技能考评	40	发后场高远球、击后场高远球

考评形式：平时、理论、素质、技能四项成绩相加。

考评标准：百分制，20+20+20+40＝100（分）。

（二）羽毛球技能考核标准

1. 发后场高远球技术

考试方法：每个学生共发 10 颗球，右发球区 5 颗，左发球区 5 颗。

发后场高远球技术评分标准如表 8-2 所示。

表 8-2 发后场高远球技术评分标准

发后场高远球技术评分标准	得分
命中 8 个以上，动作正确规范，击球连贯，身体各部位协调、灵活	86~100
命中 6~7 个，动作较正确、规范，身体各部位较为协调	76~85
命中 5 个，动作有连续性、较慢，身体各部位协调性差	60~75
命中 4 个以下，身体各部位不协调、僵硬，击球部位不准确	60 分以下

2. 击后场高远球技术

考试方法：每个学生共击 10 颗球，右区后场 5 颗，左区后场 5 颗。

击后场高远球技术评分标准如表 8-3 所示。

表 8-3 击后场高远球技术评分标准

击后场高远球技术评分标准	得分
命中 8 个以上，动作正确规范，击球连贯，身体各部位协调、灵活	86~100
命中 6~7 个，动作较正确、规范，身体各部位较为协调	76~85
命中 5 个，动作有连续性、较慢，身体各部位协调性差	60~75
命中 4 个以下，身体各部位不协调、僵硬，击球部位不准确	60 分以下

课外实践

1. 制订羽毛球学期训练计划，需体现各基本技术动作的具体训练内容、达到的目标以及身体素质练习。

2. 参加一次系部或者学校组织的羽毛球比赛。

知识拓展

我国的羽毛球运动开展得如火如荼，群众基础雄厚，人才济济。从 20 世纪 80 年代至今，出现了一批批优秀的教练员和运动员。尤其是 2000 年之后，出现了林丹、谢杏芳、傅海峰、蔡赟、李雪芮、谌龙等国际运动健将，稳定了我国在羽毛球赛场上的领先地位。同学们可以通过教材、网络上的影像资料，去了解、学习他们为国争光、顽强拼搏的事迹，树立学好羽毛球技术的信心，培养顽强的品质、遵守规则意识、集体荣誉感、团结协作的意识、合理的竞争意识、终身体育意识，胸怀祖国、努力学习，为中华民族的伟大复兴贡献自己的能量。

第九章 网球运动

学习目标

1. 了解网球运动的起源与发展，以及比赛规则；
2. 初步掌握正反手、平击发球的基本技术要领及练习方法；
3. 了解网球比赛的基本战术，进一步完善网球的常用技术；
4. 培养对网球的兴趣，端正学习态度，同时掌握网球运动的基本素质与体能训练方法，提高身体素质水平。

一、网球运动的起源

网球运动的起源及演变可以用四句话来概括：孕育在法国，诞生在英国，开始普及和形成高潮在美国，现盛行全世界。网球运动被称为世界第二大球类运动。网球运动的起源可以追溯到12~13世纪，当时是法国传教士在教堂回廊里用手掌击球的游戏。14世纪中叶，法国的一位诗人把网球游戏介绍到法国宫廷，作为皇室贵族男女消遣的活动。最初这种游戏在大厅进行，后来移向室外开阔的空地上进行。游戏时，将一条绳子架在中间，两边各站一人，双方用手来回击打一种裹着头发的布球。随后，法国王储将这种游戏使用的球赠给英皇亨利五世，于是这种游戏便传入英国，成为英国上层社会的一种娱乐活动，所以有“贵族运动”之称。15世纪，用手击球的方法逐渐被板拍击球所代替，板拍和球拍便应运而生。最初皇家贵族们用一种皮制手套击球，后来逐渐演变成板拍，板拍又很快被用蒙着羊皮的木质球拍代替。同时，场地中间的绳子增加无数短绳子向地面垂下，球从绳子下面经过时，可以明显地被发觉。到了17世纪初，场地中间的绳帘改成小方格网子，球拍也改成穿线的球拍。

16~17世纪是网球运动的兴旺时期，逐渐形成了比赛。在这之前，由于这种运动只是在法国和英国的宫廷中流行，所以网球运动又称为“宫廷网球”。1858年，英国人哈利·梅姆在英国伯明翰一位朋友的草地上建造了 一个“网球场”，促进了早期网球游戏的开展。1872年，他又创建莱明顿网球俱乐部，扩大网球游戏的影响，促进了网球运动的形成。

二、网球运动的比赛规则

1. 场地和器材

(1) 场地

一个用于单打的网球场是23.8米（78英尺）长，8.2米（27英尺）宽，再加宽10.97

米（36 英尺）就可用于双打。球网将球场一分为二，所谓的发球线，就是在距网 6.4 米（21 英尺）处的线。中间的网有 91.4 厘米（3 英尺）高。

（2）球

球的直径 6.541~6.858 厘米，重量 56.7~58.5 克。当球从 254 厘米高处落在水泥地上，应该能够反弹到 134.62~147.32 厘米。

（3）球拍

球拍没有重量限定，但其总体不能长于 73.66 厘米和宽于 31.75 厘米。

（4）比赛

网球比赛分为单打和双打两种形式。球员用球拍将球击过网，落入对方的场地上。每位球员的目的都是尽力将球打到对方的场地上去，就这样一来一回，直到有一方将球打出界或没接到球为止。

（5）发球

在正式比赛前，需要确定比赛由谁先发球。整个比赛中，双方球员轮流发球，发球员在发球前应先站在端线后、中点和边线的假定延长线之间的区域里，发出的球应从网上越过，落在对角的对方发球区内。每局开始先从右区端线后发球，得或失一分后，再换到左区发球，以此类推。通常发球是将球向空中任何方向抛起，在球落地之前用球拍击球；不过也可以使用臂下发球。

（6）失误

如果球落在对方发球区外，比如球出线或触网，都称为失误，发球员就要再次发球。落在边界上的球算在线内。若发球两次失误，就叫“双误”，那么对手就赢一分。如果发球员在发球时脚离开了原基线，也算失误。要是发球触网，但球仍落进了对方的发球区，则为重发球。

（7）局

每局的开始比分是 0∶0，第 1 分球记为 15，所以，若发球员赢了这分球，比分就变为 15∶0，若接球员赢了这分球，比分就为 0∶15（冒号前面给出的是发球员的分数）。球员的第 2 分球为 30，接下来为 40（在历史上，这些数字代表 1/4 小时，即：15，30，45，但 45 后来改为了 40）。若对方球员只有 30 或还少于 30 的话，那下一个球就能赢了这一局，每局比赛中，至少要比对手多 2 分球才能结束该局比赛。

如果双方球员都达到了 40，此时称为“局末平分”，那么随着接下来的这一分，占先的球员会尽力领先 2 分，以赢得这一局，同时，紧追不舍的对手也努力扳平分数又达到“局末平分”，占先的球员赢了下一分，也就赢了这一局。

（8）盘

如果对手落后至少两局，那么先赢得 6 局的球员就赢了一盘。但是，若这盘是 6∶5，那么双方就要再打一局。若占先者赢了，即该盘比分为 7∶5，判占先者赢得此盘。然而，若另一个球员把这盘扳平为 6∶6，那就由决胜局（抢七局）决定谁为胜者。

（9）赛

在 3 盘赛中，是先赢得 2 盘者为胜者，即为 3 盘 2 胜；在 5 盘赛中，是先赢得 3 盘者为胜者，即为 5 盘 3 胜。在决胜局（抢 7 局）中，要本该轮到发球的球员先发第 1 分球，对手接着发第 2、3 分球，然后双方轮流发 2 分球。先得 7 分的球员若至少领先了对方 2 分，那么他就赢了该盘比赛。每 6 分球和决胜局结束都要交换场地。不过也有例外，如果按照事先的约定，比赛采取长盘制，则没有决胜局，只有比对方多胜两局才能赢得该盘比赛。

（10）其他规则

1）落在边界上的任何球都算作界内球。

2）除了发球，触网和触网后又落入球场正确区域的球均有效。

3）球员在回击球时，可把球击在网和固定物周围，甚至低于网的最上方，只要球最终着地在对方球场的适当位置，均为好球。

4）发球时，对方必须在球落地一次后，才能击球，而其他时候回球时，则可在落地一次或未落地时进行。

5）在每一盘的奇数局结束后，双方球员可以进行短暂的休息，然后交换场地继续进行比赛。

6）以下几种情况发生时，均会被判失分：球击中身体；过网击球；球员的手或身体的任何一部分触网或过网。

三、网球运动的任务与练习

（一）握拍

网球的握拍方法基本上分为东方式、西方式、大陆式三种。

1. 东方式握拍法

动作要领：手掌虎口“V”字形对准拍柄上平面右侧与右上斜面交界的位置，手掌紧贴右垂直面。拇指第一关节扣住拍柄左垂直面。食指与中指稍分开，如扣手枪扳机状，从下面绕过来。中指、无名指、小指紧握拍柄底部齐平。东方式握拍法如图 9-1 所示。

2. 西方式握拍法

动作要领：手掌虎口“V”字形对准拍柄右上斜面的下缘，掌根贴住右下斜面，与拍柄底部齐平。

西方式握拍法击球时拍面略下倾，能产生强烈的上旋，“破网”效果很好，但需要足够的腕力，否则无法持久使用。一般认为西方式正手握拍法运用时相对难度较大，专业运动员中也只有少数人采用。西方式握拍法如图 9-2 所示。

3. 大陆式握拍法

动作要领：手掌虎口“V”字形对准拍柄上平面与左上斜面的交界线，食指和其他手指稍离开，压住拍柄右上斜面，拇指包绕左垂直面，反手击球时拇指可伸直紧贴左垂直面。掌根贴住上面，与拍柄底部齐平。

大陆式握拍法很适合于上网截击时使用，亦适于反拍削球、高压球和发球，正、反手击球时不需要变换握拍。大陆式握拍法如图 9-3 所示。

图 9-1　东方式握拍法

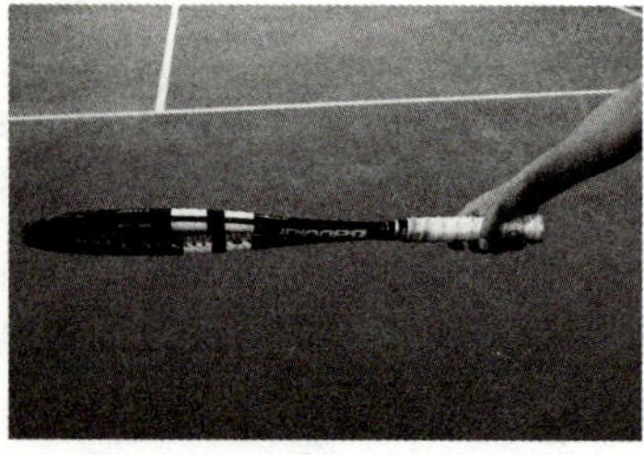

图 9-2　西方式握拍法

图 9-3　大陆式握拍法

（二）移动

1. 开放式步法

动作要领：这是正手击球时常见的站位方式。若从开立的姿势起动，则以右脚为轴，向右转体转肩，左脚向右前方跨出，与端线约成 45°，使左肩对网，跨出的左脚较右脚仍在偏左侧的场地，身体呈开放姿势。开放式步法如图 9-4 所示。

2. 闭锁式步法

动作要领：这是反手击球时常见的站位。从开立的准备姿势起动，以左脚为轴，向左转体转肩，右脚向左前方跨出，步子较大，超过左脚落左侧的场地，使右肩对网，甚至使右肩胛骨对网，身体呈闭锁姿势。闭锁式步法如图 9-5 所示。

图 9-4　开放式步法

图 9-5　闭锁式步法

3. 向侧后移动交叉步

动作要领：向侧后移动交叉步是在打高压球时常采用的步法。向右侧后移动时，先向右侧后方移动右脚，同时向右后转体，接着左脚向右后跨步，再用交叉步向右后方跑动。向左侧后移动时，方法同上，方向相反。

（三）上手发球

上手发球

动作要领：握拍法大陆式或东方式反拍握拍法。以右手持拍为例，双脚站立与肩同宽，重心在前脚，左手持球并扶稳拍颈，前脚尖指向发球方网柱，后脚与底线平行；重心向后移动同时向后拉拍和抛球，随着重心前—后—前移动的同时，两手也同时由下而上沿弧线运动，要求动作舒展、连贯，抛球要稳，并沿体侧直线上方抛出，抛球于身体右前上方，眼睛目视球，手臂肘部微屈，身体充分伸直，重心在前脚上，后脚鞋底面正对后拉网。在球拍触球过程中，要注意体会拍面向上—向前—向下三个运动过程。上手发球如图 9-6 所示。

（a）　（b）

（c）

（d）

图 9-6　上手发球

（四）正手击球

正手击球

动作要领：以右手握拍为例，左肩对网，左脚与底线约成45°，右脚与底线平行，左臂屈肘前伸，协助保持身体平衡。当右手引拍到两肩在一条直线上的时候，拍头向上略高于手腕，拍面要保持平放，拍头指向身体后面。击球时，应以肩关节为轴，手腕要关闭，用上臂挥动，带动前臂、手腕及球拍。球拍面在整个击打过程中应保持与地面垂直或者略开一点。球拍从后引开始到向前挥击，应是一个完整动作。当球拍击中球的瞬间，应该是球拍的“甜点”（网球拍的中点）击在球体水平轴的后部。球拍与球撞击后，整个击球动作并没有结束，而应该是继续向前充分随挥，球拍的打势要结束在左肩的后上方。正手击球如图9-7所示。

（a）

（b）

（c）

（d）

图9-7 正手击球

（五）反手双手击球

反手双手击球

动作要领：以右手握拍为例，右脚在前，身体右侧朝向来球方向。判断准来球是飞向反手方向后，双手握球拍向左后方动，右臂伸展较大，左臂弯曲。在迎球过程中，挥臂与转体动作配合，使球拍由低向高挥动，击球点在右脚侧前方，拍面垂直，接触球的中部。击球后双手随势挥至右侧头部高度，身体重心移向右脚。击球后迅速还原以备下次击球。反手双手击球如图9-8所示。

（a）

（b）

（c）

（d）

图9-8 反手双手击球

（六）截击球

1. 正手截击球

正手截击球

动作要领：以右手持拍为例，两脚自然开立与肩同宽，重心放在脚前掌上；持拍手手腕固定，拍头竖起，拍面倾斜；来球时侧身引拍，通过举拍转肩，转体带动上臂，以肘为轴，肩关节固定，随身体向前转动；封闭腕关节，使手掌、球拍和球在一条直线上，击球后随挥动作幅度小。正手截击球如图9-9所示。

（a）

（b）

（c）

图 9–9　正手截击球

2. 反手截击球

反手截击球

动作要领：以右手持拍为例，两脚自然开立与肩同宽，重心放在脚前掌上；来球时扶拍手向后拉球拍同时转肩，球拍开始后摆，拍头高于持拍手，眼睛看球；击球时，手腕绷紧，紧握球拍；向前撞击时，左手向后方摆动，保持身体平衡；击球后球拍对着球撞击方向送出，随挥动作简短。反手截击球如图 9–10 所示。

（a）

（b）

（c）

图 9–10　反手截击球

【练习一】握拍

1. 练习目标

1）培养学生喜欢网球运动，积极参与网球教学和课外体育活动，形成自觉锻炼的习惯和终身体育的意识。

2）掌握网球握拍的基本技术，提高运动能力，引导学生掌握网球入门知识，并能够科学地进行体育锻炼。

3）通过课内外的网球教学和锻炼活动，提高自信心，改善心理状态，体验运动乐趣或者成功的感觉，形成积极向上的生活态度和良好的体育道德与行为习惯。

2. 练习内容

1）徒手模仿练习。根据不同的握拍方式掌握握拍时各手指位置及用力方向。

2）相互配合，互相检查、纠正握拍动作。

3）观看比赛视频，观察优秀选手握拍技术录像。

【练习二】移动

1. 练习目标

1）基本掌握步法的技术要领，掌握网球步法移动的连贯动作，提高学生对网球的兴趣。

2）依据网球运动的特点科学地进行体育锻炼，全面发展体能，养成良好的行为习惯，形成健康的生活方式，具有健康的体魄。

3）通过网球的学习和锻炼，逐步提高体育文化和道德修养，关心集体，乐于助人，人际关系和谐，具有寻求他人和集体支持的能力。

2. 练习内容

1）掌握网球步法的要点，注意力集中，重心降低，保持身体各部位协调配合。

2）同伴在网前用多球喂送地滚球，每次用一个球滚向左侧，再用另一个球滚向右侧，要求练习者快速捡起每个球，并将球立即滚回球网中间。

3）同伴在网前用一个球，扔向场地左侧，要求练习者在球落地一次时抓住，并迅速扔还给同伴，同伴立即将球再扔向右侧，要求练习者再抓住扔回，不断反复练习。

【练习三】发球

1. 练习目标

1）基本掌握网球上手发球，体会发球过程中抛球及抛球举拍成弓动作，养成良好的动作习惯。

2）锻炼力量、协调性等身体素质，保持在发球过程中动作不变形。

3）形成适应社会的生活方式，能主动参与网球的课内外教学活动，积极与他人合作，具有团队意识。

2. 练习内容

1）掌握网球发球的要点，时刻注意放松，集中发力，同时保持动作的连贯性。

2）练习者发球姿势站定，在头的上方选择一个合适的高度，设个目标，如头上方的某一树叶、树枝等物，反复将球按照动作要领，向上送出，反复练习，提高手上感觉。

3）将一球固定悬挂在身体的右前上方，练习者从后摆引拍开始，到前挥击球，最后跟进随挥，反复击打悬挂球，直到动作熟练掌握。

【练习四】正手击球

1. 练习目标

1）懂得正手击球和反手双手击球的动作要领，领会移动击球的节奏感。

2）掌握正反手击球的转换，并能够将球打入目标区域内。

3）培养团结、果断、坚毅的优良品质和对网球运动的兴趣，激发学生自学、自练、自评的能力，体会击球后的成功感。

2. 练习内容

1）通过定点单一动作的多球练习，熟练掌握网球基本技术，从而保持动作的连贯性。

2）通过对面场地设置目标区域，运用固定落点的多球手段，使练习者击中目标区域。

3）通过两人组队，进行定点、两点和不定点的单球练习，强化网球击球动作的发力和与同伴的配合。

【练习五】反手双手击球

1. 练习目标

1）提升对网球知识的认知和理解，使学生学会锻炼方法，养成终身锻炼的习惯。

2）基本掌握反手双手击球的动作方法，提高学生的反应能力和灵敏性。

3）在运动中体验成就感，增强学生的团体意识，培养良好的合作精神和社会竞争力。

2. 练习内容

1）无球挥拍。根据动作要领进行徒手挥拍练习，要求动作准确，转腰及时。

2）对墙练习。用粉笔在墙上画一个区域，反复练习把球打入这个区域，保持击球的稳定性。

3）通过单一技术动作，不定点的多球练习，加强与步法移动的配合。

【练习六】截击球

1. 练习目标

1）了解网球截击球技术的基本知识、特点以及在网球技术体系中的地位和作用。

2）掌握网球截击球技术的基本动作，掌握截击时手型、球与拍的关系、步法与挥拍的结合，发展协调性、灵敏性等。

3）激发学生学习网球运动的兴趣，增强学生学习网球的积极性和自信心，培养学生能工巧匠和吃苦耐劳的精神。

2. 练习内容

1）无球挥拍练习。同伴通过将球举到正确的截击击球点位置，通过上步、挥拍，体会正确动作。

2）多球练习。让同伴站到对面场地，通过向正手和反手截击位置扔球，练习者运用技术进行击球。

3）双人组合练习。通过单球的形式双人相互配合进行完整的动作练习。

四、网球运动的基本战术

1. 单打战术

（1）防守反击型打法

防守反击型打法是由擅长救球的选手发展而来的，这种打法被称为“牛皮糖”型打法。球员不惜一切代价回击每一个球，要求球员具有出色的步伐移动技术和良好的身体运动能力。防守反击型打法的关键技术包括稳定的落地球、准确的穿越球和良好的挑高球技术，穆雷、A. 拉德万斯卡等都属于此种打法的球员。防守反击型打法的特点是球员的击球位置比底线攻击型选手离底线更远一些，打出的球具有较大的上旋，球路既高又深，运用借力击球、挑高球的手段来消磨对手的意志和体力，寻找战机，并抓住机会得分。

（2）底线攻击型打法

底线攻击型打法要求球员击球准备动作迅速、击球力量大和具有良好的耐力，善于抓住出现的空当得分。底线攻击型打法一般站位于底线上或稍前，抢点击球，在出现浅球时发动进攻。带有强烈上旋的斜线球是底线攻击型球员的技术基础，直线球也是其擅长的技术，至少有一种击球技术必须是在任何情况下都可以依赖的武器。通常他们的正手是强有力的得分武器，他们经常从后场使用有效的正手侧身攻击球得分。底线攻击型打法必须能够打出具有穿透力的底线落地球而且落点要深，拥有精准的步法和平衡能力，面对带有任何旋转的高球、低球、浅球时都能做出强有力的回击。德约科维奇、莎拉波娃、李娜都属于此种打法的球员。

底线攻击型打法的特点是以底线抽球的节奏、旋转、球速、落点变化来争取主动，摆脱被动。当对手在底线时，则到处调动他，寻找制胜的机会；当对手在中前场时，则用破网和挑高球来化解。

(3) 全场型打法

全场型打法要求球员体魄健硕、跑动敏捷，并且有十分出色的脚步移动技术。全场型打法对体能要求很高，球员精通多种击球方式，能够流畅地从防守转入进攻。全场型打法的球员是击球方面的专家，喜欢各种各样的方式击球，通常都有灵活的比赛方案。全场型打法没有异常出色的强力击球，也没有明显的弱点，在场上任何位置都能出色地发挥出技战术水平。全场型打法的特点是既能发球上网、随球上网，在网前和中场进行短兵相接的搏杀，又能通过底线抽杀控制局面；战术手段多样，能根据对手的情况有针对性地实施战术，善于使用多变的球速，并且打法稳定；对不同的打法能够采取相应的策略；他们在各种类型的场地上都有极好的发挥。在实际比赛中，全场型的打法有两种倾向：一种倾向于网前和中场，如费德勒；另一种倾向于底线，如萨芬、海宁。

2. 双打战术

(1) 双上网型打法

双上网型打法球员的特点是技术全面，发球技术掌握得较好，发球速度虽不快，但落点控制好，一发命中率高，发球种类变化多；接发球技术全面、挑高的能力强，技术变化自如，手法一致性好；中场截击技术掌握得好，动作幅度小，击球的速度快、角度控制好，并较好地掌握了高压球技术。

双上网型球员的战术特点是坚持以快为主、以攻为主的战术指导思想，以快、准、狠为得分的手段，利用发球上网，争取前三拍得分。这种打法的主要阵地在中前场，以发球方的同伴在网前主动出击较多，以快速大角度的正、反手截击技术为主要进攻手段。

(2) 一前一后型打法

一前一后型打法，坚持以攻为主的指导思想，主要的阵容是一前一后，两名球员的分工明确。网前的球员利用截击球得分，底线球员利用底线正、反手击落地球为网前方球员创造抢攻机会，也能够为网前的球员补位。

这种类型打法的特点是技术比较全面，发球技术较好；接发球能力较强，既能直接破网，又能挑高球；中前场技术比较好，截击球速度快，落点佳；底线球员的正、反手击球的速度快，变化多，破网能力强。一前一后型打法可以演变的阵型有澳大利亚式站位、I 型站位。

(3) 双底线型打法

双底线型打法是双打防御体系中主要打法之一，尤其是在接发球局中接发球员和同伴退至底线，利用快速多变的底线技术控制对手，积极防守，守中反攻，抓住机会上网，形成双上网阵型或一前一后阵型。双底线阵型也是双上网型打法和一前一后型打法的过渡阵型，职业球员在双打比赛中这三种打法都能够根据比赛的实际情况自如运用。

双底线型打法的底线破网效率高，力争每个球都能够回击过网，让对方网前出现错误，然后再伺机进攻。底线破网凶、巧结合，平、高结合，即快打与轻打相结合，平抽与挑高相结合。

五、网球课程考核评价标准

（一）网球课程考核评价内容及项目比重（如表 9–1 所示）

表 9–1 网球课程考核评价内容及项目比重

分类	比重/%	内容
平时考评	20	考勤、课堂表现、课下练习作业
理论考评	20	网球运动概述、技战术理论、竞赛组织与编排、裁判法、运动损伤的处理
素质考评	20	大学生健康测试项目达标
技能考评	40	正手击球技术、反手双手击球技术

考评形式：平时、理论、素质、技能四项成绩相加。

考评标准：百分制，20+20+20+40=100（分）。

（二）网球技能考核标准

1. 正手击球

以右手持拍为例，两人配合，考生连续正手击右斜线球，球的落点必须在对方半场的右半区。

考试要求：技术和板数各占 50%，两名学生进行对打，根据板数和动作的规范性进行赋分，中间失误重新计数。

正手击球技术评分标准如表 9–2 所示。

表 9–2 正手击球技术评分标准

正手击球技术评分标准	得分
击球动作正确、连贯，主动迎击球，落点稳定	90~100
击球动作正确、较连贯，有主动击球意识，落点较稳定	80~89
击球动作较正确、较连贯，有主动击球意识，落点尚可	70~79
击球动作不熟练，被动击球，落点较差	60~69
动作不准确，被动击球，落点不定	60 分以下

正手击球板数评分标准如表 9–3 所示。

表 9–3 正手击球板数评分标准

板数	得分
0~4	50
5	60
6	70

续表

板数	得分
7	80
8	90
9	95
10	100

2. 反手双手击球

以右手持拍为例，两人配合，考生连续反手击左斜线球，球的落点必须在对方半场的右半区。

考试要求：技术和板数各占50%，两名学生进行对打，根据板数和动作的规范性进行赋分，中间失误重新计数。

反手双手击球技术评分标准如表9-4所示。

表9-4 反手双手击球技术评分标准

反手双手击球技术评分标准	得分
击球动作正确、连贯，主动迎击球，落点稳定	90~100
击球动作正确、较连贯，有主动击球意识，落点较稳定	80~89
击球动作较正确、较连贯，有主动击球意识，落点尚可	70~79
击球动作不熟练，被动击球，落点较差	60~69
动作不准确，被动击球，落点不定	60分以下

反手双手击球板数评分标准如表9-5所示。

表9-5 反手双手击球板数评分标准

板数	得分
0~4	50
5	60
6	70
7	80
8	90
9	95
10	100

课外实践

制订网球学期训练计划，需体现各基本技术动作的具体训练内容、达到的目标以及身体素质练习。

知识拓展

李娜，近二十年最成功的亚洲网球选手，她的每一步都和常人的轨迹相仿，但出人的努力和天赋，将她带上了职业和梦想的巅峰。7 岁的时候，李娜被她的启蒙教练夏溪瑶看中并开始练习网球。14 岁打进湖北省网球队，遇到了她职业生涯中的又一个“贵人”——教练余丽桥，在余丽桥的指导下，李娜在球场上练得更苦，打下了扎实的基本功，并逐步形成自己的技术风格。2011 年 6 月 4 日，在法国网球公开赛女子单打决赛中，李娜以 2∶0 战胜意大利选手斯齐亚沃尼夺得冠军，这是中国乃至亚洲网球选手第一次夺得大满贯赛单打冠军；2014 年澳网公开赛女单决赛，李娜两盘以 2∶0 击败斯洛伐克选手齐布尔科娃，获得自己第二个大满贯女单冠军，这也是澳网百年历史上亚洲选手首个澳网单打冠军及公开赛以来澳网最年长的单打冠军。对网球的热爱、自我奋进的动力成为李娜取得胜利的关键。她曾说过一句话：“奇迹不会在安逸中诞生，而是用汗水浇灌出来的。”

第十章 健美操运动

学习目标

1. 了解健美操运动的起源发展、分类及健美操运动项目特点；
2. 了解健美操基本技术组成部分；
3. 全面发展柔韧、力量、速度、耐力和形体美。

一、健美操运动的起源

健美操是一项将体操、音乐、舞蹈有机融合为一体，以身体练习为基本手段，以有氧运动为基础，以健、力、美为特征，集健身性与艺术性于一体的、追求人体健康与美的运动项目，长期练习能够达到增进健康、塑造形体和娱乐身心的目的。

健美操的起源可追溯到两千多年前。古希腊人对人体美的崇尚举世闻名，他们喜爱采用跑跳、投掷、柔软体操和健美舞蹈等各种体育项目进行人体美的锻炼。而古印度很早就有瑜伽术，其中的一些姿势与当前流行的健美操所常用的基本姿势是一致的。由此可见，古代人对健身健美的追求是现代健美操形成与发展的基础。

二、健美操运动的分类

健美操由于富有活力与动感，其动作与音乐、舞蹈等时尚因素完美融合，展现人体力与美等特点，在学校体育教育中有着其他体育项目所无法替代的重要作用。目前，健美操种类繁多，分类方法也各不相同，根据健美操的特点、发展状况和发展趋势，应按不同的目的和任务来划分，归纳起来可分为健身健美操和竞技健美操两大类（如图 10-1 所示）。

1. 健身健美操

健身健美操是一种卓有成效的有氧健身运动，不仅具有所有有氧运动的健身功效（如全面提高身体素质、提高心肺功能和肌肉耐力，促进肌体各组织器官的协调运作使人体达到最佳机能状态），且兼备改善人的不良身体状态、形成优美的体态的功效，从而在日常生活中表现出一种良好的气质与修养，给人以朝气蓬勃、健康向上的感觉。

从动作编排和动作设计来看，健身健美操练习动作简单易学，适合于不同年龄层次，强调动作对称且重复练习。它的特点是活动时间长，强度适中（每 10 秒 20～24 拍），能有效控制体重，提高练习者的各种身体素质。

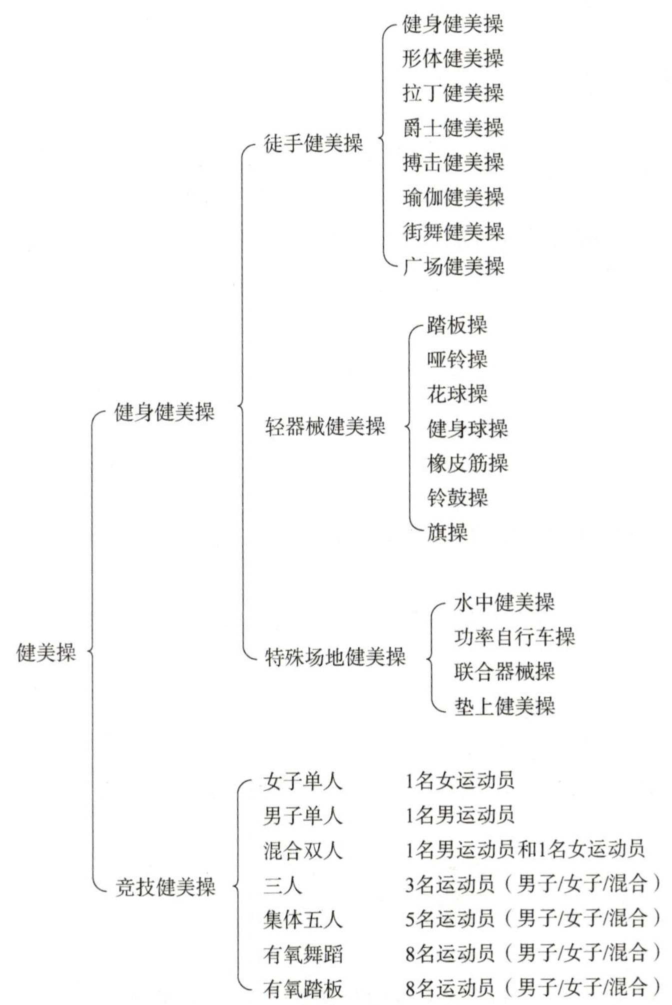

图 10-1 健美操分类

从音乐的选择上来看，健身健美操的音乐一般多选用具有较强感染力且格调健康的迪斯科、爵士、摇滚等现代风格的音乐或具有鲜明节奏的民族乐曲，其特点是节奏强劲有力、节拍清晰，音乐旋律优美，具有激发、振奋人们情绪的效应，更富有感染力。

2. 竞技健美操

竞技健美操起源于传统的有氧健身操，其主要目的是竞赛，因此有特定的竞赛规则和评分办法，要求参赛者必须具备一定的身体素质和专项的技术水平，参赛人数，比赛服装、场地，成套动作的时间、编排，动作完成的质量和难度动作的数量等方面都有严格的规定。

国际体操联合会健美操委员会将竞技健美操定义为：在音乐伴奏下，通过难度动作的完美完成，展示运动员能够表现连续、复杂、高强度成套动作的运动项目。其成套动作必须展示连续的动作组合、柔韧性、力量与七种基本步伐的综合使用，并结合难度动作的完美完成。

比赛项目有以下几项，男子单人、女子单人、混合双人、三人（三名运动员性别任选）、集体五人（五名运动员性别任选）。所有比赛时间限制在 1 分 30 秒±5 秒。竞赛场地必须是 12 米×12 米，并清楚地标出 10 米×10 米成人组各项比赛场地。

三、健美操运动竞赛规则

近年来，全民性健身健美操运动在我国各个省（自治区、直辖市），各级各类大、中、小学校及社会团体蓬勃开展，参与竞赛的组织和人数越来越多。全民健身操竞赛规则的目的是为全民健身操竞赛提供客观统一的竞赛规则，为裁判员公正、准确地评分提供客观依据，为参赛者提供赛前训练和比赛的指导依据，是学生开展全民健身操运动的规范性文件。

1. 竞赛项目

1）规定套路。

2）自编套路。

2. 成套动作时间

1）规定动作：成套动作的时间无硬性规定，可按竞赛规则中规定套路时间进行，音乐由主办单位统一播放。

2）自编套路：成套动作的时间为 2 分±10 秒（从第一个可听到的声音开始，到最后一个声音结束，不包括提示音）。

3. 参赛人数与更换运动员

每队参赛人数为 6~24 人，性别不限。

如有特殊情况更换运动员时，需持有效证明，经组委会同意方可更换。

4. 竞赛场地

比赛场地可为地板或地毯，赛台大小不得小于 14 米×14 米，要清楚地标出 12 米×12 米的比赛区域。标志带为 5 厘米宽的醒目色带，是场地的一部分。

5. 竞赛程序

比赛分为预赛和决赛，出场顺序均由抽签决定。凡参赛队均须参加预赛，前 8 名进入决赛，不足递减。

6. 音乐

（1）音响设备

音响设备应达到专业水准，常规放音设备必须包括 CD 机器及调音台等设备。

（2）特定要求

1）音乐的质量应达到专业水准。

2）可以使用一首或多首混合的音乐，可加入特殊音效。

3）音乐必须录在 CD 的开头，自备两份比赛音乐。

7. 着装仪容

1）男女运动员着装款式不限，适合运动，可适当添加服装配饰，如飘带、亮片、适宜的设计图案等，不得佩戴任何首饰和手表。

2）整洁美观，头发不遮脸，允许化淡妆。

3）必须着合适内衣，不得过于暴露，不得显示文身，不得造型怪异。

4）禁止穿描绘战争、暴力、宗教信仰和性爱为主题的服装。

5）着比赛服领奖。

四、健美操裁判法

1. 裁判的组成

设高级裁判组 3 人，裁判长 1 人，艺术裁判 3~5 人，完成裁判 3~5 人，视线裁判 2 人，计时裁判 1 人。

2. 健美操竞赛组织与裁判

1）可以不设高级裁判组，只设裁判长。

2）检录长 1 名，放音员 1~2 人，检录员 2~3 人，播音员 1~2 人，辅助裁判若干个（基层裁判）。

3. 高级裁判组的职责

1）监督整个比赛的情况，处理影响比赛进程的违纪情况或特殊情况。

2）查看裁判员的评分，对在裁判工作中表现不佳或倾向性打分的裁判员提出警告，更换被警告后仍表现不佳的裁判员。

4. 裁判员职责

（1）艺术裁判

艺术裁判根据成套操编排、表演的标准评价运动员的“艺术质量”。

（2）完成裁判

完成裁判根据技术技巧、一致性的完成情况评价运动员的“完成质量”。

（3）难度裁判

难度裁判根据竞赛规则的要求评价出运动员的难度动作质量。

（4）视线员

出界由坐在场地对角的视线员评判，每一视线员负责两条线。标志带是比赛场地的一部分，因此，触线是允许的，但身体任何一部分接触线外的地面将被减分。肢体空中出线不扣分。

（5）裁判长

裁判长记录下整套动作（同难度裁判）并且根据技术规程负责监控在场的全部裁判的工作。必须把所有现场评判的新难度动作报告给健美操委员会，委员会予以审核，并将新难度动作增加到评分规则的难度动作表及分值中，每年举行一次。有以下情况则减分：超过 3 次托举；三人和团体项目中超过两人站立的高度；表演的中断和停止；时间偏差或错误；20 秒内未出场；弃权；竞赛区的表现；着装问题和纪律处罚。

5. 计分方法

1）采用公开示分的方法。艺术分和完成分成套满分各为 10 分，裁判员的评分精确到 0.1 分。

2）裁判员的评分去掉一个最高分和一个最低分，中间 3 个裁判员的平均分即为总分，再减去裁判长减分即为最后得分。

3）名次评定。预赛成绩不带入决赛，决赛中得分高者名次列前；若得分相等，名次将按最高完成分、最高艺术分、考虑全部完成分（不除去最高分与最低分）的顺序取决。

4）成套动作评分。成套动作 10 分起评，评定因素包括成套创编、场地空间与队形、音乐与表现、技术技巧和一致性，评分方法如表 10-1 所示。

表 10-1　成套动作评分方法

评分因数	评分内容	分值
成套创编	主题突出，项目特征显著，动作内容新颖、多样，动作之间连接自然、流畅，具有动感和创意；突出器械的特点，完美展示轻器械动作语汇	2
场地空间与队形	成套动作最大限度地使用比赛场地，有效利用三维空间的变化；队形设计新颖合理，变化清晰流畅，成套动作中至少有 5 次不同队形的变化	2
音乐与表现	选择的音乐应符合运动员的技术和个性特点，与动作风格协调一致；音乐与表现乐剪辑应流畅、自然、结构完整；音效相吻合；运动员通过高质量的动作完成表现出体能充沛、活力动感和干净利索的形象，通过自然而欢乐的面目表情表现出自信	2
技术技巧	熟练及完美完成动作的能力；全体队员在成套动作完成过程中，必须表现出对动作的速度、方向及身体的控制力	2
一致性	运动范围与运动强度的一致性；所有运动员表演技巧的一致性；器械运用的一致性	2

一般性错误的减分：

①小错误：指稍偏离正确完成，每次减 0.1 分。

②中错误：指明显偏离正确完成，每次减 0.2 分。

③大错误：指较严重偏离正确完成，每次减 0.3 分。

④严重错误：指严重偏离正确完成，每次减 0.5 分。

⑤失误：指根本无法达到动作技术要求、无法清晰辨认身体位置、失去平衡等。

（5）裁判长减分

1）运动员在叫到后 60 秒未出场被视为弃权。

2）被叫到后 20 秒未出场，减 0.2 分。

3）成套时间不足或超过，减 0.2 分。

4）着装不符合规定，减 0.2 分。

5）比赛时掉物或装束散落，减 0.2 分。

6）托举的数量违例，每次减 0.5 分。

7）器械种类超过两种，减 0.5 分。

8）因动作失误器械掉地，运动员不捡起被判为失去器械，减 0.5 分。

9）托举违例，每次减 1 分。

10）参赛人数不符合规定，减 1 分。

6. 违例动作

1）各种竞技体操和技巧项目的翻转动作（倒立、桥、各种软翻、手翻、空翻等）。

2）过度背弓（挺身跳、结环跳等）。

3）膝转、背转、颈转。

4）仰卧翻臀。

5）头绕环和过度头后仰。

6）半蹲时膝盖超过脚尖，臀部低于膝关节的深蹲。
7）武术动作类的侧踹、抽踢等。
8）超过两人高度的叠罗汉。
9）任何身体和轻器械抛接动作。
10）替换器械必须放在场外。

7. 纪律处罚

（1）警告
1）出现在禁止场地。
2）不文明的举止。
3）不尊重裁判员和官员。
4）非运动员举止。

（2）处罚
1）拒绝领奖者取消所有成绩和名次。
2）检录 3 次未到者取消该项比赛资格。

8. 特殊情况

1）播放错误音乐。
2）电子设备问题而出现的干扰（灯光、舞台、会场等）。
3）比赛在遇到以上情况时，应立即停止做动作，成套动作结束后提出的抗议将不被接受。

五、健美操运动的任务与练习

（一）健美操身体姿态

在健美操运动中，健美操基本身体姿态贯穿运动过程的始终，正确的身体姿态是表现“健、力、美”的关键。基本姿态一般是指运动员做动作时，头、手、臂、躯干、腿脚等身体各部位所处的位置符合专项运动的标准体态。身体姿态的控制是表现健美操“美”的关键。

常用站立姿态描述：身体沿着中轴拉长，头颈向上，下颚微收，目视前方，双肩下沉放松，挺胸展肩，后背平直，收腹立腰，臀部夹紧，双膝内侧并拢，双脚并立，双臂紧紧贴于躯干两侧，五指并拢，中指沿裤缝向下延伸。

（二）健美操基本步伐（所有步伐示范以右脚为例）

1. 交替类

交替类

（1）踏步（如图 10-2 所示）
动作描述：两腿依次抬起，依次落地。
动作要领：在下落时，膝、踝关节有弹性地缓冲。
动作变化：踏步转体、踏步分腿与并腿。

（2）走步（如图 10-3 所示）
动作描述：迈步移动。向前走时，脚跟先落地，再过渡到全脚掌；向后走时相反。
动作要领：在落地时，膝、踝关节有弹性地缓冲。
动作变化：向前后走步、转体（弧线）走步。

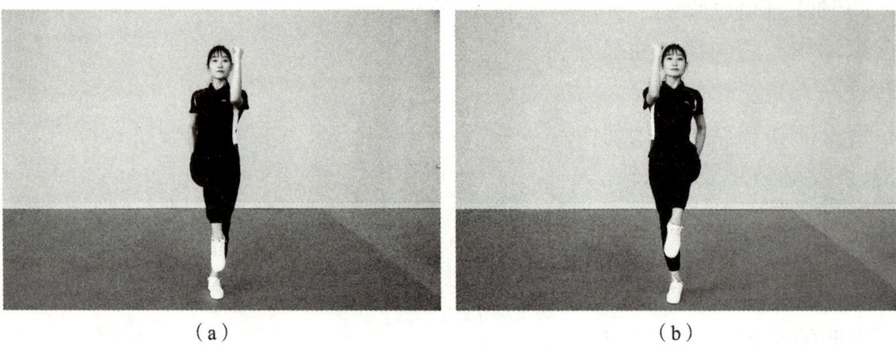

（a）　（b）

图 10-2　踏步

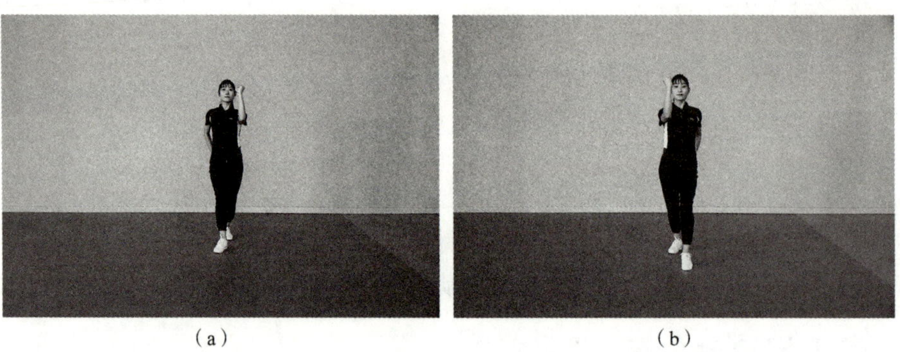

（a）　（b）

图 10-3　走步

（3）一字步（如图 10-4 所示）

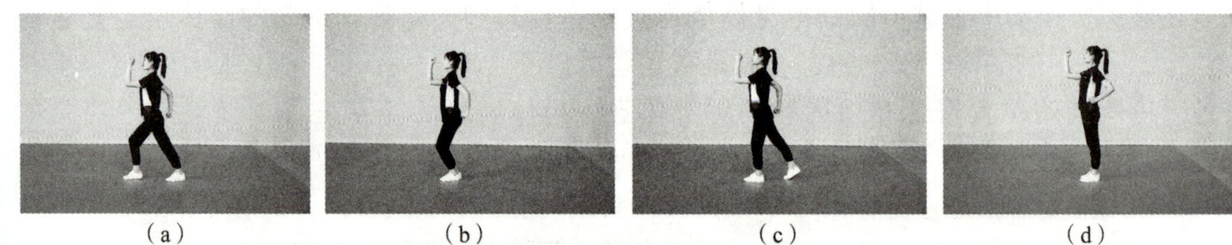

（a）　（b）　（c）　（d）

图 10-4　一字步

动作描述：右脚向前一步，左脚并于右脚，然后右脚向后一步，左脚并于右脚。

动作要领：前后均要有并脚过程，两膝始终要有弹性地缓冲。

动作变化：向前、向后一字步，转体一字步。

（4）V 字步（ 如图 10-5 所示）

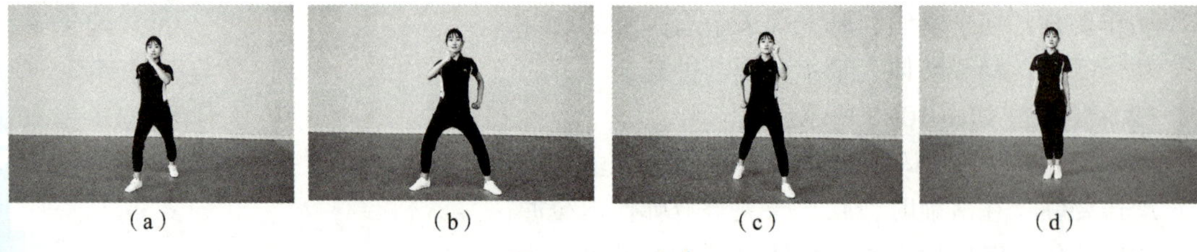

（a）　（b）　（c）　（d）

图 10-5　V 字步

动作描述：一脚向斜前方迈一步，另一脚随之向另一斜前方迈一步，两脚开立，然后再依次退回原位。

动作要领：两脚之间的距离略比肩宽，身体重心在两腿之间。

动作变化：正和倒的 V 字步（前、后）、转体 V 字步、跳的 V 字步。

（5）漫步（如图 10-6 所示）

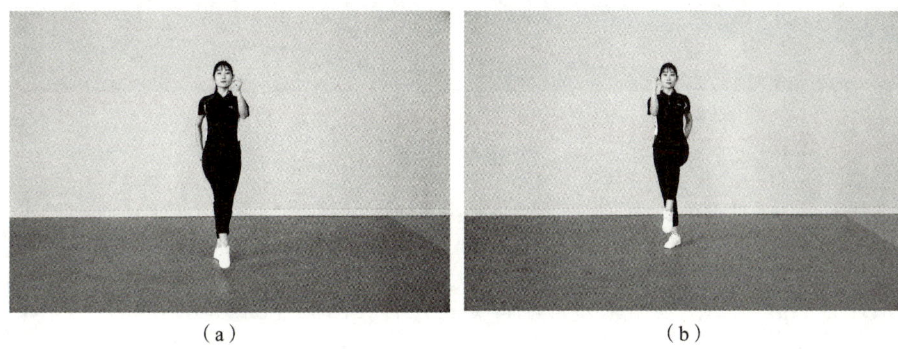

（a）　（b）

图 10-6 漫步

动作描述：右脚向前迈出，重心随之前移，左脚稍抬起，然后左脚落下、重心后移，右脚抬起向后落地，重心移至后脚。

动作要领：身体重心随动作前后灵活移动，动作有弹性。

动作变化：转体漫步、跳起漫步。

（6）跑步（如图 10-7 所示）

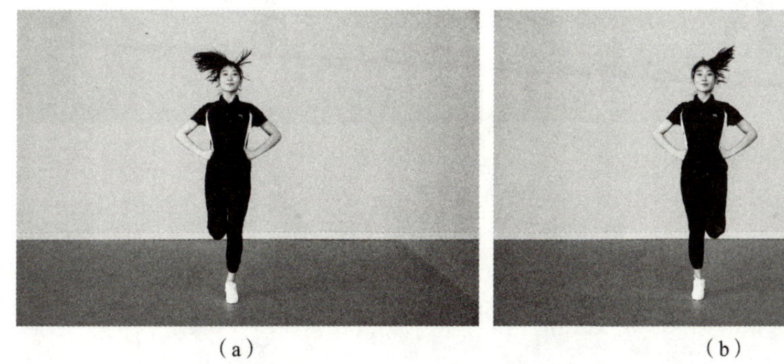

（a）　（b）

图 10-7 跑步

动作描述：两腿依次经过腾空后，一腿落地缓冲，另一腿后屈或抬膝，两臂前后自然摆动。

动作要领：落地屈膝缓冲，脚后跟要着地。

动作变化：原地跑、向前后跑、弧线跑、转体跑。

（7）点跳（小马跳）（如图 10-8 所示）

动作描述：一脚小跳一次、垫步一次，另一脚随之并于主力脚。

动作要领：两脚轻快地落地，身体重心随之平稳移动。

动作变化：原地点跳、左右点跳、前后点跳、转体点跳。

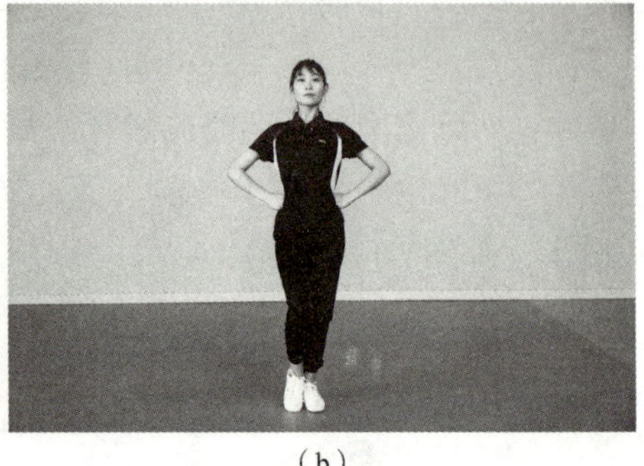

（a）　（b）

图 10-8　点跳

2. 迈步类

迈步类

（1）并步（如图 10-9 所示）

动作描述：右脚迈出，移出重心，左脚随之在右腿内侧并腿点地，同时屈膝。

动作要领：两膝自然伸屈，并有一定的弹性，身体重心随之移动。

动作变化：左右并步、前后并步、转体并步。

图 10-9　并步

（2）迈步点地（如图 10-10 所示）

（a）　（b）

图 10-10　迈步点地

动作描述：右脚迈出，左脚的脚尖或脚跟点地，换脚做。

动作要领：两腿有弹性地屈伸，点地时，身体重心始终在主力腿上。

动作变化：脚尖点地、脚跟点地、迈步点地，向前、向后点地，向侧点地。

（3）迈步吸腿（如图 10-11 所示）

（a）

（b）

图 10-11　迈步吸腿

动作描述：一脚迈出，移出重心，另一条腿体前吸腿，后落地交换。

动作要领：吸起的大腿平行地面，绷脚背，重心在支撑腿上。

动作变化：向前后迈步吸腿、向侧迈步吸腿、转身迈步吸腿。

（4）交叉步（如图 10-12 所示）

（a）

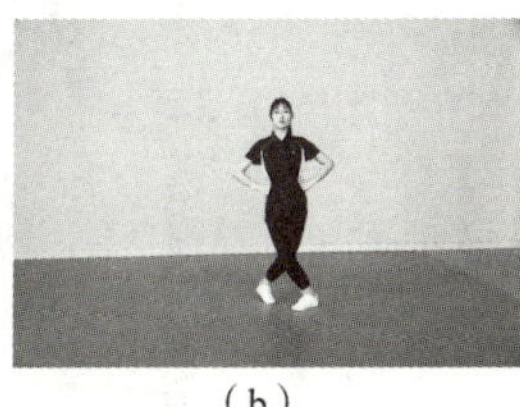
（b）

（c）

（d）

图 10-12　交叉步

动作描述：右脚向侧迈出一步，左脚在其后交叉，随之右脚再向侧迈出一步，左脚跟并。

动作要领：脚落地的同时屈膝缓冲，身体重心随着脚的迈出而移动。

动作变化：前交叉步、转体交叉步、小跳交叉步。

点地类

3. 点地类（如图 10-13 所示）

（a）

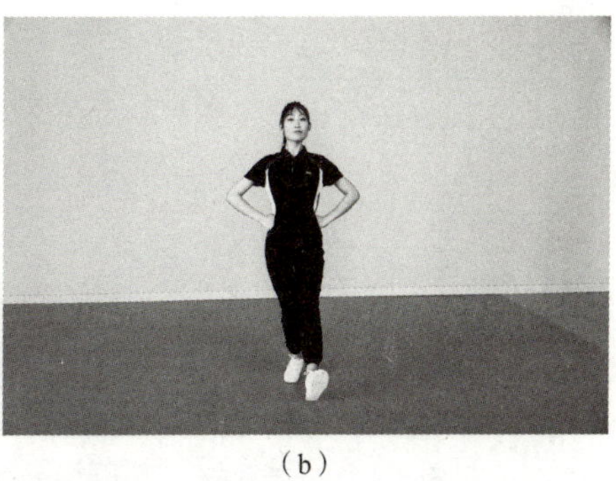
（b）

图 10-13　点地类

动作描述：一腿伸出，脚尖或脚跟点地，另一腿伸直或稍屈膝站立。

动作要领：两腿有弹性地屈伸，点地时，身体重心始终在主力腿上。

动作变化：脚尖点地、脚跟点地、迈步点地，向前、向后点地，向侧点地。

4. 双腿类

(1) 双腿跳（如图 10-14 所示）

动作描述：双腿有弹性地跳起。

动作要领：脚尖先着地顺势屈膝缓冲。

动作变化：原地双腿跳、前后双腿跳、左右双腿跳、转体双腿跳。

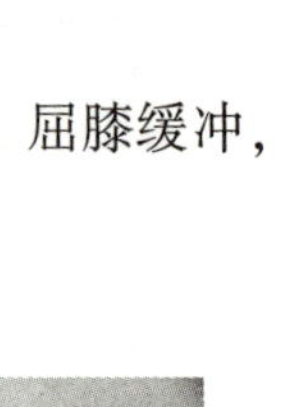

双腿类

(2) 开合跳（如图 10-15 所示）

动作描述：由并腿跳成左右分腿落地，然后再由分腿跳起并腿落地。

动作要领：分腿时，两脚自然向外分开，膝关节沿脚尖方向屈；落地时，屈膝缓冲，脚后跟要落地。

动作变化：原地开合跳、转体开合跳。

图 10-14　双腿跳

图 10-15　开合跳

(3) 弓步跳（如图 10-16 所示）

动作描述：由并腿跳成前后分腿落地成弓步，然后再向上跳起，并腿落地。

动作要领：两脚前后分开，平行站立，一条腿屈膝，脚尖与膝垂直，另一条腿伸直，重心落于两脚之间。

动作变化：原地弓步跳、转体弓步跳。

抬腿类

5. 抬腿类

(1) 吸腿跳（如图 10-17 所示）

图 10-16　弓步跳

图 10-17　吸腿跳

动作描述：双脚起跳，一腿屈膝上抬，另一腿微屈缓冲，再还原并立。

动作要领：大腿上提，小腿自然下垂，后背挺直，保持主力腿屈膝缓冲。

动作变化：原地吸腿、迈步吸腿、移动吸腿、转体吸腿、跳吸腿、向前吸腿、向侧吸腿。

（2）摆腿跳（如图 10–18 所示）

动作描述：双脚蹬地，一腿站立，另一腿自然侧摆抬起，然后并回。

动作要领：保持主力腿屈膝缓冲；抬起腿不需要很高，但要有所控制；保持上体直立。

动作变化：侧摆腿跳、后摆腿跳。

（3）踢腿跳（如图 10–19 所示）

图 10–18 摆腿跳

图 10–19 踢腿跳

动作描述：双脚起跳，一腿站立，另一腿加速上摆。

动作要领：主力腿轻微屈膝缓冲，脚后跟不要离地；踢脚的高度因人而异，避免造成大腿后部损伤；上体尽量保持直立。

动作变化：原地踢腿、移动踢腿、向前踢腿、向侧踢腿。

（4）弹踢腿跳（如图 10–20 所示）

（a）

（b）

图 10–20 弹踢腿跳

动作描述：一脚跳起，另一腿经屈膝伸直。

动作要领：无双腿落地过程，弹踢腿不用很高，但要有所控制。

动作变化：原地弹踢腿跳、转体弹踢腿跳、向前后弹踢腿跳、向侧弹踢腿跳。

（5）钟摆跳（如图 10–21 所示）

动作描述：双脚蹬地，左腿站立，右腿直腿侧摆，落地瞬间交换左腿。

动作要领：保持主力腿屈膝缓冲，抬起腿要控制；保持上体直立。

动作变化：摆动次数节奏的变化。

（a）

（b）

图 10-21 钟摆跳

6. 常见无冲击步伐

（1）半蹲（如图 10-22 所示）

动作描述：两腿左右分开稍宽于肩（或与肩同宽），脚尖稍外开，两腿同时屈膝和伸直。

动作要领：屈膝不得超过 90°；屈膝时，膝关节与脚尖方向相同，臀部向后，上体稍前倾，膝关节不应超过脚尖。

动作变化：并腿半蹲、迈步半蹲、迈步转体半蹲。

（2）弓步（如图 10-23 所示）

图 10-22 半蹲

图 10-23 弓步

动作描述：一种做法是两腿前后站立，左右脚与髋同宽，平行站立，脚尖向前，两腿同时屈膝和伸直，常用于力量练习。另一种做法是一腿屈膝，另一腿伸直，常用于健身健美操练习。

动作要领：身体重心在两腿之间，膝、踝关节在一条线上。前腿膝关节弯曲不能超过 90°，其位置也不能超过脚尖。

动作变化：原地前后弓步、左右弓步、向前一步交换腿弓步、后撤一步交换腿弓步、转体弓步、跳弓步。

(3) 移重心(如图 10-24 所示)

动作描述：两脚开立，重心放在两腿之间。经屈伸身体重心移动至另一脚，腿伸直，脚尖点地，再移动到另一边。

动作要领：重心移动，身体平稳。

动作变化：左右移重心、前后移重心。

图 10-24 移重心

健美操上肢动作

健美操手型动作

(三) 健美操上肢动作

1. 常用手型

(1) 并拢式(如图 10-25 所示)

五指并拢，大拇指微屈。

(2) 分开式(如图 10-26 所示)

五指用力伸直，充分张开。

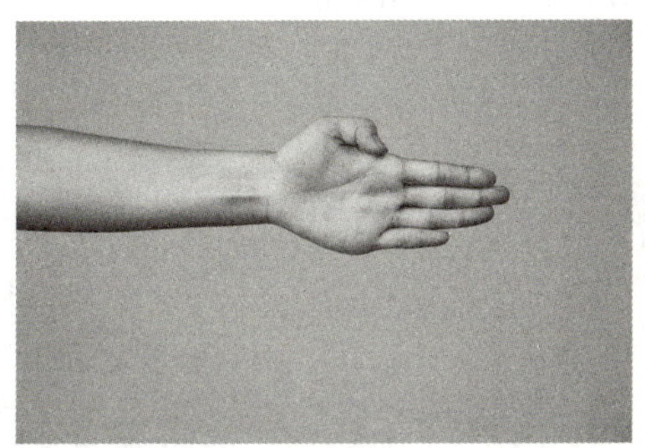

图 10-25 并拢式

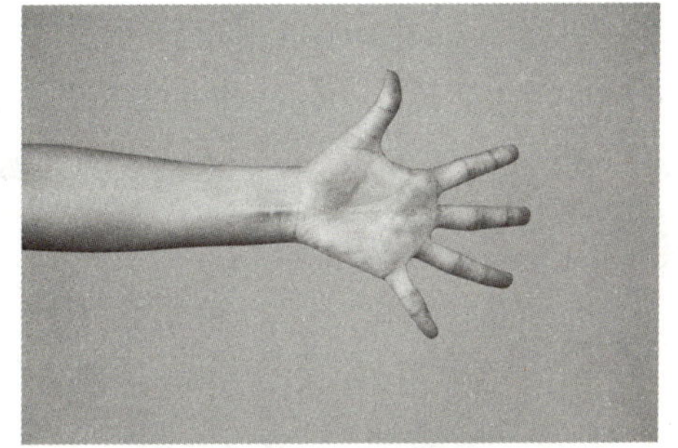

图 10-26 分开式

(3) 一指式(如图 10-27 所示)

握拳，食指或大拇指伸直。

(4) 芭蕾手位(如图 10-28 所示)

五指微屈，后三指并拢，稍内收，拇指内扣。

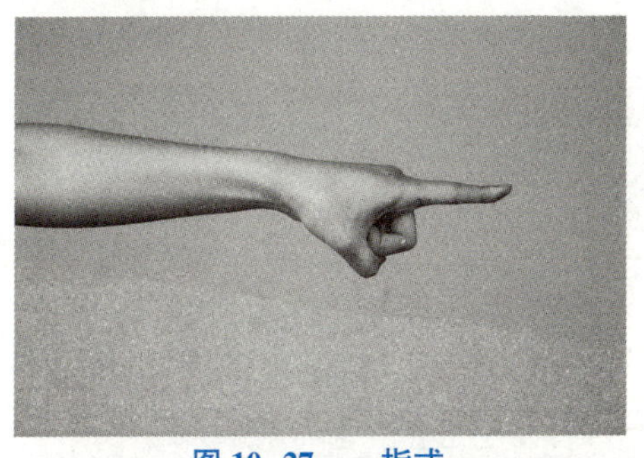

图 10-27 一指式

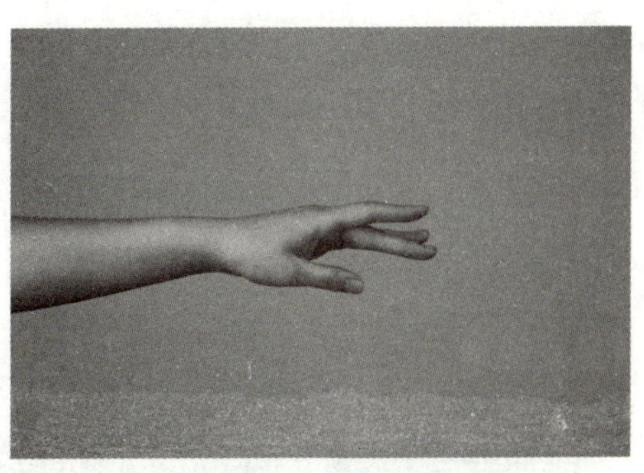

图 10-28 芭蕾手位

(5) 拳式(如图 10-29 所示)

四指屈于手心，拇指扣在食指和中指上，拳要握紧。

(6) 立掌式（如图 10-30 所示）

五指用力伸直，相互并拢，手掌用力上翘。

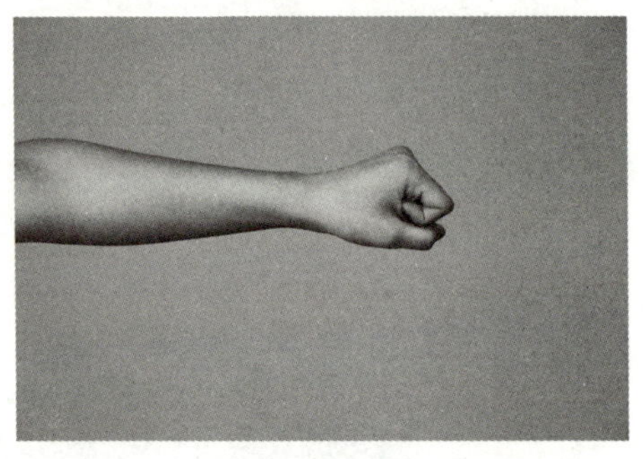

图 10-29　拳式

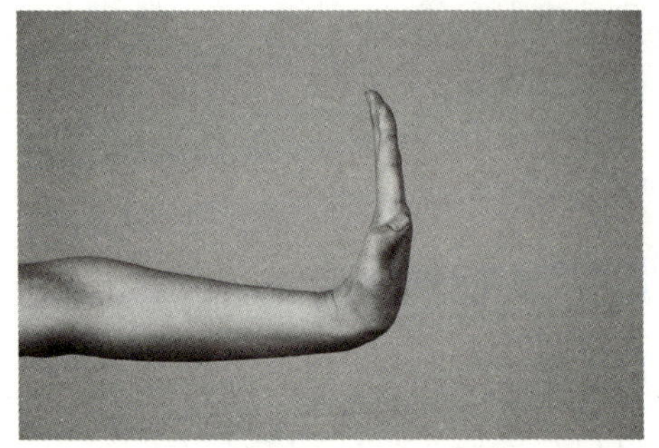

图 10-30　立掌式

(7) 西班牙舞手型（如图 10-31 所示）

五指用力，小指、无名指、中指自掌关节处依次屈，拇指稍内扣。

(8) 剑指（如图 10-32 所示）

大拇指与无名指、小指、中指食指并拢伸直。

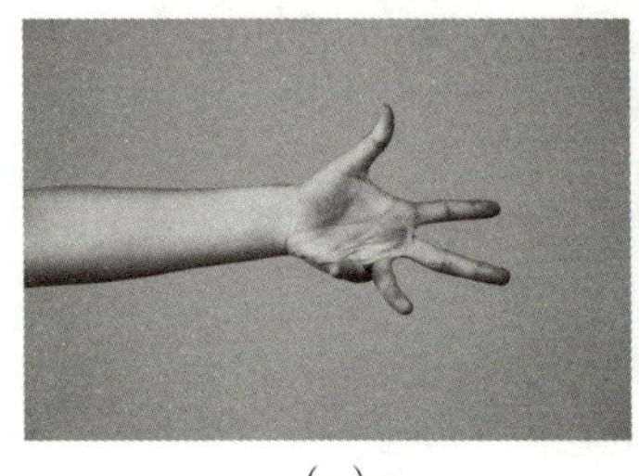

(a)

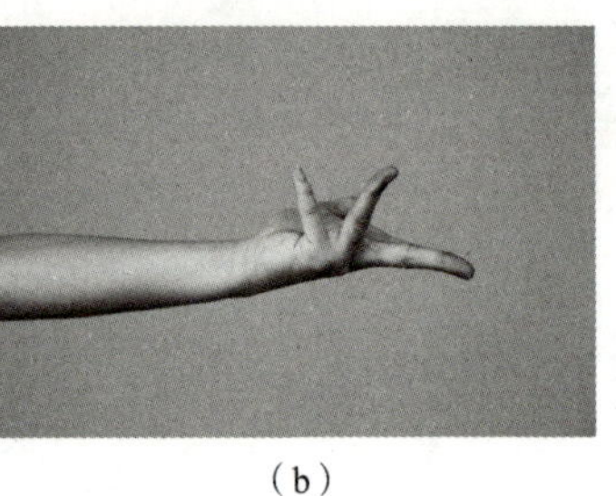

(b)

图 10-31　西班牙舞手型

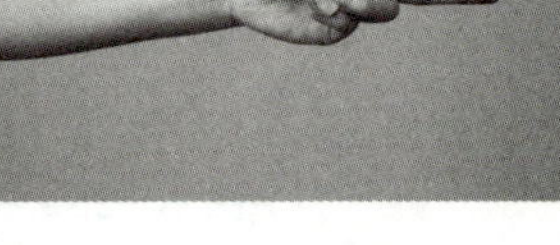

图 10-32　剑指

2. 常用手臂

健美操手臂动作

(1) 直臂类

1) 上举，如图 10-33 所示。

两臂向上举同肩宽，手心相对。

(a)

(b)

图 10-33　上举

2）前举，如图 10-34 所示。
两臂前举与肩平，手心向下。
3）前上举，如图 10-35 所示。
臂前上举 45°，手心向前。

图 10-34　前举

图 10-35　前上举

4）前下举，如图 10-36 所示。
臂前举与下垂之间成 45°，手心向下。
5）侧举，如图 10-37 所示。
两臂侧平举，手心向下。

图 10-36　前下举

图 10-37　侧举

6）侧上举，如图 10-38 所示。
臂侧举与上举之间成 45°，手心相对。
7）侧下举，如图 10-39 所示。
臂侧举与下垂之间成 45°，手心向下。

图 10-38　侧上举

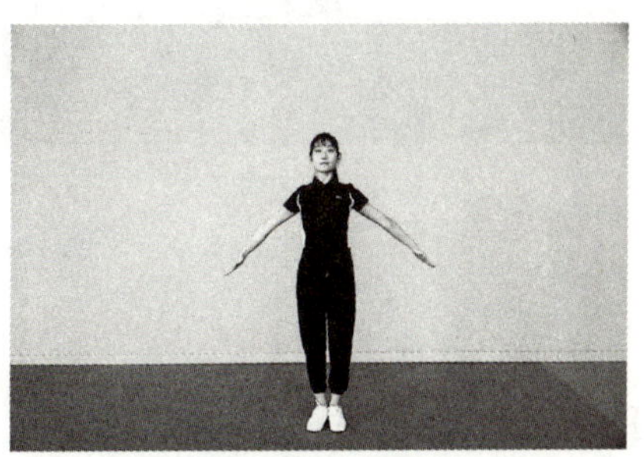
图 10-39　侧下举

（2）屈臂类

1）肩上屈，如图 10-40 所示。

两大臂侧举，大小臂成 90°，拳心相对。

图 10-40　肩上屈

2）胸前屈，如图 10-41 所示。

两臂在胸前，大小臂弯曲。

（a）

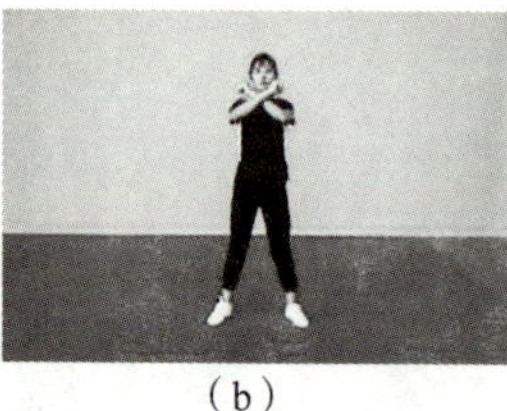
（b）

（c）

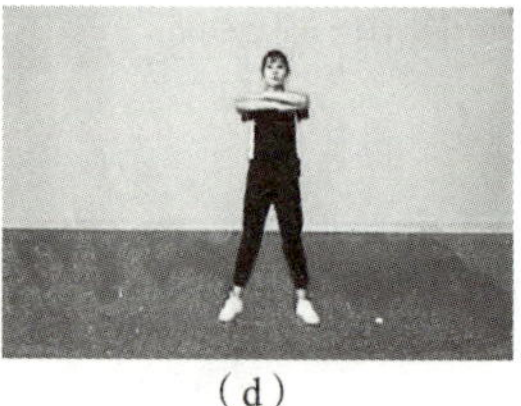
（d）

图 10-41　胸前屈

3）肩侧屈，如图 10-42 所示。

肘关节侧屈，手放于头部两侧。

（a）

（b）

图 10-42　肩侧屈

4）腰侧屈，如图 10-43 所示。

双手叉于腰部两侧。

5）不规则屈臂，如图 10-44 所示。

图 10-43　腰侧屈

图 10-44　不规则屈臂

健美操躯干动作

（3）绕和绕环类

1）直臂绕。

2）屈臂绕。

（四）健美操躯干动作

健美操躯干动作主要包括头颈部、肩部、胸部、腰部、髋部的动作，选择性运用躯干动作配合步伐和手臂操化，使得成套健美操丰富多彩，更具表现性和观赏性。

1）躯干的波浪。该动作可向前、后、左、右依靠身体各部位依次完成，动作要协调、连贯。

2）肩部可做提肩、沉肩、向后向前绕肩。

3）胸腰可做挺胸、含胸、左右移胸。

4）髋部可做上下提髋、前后顶髋、前后左右绕髋。

（五）健美操专项素质

健美操是在音乐的伴奏下，以身体的柔韧、力量、操化等动作展示出人体力与美完美融合的有氧运动，身体素质对于健美操成套的完成起到至关重要的作用，身体素质也可体现练习者的运动能力。健美操专项身体素质包括柔韧素质训练、力量素质训练、速度灵敏性训练和耐力素质训练。通过重视和加强健美操身体素质训练，减少运动损伤的发生，发展身体的各项素质能力，提高成套动作的质量和美感，从而提高锻炼者的运动技术水平。

（六）初级健美操套路练习

健美操 A 组合

1. 第一个组合

每个组合分正反方向，正方向从右脚开始，反方向从左脚开始。

1）第一拍：迈右脚半蹲，双手屈臂收拳于腰间。

2）第二拍：右移重心，左脚点地，左臂直拳。

3）第三拍：重心收于两腿之间，双臂收于腰间。

4）第四拍：左移重心，右脚点地，右拳直拳。

5）第五拍：半蹲，双臂胸前屈。

6）第六拍：右移重心，左脚点地，双臂侧上举。

7）第七拍：同第五拍动作。

8）第八拍：左移重心，右脚点地，双臂侧下举。

健美操 B 组合

2. 第二个组合

1）第一拍：迈右脚侧拉成双脚开立，双手直臂侧举，双手握拳向体侧打开。

2）第二拍：同第一拍动作。

3）第三拍：左脚跟向前交叉点地，双臂侧下举，双手分掌，掌心向前。

4）第四拍：同第三拍动作。

5）第五拍：迈左脚侧拉成双脚开立，双臂直臂侧举，双手握拳向体侧打开。

6）第六拍：同第五拍动作。

7）第七拍：右脚跟向前交叉点地，双臂侧上举，双手分掌，掌心向前。

8）第八拍：同第七拍动作。

健美操 C 组合

3. 第三个组合

1）第一拍：迈右脚交叉步，双臂侧举，双手握拳，拳心朝下。

2）第二拍：左脚向右脚后交叉迈步，右臂胸前屈，左臂体后屈。

3）第三拍：同第一拍。

4）第四拍：左脚点于右脚足弓处，左臂胸前屈，右臂体后屈。

5）第五拍：右脚向右侧跨出弓步，重心在右脚上，右手叉腰，左手分掌，掌心向前，屈于面前。

6）第六拍：同第五拍动作。

7）第七拍：右脚收回，并于左脚，双臂贴于躯干两侧。

8）第八拍：同第七拍动作。

健美操 D 组合

4. 第四个组合

1）第一拍：后踢左腿，双臂胸前屈，臂成斜线左高右低，双手并掌，掌心朝下。

2）第二拍：前踢左腿，双臂外展成直臂，保持斜线，左高右低，双手掌心朝下。

3）第三拍：同第一拍动作。

4）第四拍：同第二拍动作。

5）第五拍：左脚向左跳出，右脚点跳于左脚足弓处，右臂直臂上举贴于耳侧，掌心向左，左臂贴于左躯干。

6）第六拍：同第五拍。

7）第七拍：右脚向右跳出，左脚点跳于右脚足弓处，左臂直臂上举贴于耳侧，掌心向右，右臂贴于右躯干。

8）第八拍：同第七拍动作。

【练习一】健美操身体姿态

1. 练习目标

正确的身体姿态是建立健美操技术准确的本体感觉的前提，通过健美操身体姿态训练，纠正不良体态，逐渐培养优雅的形体和气质，有助于提高成套动作的完成质量。

2. 练习内容

（1）把杆基本形体训练（如图 10-45 所示）

1）芭蕾手位、脚位的练习。

2）勾绷脚、擦地、画圈、小踢腿、压控腿练习等。

（a）

（b）

（c）

图 10-45　把杆基本形体训练

（2）原地站立姿态练习

1）靠墙站姿，后脑勺、上背部、臀部、小腿后侧、脚后跟贴于墙面成一条垂线。

2）双腿内侧用力夹瑜伽砖，头顶瑜伽砖站立，体会肌肉的向内、向上收紧。

（3）行进间移动身体姿态训练

1）提踵向前、向后、向左、向右移动身体，控制姿态，要求核心收紧不晃动，身体挺拔向上。

2）侧向移动、转体姿态控制练习。

【练习二】健美操基本步伐

1. 练习目标

通过学习，掌握健美操步伐的分类，以及每一类步伐里包含的步伐数量、名称、基本动作要领，并能熟练演示出来，不断提高下肢协调性。

2. 练习内容

1）按类型熟悉每一个步伐的名称和动作要领，根据名称做出每一个步伐。

2）步伐练习循序渐进，先慢后快，多次重复，熟练后再加速练习。

3）先原地练习，后加方向和变换节奏练习。

4）负重练习。一人站在练习者背后按练习者双肩进行步伐练习。

手臂组合练习

【练习三】健美操上肢动作

1. 练习目标

通过上肢动作的练习，掌握健美操基本手臂和手型的动作名称，以及上肢技术动作要领，并能熟练演示出来，提高上肢的协调性和手臂力量。

2. 练习内容

1）先熟练 8 个常用基本手型，能根据名称快速准确做出每一个动作。

2）练习对称手臂：

①直臂动作：大小臂完全伸展，肘关节不能有角度，肩关节舒展放松，手臂延展发力。

②屈臂动作：大小臂的角度精准，双臂对称。

3）分别以肩关节和肘关节为轴的绕与环绕练习。

（3）练习不对称的手臂定位

1）一直臂一屈臂训练。

2）依次完成动作训练。

（4）抗阻力训练

1）人为干扰手型或干扰手臂做操化。

2）双手套阻力带训练，增加手臂力量和控制力。

3）沙袋负重训练手臂操化，同时操化定位的准确性和速度。

3. 练习要求

从原地提踵站立的身体姿态开始，部分肌肉收紧，肩膀放松，躯干向外向上拉长，每一拍动作要求走最远的路径，出手速度快，过程用时短，定位精准，制控时间长，手臂手指做延伸发力，动作熟练准确后可负重练习，或者手持器械练习。

【练习四】健美操躯干动作

1. 练习目标

通过躯干动作的练习，头部、肩部、胸部和髋部等躯干更加灵活，学会躯干技术的动作要领，并能熟练演示出来，丰富健美操成套动作的同时，提高身体的协调性。

2. 练习内容

1）前后左右甩头、绕、摆头训练。

2）提肩、沉肩、绕肩训练。

3）含胸、挺胸、绕胸训练。

4）提髋、顶髋训练。

5）多部位组合律动训练。

【练习五】健美操专项素质训练

1. 练习目标

通过正确的身体素质训练，全面发展柔韧、力量、灵敏与速度和耐力的同时，帮助练习者提升专项运动水平。

2. 练习内容

（1）柔韧练习

1）肩胸部柔韧训练。

2）髋腿部柔韧训练。

3）脚背柔韧。

要求：柔韧练习前做好热身，避免拉伤。柔韧练习可每天进行，训练时注意肌肉和脊柱的延展，在把杆上压肩控腿之后，可进行甩肩或踢腿等练习，静力性拉伸配合动力性拉伸效果更加。练习者也可根据自己的情况循序渐进针对性地练习。

（2）力量练习

1）躯干力量训练。

2）下肢力量训练。

要求：力量训练时，核心稳定训练是关键，体会肌肉的收紧和发力，配合呼吸进行练习。初学者每一个动作30~60秒为一组，每一个动作重复3~5组。

(3) 灵敏与速度练习

1) 口令训练，挥臂、举臂的速度练习。

2) 绳梯训练。

3) 折返跑。

要求：在练习时，提高专注力，调动积极性和兴奋性，间歇密集，每个训练重复3~5组。

(4) 耐力训练

1) 变速跑。

2) 三分钟高冲击步伐。

3) 高抬腿、俯卧登山跑、立卧撑。

3. 练习要求

做好准备活动，任选两项每周练习三次，每个动作重复三组。

健美操锻炼流程

【练习六】健美操组合套路训练

1. 练习目标

通过健美操套路的练习，了解到千姿百态的健美操都是在基本动作的基础上变化和发展起来的，健美操的基本步伐、手臂、手型以及躯干动作元素按照一定的需求组合编排，则会产生不同风格的视觉效果，所以，学习者只要扎实掌握了基础的元素动作和变化规律，健美操学习的过程就变得简单。培养观察能力，提倡课堂创新能力的发展。

2. 练习内容

1) 按照成套步伐，先分解步伐教学再分解手臂教学，步伐配合手臂。

2) 跟随口令慢动作串联练习。

3) 熟练后跟随音乐进行练习。

健美操练习

3. 练习要求

分解动作步伐和手臂要清晰，手型和手臂定位要准确，注意身体姿态的挺拔和四肢动作的延伸发力控制，充分运用膝盖、脚踝、髋关节的弹性缓冲，动作充满活力有美感。

六、健美操课程考核评价标准

（一）健美操课程考核评价内容及项目比重（如表10-2所示）

表10-2 健美操课程考核评价内容及项目比重

分类	比重/%	内容
平时考评	20	考勤、课堂表现、课下练习作业
理论考评	20	健美操运动概述、基本理论、竞赛组织与编排、裁判法、运动损伤的处理
素质考评	20	大学生健康体质测试项目达标
技能考评	40	健美操初级套路

考评形式：平时、理论、素质、技能四项成绩相加。

考评标准：百分制，20+20+20+40=100（分）。

（二）健美操技能考核评价标准

考评形式：技术动作。
考评标准：百分制，如表 10-3 所示。
考评要求：
（1）完成健美操初级套路。
（2）配合背景音乐完成。

表 10-3　健美操技术动作评分标准

健美操技术动作评分标准	得分
表现力强、姿态优美、操化准确、动感制控	90~100
表现力强、姿态优美、操化准确、活泼有力	90~95
操化准确、动作有力、熟练无误	80~89
动作准确、熟练无误、节奏感强	70~79
动作较熟、节奏感好、有 1~2 处错误	60~69
动作错误超过 3 处	60 分以下

课外实践

1. 利用所学知识创编健美操两个组合（八个八拍），内容包括所学七类步伐、三类手臂和三种以上手型。

2. 制订一份适合自己的训练计划，要求包含腿部力量、核心，手臂力量训练，写出组数和训练时长。

知识拓展

健美操冠军

敖金平，1981 年 10 月 13 日出生于中国，中国职业健美操运动员，2000 年获健美操国家级健将，2004 年获健美操国际级健将，多次代表国家队征战世界健美操锦标赛、健美操世界杯，为中国健美操拿到了世锦赛上第一枚金牌，实现了历史性的突破。

敖金平，对于很多人来说，这是一个陌生的名字。但在中国健美操领域，他却是一座难以逾越的高峰，他是当之无愧的“中国健美操第一人”。2006 年 6 月在世界健美操锦标赛中，敖金平凭借出色的艺术表现力和近乎完美的完成能力，成功地获得世锦赛的男子单人冠军，实现了中国在世锦赛上金牌“零的突破”；接着，他又和队友斩获集体 6 人操冠军，实现了中国健美操运动项目历史性的跨越。从 2000 年开始，他几乎拿到了所有的全国各类健美操比赛的男单冠军和 11 项世界冠军，这是前无古人的成绩。之后，他作为中国健美操运动员唯一的代表成为北京奥运会火炬手。

第十一章 武术运动

学习目标

1. 了解武术运动知识；
2. 掌握武术运动技能，促进身体和心理健康发展；
3. 弘扬民族文化，振兴中华武术，强身健体，修身养性，提升自卫能力。

一、武术运动起源

中华武术作为中华优秀传统文化，承载着中国文化的精髓，蕴含着丰富的文化魅力。武术在我国有悠久的历史，它的产生，缘起于我国远古祖先的生产劳动。人们在狩猎的生产活动中，逐渐积累了劈、砍、刺的技能。这些原始形态的攻防技能是低级的，还没有脱离生产技能的范畴，却是武术技术形成的基础。武术作为独立的社会文化现象，是同中华民族文明的产生同步的。

二、武术套路竞赛规则与散打竞赛规则

（一）武术套路竞赛规则

1. 竞赛通则

（1）竞赛类型

武术套路竞赛一般分为个人赛、团体赛、个人及团体赛。另外，按年龄可分为成年赛、少年赛和儿童赛；按性别可分为男子赛和女子赛；按比赛成绩可分为甲级赛和乙级赛。竞赛性质由竞赛规程确定。

（2）竞赛项目

武术套路竞赛项目分为自选（或规定）项目、其他项目、对练项目和集体项目。

1）自选（或规定）项目：包括长拳、太极拳、南拳、剑术、刀术、枪术、棍术。

2）其他项目：

①其他拳术：指除规则规定的自选拳术内容以外的拳术。共分为四类，即形意、八卦、八极类，通臂、劈挂、翻子类，地躺、象形类，查、花、炮、红、华、少林类。

②其他器械：指除规则规定的自选器械内容以外的器械项目。共分为三类，即单器械、双器械、软器械。

3）对练项目：包括徒手对练、器械对练、徒手与器械对练。

4）集体项目：包括徒手、器械。

（3）名次评定

1）个人单项名次：得分最多者为该项第一名，次多者为第二名，以此类推。如在一次比赛中有预、决赛，则以预、决赛得分总和最多者为该项第一名，次多者为第二名，以此类推。如果个人单项（含对练）得分相等时，按下列顺序决定名次：

①套路中有创新难度动作者，名次列前。

②动作完成分与演练水平分的低无效分之和高者列前。

③动作完成分与演练水平分的高无效分之和低者列前。

④演练水平分中有效分的平均值高者列前。如仍相等，名次前列。

2）个人全能名次：按各单项得分总和的多少进行评定，得分多者为全能第一名，次多者为第二名，以此类推。如果个人全能得分相等时，以比赛获单项第一名多者列前；如仍相等，则以获得第二名多者列前，以此类推。如获得所有名次均相等，则并列。

3）集体项目名次：得分最多者为该项的第一名，次多者为第二名，以此类推。集体项目得分相等时，名次并列。

4）团体名次：根据竞赛规程关于团体名次的确定办法进行评定。团体总分相等时，以全队获得单项第一名多者列前；如仍相等，则以获得第二名多者列前，以此类推。如获得单项名次均相等，则并列。

（4）比赛服饰

1）比赛时，运动员必须穿规定的比赛服装。

2）运动员必须穿武术鞋或运动鞋。

3）上场比赛时，不允许佩戴手表及耳环、项链、手镯等饰品。

4）比赛服装上的广告标志或队标只允许印在左袖外侧一处，大小不得超过 8 厘米×5 厘米。

（5）起势、收势、配乐与套路计时

1）运动员应在同侧场内完成同方向的起势和收势，集体项目必须在场内完成起势和收势，方向、位置不限。

2）运动员身体的任何部位开始动作时即为起势，开始计时。对练和集体项目在行进间开始动作者，须事先向裁判长申明。运动员完成整套动作后，须并步收势（计时结束），再转向裁判长行注目礼，然后退场。

3）运动员听到上场比赛的点名和赛后示分时，应向裁判长行抱拳礼或持械礼。

4）除集体项目外，任何项目在比赛时均不得配乐。

2. 长拳、太极拳、南拳、剑、刀、枪、棍的评分方法与标准

（1）评分裁判员的组成

在裁判长的直接领导下，参加评分的裁判员有两组：第一组由评判动作完成的裁判员组成，人数为 3~5 人；第二组由评判演练水平的裁判员组成，人数为 3~5 人。

（2）评分标准

各项比赛的满分为 10 分，其中动作规格分值为 6.8 分，演练水平分值为 3 分，创新难

度分值为 0.2 分。

1）动作完成分的评判。裁判员根据运动员现场发挥的技术水平，按照各竞赛项目的动作规格要求，减去对该动作规格中出现的与规格要求轻微不符、显著不符、严重不符的错误的扣分和其他错误扣分，即为运动员的动作完成分。

由裁判员扣分的其他错误包括运动员完成套路动作时出现遗忘、失去平衡、附加支撑、倒地、器械或服装影响动作，器械变形、折断、掉地等。

2）演练水平分的评判。裁判员根据运动员现场表现的套路演练水平、按照各竞赛项目在功力（劲力、协调各占 0.5 分）、演练技巧（精神、节奏、风格各占 0.5 分）、编排（内容结构、布局占 0.5 分）等方面的评分标准，整体比较，确定扣分。从该类分值中减去应扣分数，即为运动员的演练水平分。

3）裁判员的示分。裁判员所示分数可保留到小数点后两位数，小数点后第二位数必须是 0 或 5。

4）应得分数的确定。动作完成应得分与演练水平应得分之和即为运动员的应得分数。动作完成应得分与演练水平应得分的确定：如 3 个裁判员评分，取 3 个分数的平均值为运动员的应得分；如 4 或 5 个裁判员评分，去掉最高分和最低分，取中间 2 个或 3 个分数的平均值为运动员的应得分。运动员的应得分数只取到小数点后两位数，小数点后第三位数不作四舍五入。

5）最后得分的确定。裁判长从运动员的应得分中减去“裁判长扣分”，再加上“创新难度动作”的加分，即为运动员的最后得分。

（3）指定动作和创新难度动作

1）指定动作。武术竞赛既赛成绩，又交流技术，加之科学的发达、信息的流通、武术训练方法的不断科学化，国内专业队武术竞技水平十分接近，竞争也十分激烈。为提高裁判员评分的准确性，国家武术运动管理中心于 1996 年不但修改了规则，而且推出了自选套路竞赛指定动作。指定动作是国家武术运动管理中心组织专家，根据武术运动规律编排出来的技术新、难度大、要求高的单个或数个动作组合而成的武术技术动作。这些动作并非一成不变，而是由国家武术竞赛主管部门每年年底公布下一年比赛各自选套路指定动作的内容、规格、难度值，并配有动作图解和动作录像带等。

参赛运动员均应准确填写自选套路指定动作位置确定图表，由运动员本人和教练员签名，并在比赛前交裁判组。

2）创新难度动作是指必须符合武术运动的本质属性和运动规律，必须是具备较高的专项素质与专项技能才能完成的动作，必须是由国家体育总局主办的全国正式比赛中从未出现过的动作。

创新难度动作的申报单位必须以书面形式（配有技术图解或录像带）在赛前 30 天上报国家体育总局武术运动主管部门。然后由主管部门组织有关专家 5～7 人，组成“全国武术技术鉴定委员会”，对申报的创新难度动作进行讨论、确认，并把加分分值、命名和鉴定结果，赛前以书面形式通知仲裁委员会和裁判组。

运动员若较好地完成申报的创新难度动作，则由裁判长按确认的分值给予加分；由于失败或与鉴定确认的动作不符，不予加分；若在完成创新难度动作过程中，出现其他错误，由裁判员按规则扣分。

3. 其他拳术、器械、对练、集体项目的评分方法与标准

（1）评分方法

1）应得分数的确定。由 5 个裁判评分，取中间 3 个分数的平均值为运动员的应得分数。运动员的应得分只取到小数点后两位，小数点后第三位数不作四舍五入。

2）最后得分的确定。裁判长从运动员应得分数中减去裁判长按规定执行的扣分，即为运动员的最后得分。

（2）评分标准

各项比赛的最高得分均为 10 分，具体标准如下：

1）其他拳术、器械的评分标准。姿势正确、方法清楚的分值为 4 分；劲力顺达、动作协调的分值为 3 分；风格独特、内容充实的分值为 2 分；精神贯注、节奏分明的分值为 1 分。

2）集体项目的评分标准：

质量的评分：姿势正确、动静分明、精神贯注、技术熟练。此类分值为 4 分。

内容的评分：内容充实、武术的特点和风格突出，整套动作中应包括项目的基本动作和基本方法。此类分值为 3 分。

配合的评分：队形整齐，动作协调一致。此类分值为 2 分。

结构、布局的评分：结构恰当，布局匀称、攻防合理的分值为 4 分；动作熟练、配合严密的分值为 3 分；内容充实、结构紧凑的分值为 2 分；意识逼真、风格突出的分值为 1 分。

前两部分由评判动作规格的裁判员评定，后两部分由评判演练水平的裁判员评定。

4. 裁判长的扣分以及对评分的调整

1）武术套路比赛中裁判长的扣分范围：

①趋势、收势不符合规定或有意拖延时间。

②重做。

③出界。

④平衡时间不足。

⑤套路完成时间不足或超出规定时间。

⑥器械、服装不符合规定。

⑦动作组别不够。

⑧规定套路的动作缺少或增加。

⑨指定动作的扣分。

2）当评分中出现明显不合理现象时，在出示运动员最后得分前，裁判长须报告总裁判长，经总裁判长同意，可召集场上裁判员协商或同个别有关裁判协商，改变分数。被指定改分的裁判员必须服从。

3）当有效分数（最高或最低）之间出现不允许的差数时，在出示运动员的最后得分前，裁判长可召集场上裁判员协商或同个别有关裁判员协商，改变分数。被指定改分的裁判员必须服从。

4）总裁判长认为最后得分偏高或偏低时，在裁判组没有公开分前，可与裁判长协商，改变分数。被指定改分的裁判长必须服从。分数改变后，由总裁判长签名。

5. 套路比赛的有关规定

（1）完成套路的时间

1）南拳和刀、剑、枪、棍的自选套路，不得少于1分20秒。如按年龄分组比赛时，18周岁以上的成年组不少于1分20秒，12~17周岁的少年组不少于1分10秒，不满12周岁的儿童组不少于1分钟。

2）太极拳自选套路3~4分钟（到3分钟时，裁判长鸣哨示意），太极拳规定套路为5~6分钟（到5分钟时，裁判长鸣哨示意）。

3）太极剑集体项目3~4分钟（到3分钟时，裁判长鸣哨示意）。

4）其他项目单练不得少于1分钟。对练不得少于50秒。

（2）套路比赛场地与器械规格

1）套路比赛在地毯上进行。单练和对练项目的场地长14米，宽8米，四周内沿应标明5厘米宽的边线，其周围至少有2米宽的安全区，在场地的两长边中间各做一条长30厘米宽5厘米的中线标记。

集体项目的场地长16米，宽14米，四周内沿应标明5厘米宽的边线，其周围至少有1米宽的安全区。

2）武术器械的长度、重量、硬度等都有规定。如枪的全长必须等于本人直立直臂上举时从脚底到指端的长度，棍最短必须等于本人身高。枪杆和棍应由白蜡杆制成，粗细按不同年龄组均有规定。剑或刀的长度以运动员直臂垂肘反手持剑或直臂垂肘抱刀时，剑尖或刀尖不低于本人耳上端为准。剑、刀应由钢材料制成，对不同年龄组的器械重量均有规定。

（二）武术散打竞赛规则

散打分团体比赛和个人比赛两种，竞赛办法采用循环赛、单败淘汰赛和双败淘汰赛。每场比赛采用三局两胜制。每局净打2分钟，局间休息1分钟。散打比赛时，服装护具分为全护型和点护型两种。全护型运动员则应戴拳套、护头、护齿、护胸、护裆、护腿，赤脚穿护脚背；点护型运动员只戴拳套、护齿和护裆。运动员必须穿与比赛护具颜色相同的背心和裤，护裆必须穿在短裤内。比赛时，后脑、颈部、裆部为禁击部位。头部、躯干、大腿和小腿为得分部位。禁用头、肘、膝和反关节的动作进攻对方；禁用迫使对方头部先着地的摔或有意砸压对方；禁用腿法攻击倒地者的头部。

胜负的评定如下：

1. 点数胜

在一场比赛结束时，被多数边裁判员判为胜方的运动员获胜。

2. 优势胜

1）实力相差悬殊：比赛中，双方实力相差悬殊，台上裁判员征得裁判长的同意，判技术强者为该场胜方。

2）击倒对方获胜：如果一名运动员受重击倒地，在10秒钟内不能重新比赛，或10秒钟内站起后明显丧失比赛能力，判对方为该场胜方。

3）因对方被强制读秒获胜：一场比赛中，一方运动员被重击强制读秒达3次，判对方为该场胜方。

4）因对方被取消资格而获胜：一方运动员因犯规或诈伤等原因被取消资格，另一方即为该场胜方。

三、武术运动的任务与练习

（一）武术的基本动作

1. 手型

（1）拳（如图 11-1 所示）

部位名称：拳眼、拳心、拳面、拳背、拳轮。

动作说明：五指卷紧，拇指压于食指、中指第二指节上。

动作要领：拳握紧、拳面平、直腕。

（2）掌（如图 11-2 所示）

部位名称：掌心、掌背、掌指、掌根、掌外沿。

动作说明：四指伸直并拢，拇指弯曲紧扣于虎口处。

动作要领：掌心开展、竖指。

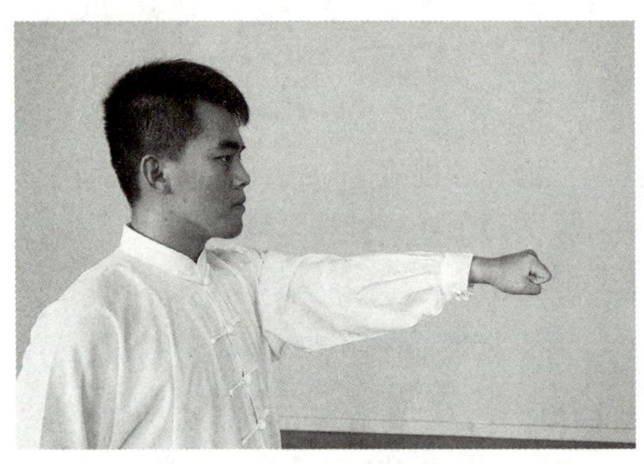

图 11-1 拳

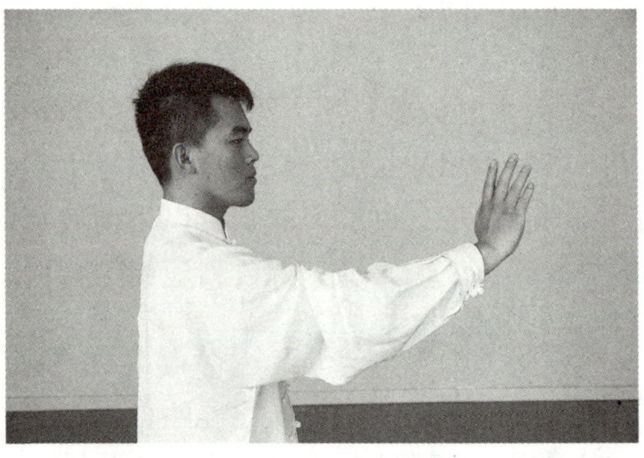

图 11-2 掌

（3）勾（如图 11-3 所示）

部位名称：勾尖、勾顶。

动作说明：五指撮拢成勾，屈腕。

动作要领：屈腕。

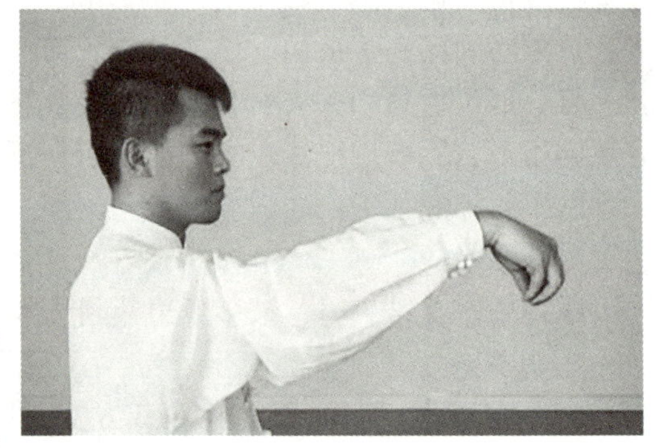

图 11-3 勾

2. 手法

（1）冲拳（如图 11-4 所示）

预备姿势：两脚左右开立，两拳抱于腰间，拳心朝上。

动作说明：右拳从腰间旋背向前猛力冲出，力达拳面，目视前方。

动作要领：挺胸、收腹、直腰，出拳快速有力，做好拧腰、顾肩、急旋。

（2）推掌（如图 11-5 所示）

预备姿势：两脚左右开立，两拳抱于腰间，拳心朝上。

动作说明：右拳变掌，以掌外沿为力点向前猛力推出，目视前方。

动作要领：同冲拳，注意沉腕、翘掌，力达掌外沿。

图 11-4　冲拳

图 11-5　推掌

3. 步型

(1) 弓步（如图 11-6 所示）

动作说明：一脚微内扣，全脚掌着地，屈膝半蹲，大腿成水平，膝部约与脚面垂直；另一腿挺膝伸直，脚尖里扣斜向前方，全脚掌着地；上体正对前方，两手抱拳手。

动作要领：挺胸、立腰、前腿弓、后腿绷。

(2) 马步（如图 11-7 所示）

动作说明：两脚左右开立为脚长的三四倍，脚尖正对前方，屈膝半蹲，大腿成水平，眼看前方。两手抱拳于腰间。

动作要领：头正、挺胸、立腰、扣足。

图 11-6　弓步

图 11-7　马步

(3) 仆步（如图 11-8 所示）

动作说明：一腿全蹲，大腿和小腿靠紧，臀部接近小腿，全脚掌着地，膝与脚尖稍外展；另一腿平铺接近地面，全脚掌着地，脚尖内扣。

动作要领：挺胸、立腰、开髋、全脚掌着地。

(4) 虚步（如图 11-9 所示）

动作说明：右脚尖斜向前，屈膝半蹲，大腿接近水平，全脚掌着地；左腿微屈，脚面绷紧，脚尖虚点地面。

动作要领：挺胸、立腰、虚实分明。

图 11-8　仆步

图 11-9　虚步

（5）歇步（如图 11-10 所示）

动作说明：两腿交叉屈膝全蹲，左脚全脚掌着地，脚尖外展；右脚脚跟离地，臀部外侧紧贴右小腿。

动作要领：挺胸、立腰、两腿贴紧。

武术腿法

4. 腿法

（1）正踢腿（如图 11-11 所示）

预备姿势：并步站立，两臂侧平举。

动作说明：左脚上步直立，右腿挺膝，脚尖勾起向前额处猛踢，目向前平视。

动作要领：挺胸、收腹、立腰；踢腿时，迅速收髋、收腹，脚尖勾起、有寸劲。

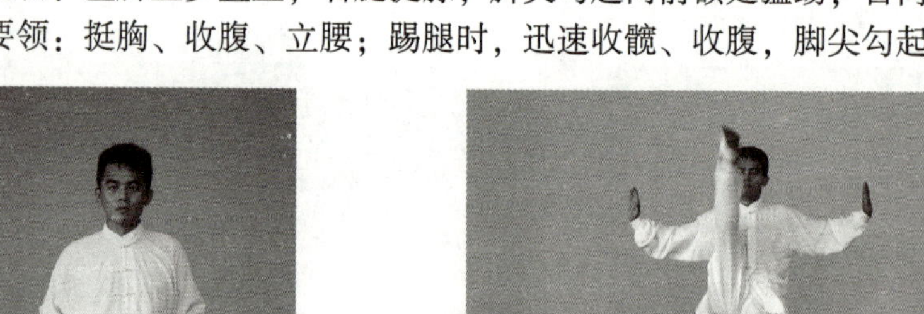

图 11-10　歇步

图 11-11　正踢腿

（2）外摆腿（如图 11-12 所示）

预备姿势：并步站立，两臂侧平举。

动作说明：右脚上步；左脚尖勾紧，向右侧上方踢起，经面前向左侧上方摆动，直腿落在右脚旁；目向前平视，可用掌在面前依次迎击脚面。

动作要领：展髋，腿成扇形外摆，幅度要大。

（3）里合腿（如图 11-13 所示）

预备姿势：并步站立，两臂侧平举。

动作说明：同外摆腿，唯由外向内合。

动作要领：除要求合髋，其同外摆腿。

图 11-12 外摆腿

图 11-13 里合腿

（4）弹腿（如图 11-14 所示）

预备姿势：并步站立。

动作说明：支撑腿直立或稍屈，另一腿由屈到伸向前弹出；脚面绷平，力达脚尖。

动作要领：收髋，弹击有寸劲，力达脚尖。

（5）蹬腿（如图 11-15 所示）

预备姿势：并步站立。

动作说明：同弹腿，唯脚尖勾起，力达脚跟。

动作要领：收髋，弹击有寸劲，力达脚尖。

图 11-14 弹腿

图 11-15 蹬腿

（二）五步拳

五步拳

五步拳是由弓步、马步、仆步、虚步、歇步五种步型结合搂手、冲拳、按掌、穿掌、挑掌、架打、盖打等手法进行的组合练习，简称五步拳。通过五步拳的练习可以增进身体的协调能力，掌握动作与动作之间的衔接要领，提高动作质量。

动作名称：起势（并步抱拳）—弓步冲拳—弹踢冲拳—马步架打—歇步盖掌—歇步冲拳—提膝穿掌—仆步穿掌—虚步挑掌—收势（并步抱拳）

五步拳动作要领及易犯错误：

1. 起势（如图 11-16 所示）

动作要领：身体成立正姿势，两手握拳抱于腰间，头转向左边。

2. 弓步冲拳（如图 11-17 所示）

动作要领：左脚向左迈出一步成弓步，同时左手向左平搂，后抱于腰间，右拳前冲成平拳；目视前方。

图 11-16 起势

图 11-17 弓步冲拳

3. 弹踢冲拳（如图 11-18 所示）

动作要领：重心前移至左腿支撑，右腿先屈膝提起再向前弹踢，同时左拳前冲成平拳，右拳收抱腰间；目视前方。

易犯错误：弹踢没有收大腿弹小腿。

4. 马步架打（如图 11-19 所示）

动作要领：右脚内扣落地，身体力转 90°，两腿屈膝下蹲成马步；同时左拳变掌，屈臂上架，右拳向右侧冲成平拳；头右转，眼看右侧方。

易犯错误：马步没有收胯。

图 11-18 弹踢冲拳

图 11-19 马步架打

5. 歇步盖掌（如图 11-20 所示）

动作要领：重心稍起，身体左转，左脚向右脚后插一步；同时右拳变掌经头上向下盖，掌外延向前，左掌变拳收抱于腰间；目视右掌。

易犯错误：左脚没有后插一步，右掌只盖到头顶。

6. 歇步冲拳（如图 11-21 所示）

动作要领：两腿屈膝下蹲成右歇步；同时左拳前冲成平拳，掌变拳收抱腰间；目视左拳。

易犯错误：歇步时臀部没有坐到左脚脚跟上，左拳成下冲拳。

图 11-20 歇步盖掌

图 11-21 歇步冲拳

7. 提膝穿掌（如图 11-22 所示）

动作要领：身体起立左转，右脚内扣支撑，左腿屈膝提起；同时左拳变掌收至右腋下，右拳变掌，掌心朝上由左手背上穿出；目视右掌。

易犯错误：左腿没有充分提膝，右掌没有从左手背上穿出。

8. 仆步穿掌（如图 11-23 所示）

动作要领：左脚向左落地成左仆步，左掌掌指朝前沿左腿内侧穿出；目视左掌。

易犯错误：左脚没有伸直，脚底容易翻起。

图 11-22 提膝穿掌

图 11-23 仆步穿掌

9. 虚步挑掌（如图 11-24 所示）

动作要领：左腿屈膝前弓，右脚蹬地向前上步成右虚步，同时左手向上、向后画弧成勾手，右手向下、向前顺右腿外侧向上挑掌；目视前方。

易犯错误：身体容易前倾，重心易落在右腿上。

10. 收势（如图 11-25 所示）

动作要领：左脚收回，两手抱拳于腰间，目视前方。

图 11-24　虚步挑掌

图 11-25　收势

（三）简化太极拳（二十四式）

二十四式太极拳，即二十四式简化太极拳，也叫简化太极拳，由中华人民共和国体育运动委员会于 1956 年组织太极拳专家汲取杨氏太极拳之精华编成。尽管它只有二十四个动作，但相比传统的太极拳套路来讲，其内容更显精练，动作更显规范，也能充分体现太极拳的运动特点。

1. 第一式：起势（如图 11-26 所示）

1）左脚开立：左脚向左分开，两脚平行同肩宽。

2）两臂前举：两臂慢慢向前举，自然伸直，两手心向下。

3）屈腿按掌：两腿慢慢屈膝半蹲，同时两掌轻轻下按至腹前。起脚时先提脚跟，落脚时脚前掌先着地，要做到点起点落、轻起轻落；上举两臂时，不可耸肩，不要出现指下的“折腕”；屈膝时松腰敛臀，上体保持正直；两掌下按时沉肩垂肘。

起势、左右野马分鬃、白鹤亮翅

2. 第二式：左右野马分鬃（如图 11-27 所示）

图 11-26　第一式

（a）

（b）

图 11-27　第二式

（1）左野马分鬃

1）抱球收脚：上体稍右转，右臂屈抱于右胸前，左臂屈抱于腹前，成右抱球；左脚收至右脚内侧成丁步。

2）弓步分手：上体左转，左脚向左前方迈出一步，成左弓步；同时两掌前后分开，左手心斜向上，右手按至右胯旁，两臂微屈。

（2）右野马分鬃

1）抱球收脚：重心稍向后移，左脚尖翘起外撇；上体稍左转，左手翻转在左胸前屈抱，右手翻转前摆，在腹前屈抱，成左抱球；重心移至左腿，右脚收至左脚内侧成丁步。

2）弓步分手：同（1）中弓步分手，但左右相反。

（3）左野马分鬃

同（1）中左野马分鬃。弓步时，不可将重心过早前移，以免造成脚掌沉猛落地，右脚应有蹬碾动作。分手与弓步要协调同步。转体撇脚时，先屈右腿，腰后坐，同时两臂自旋。

3. 第三式：白鹤亮翅（如图 11-28 所示）

1）跟步抱球：上体稍左转，右脚向前跟步，落于左脚后；同时两手在胸前屈抱球。

2）虚步分手：上体后坐并向右转体，左脚稍向前移动，成左虚步；同时右手分至右额前，掌心向内，左手按至左腿旁，上体转正；眼平视前方。

（a）

（b）

图 11-28　第三式

左右搂膝拗步、手挥琵琶

4. 第四式：左右搂膝拗步（如图 11-29 所示）

（1）左搂膝拗步

1）收脚托掌：上体右转，右手至头前下落，经右胯侧向后方上举，与头同高，手心向上，左手上摆，向右画弧落至右肩前；左脚收至右脚内侧成丁步；眼视右手。

2）弓步搂推：上体左转，左脚向左前方迈出一步成左弓步；左手经膝前上方搂过，停于左腿外侧，掌心向下，指尖向前，右手经肩上向前推出，右臂自然伸直。

（2）右搂膝拗步

1）收脚托掌：重心稍后移，左脚尖翘起外撇，上体左转，右脚收至左脚内侧成丁步；右手经头前画弧摆至左前肩，掌心向下，左手向左上方画弧上举，与头同高，掌心向上；眼

(a)

(b)

(c)

图 11-29　第四式

视左手。

2）弓步搂推：同（1）中弓步搂推，但左右相反。

（3）左搂膝拗步

动作与右搂膝拗步相同，但左右相反。

5. 第五式：手挥琵琶（如图 11-30 所示）

1）跟步展臂：右脚向前收拢半步落于左脚后，右臂稍向前伸展。

2）虚步合手：上体稍向左回转，左脚稍前移，脚跟着地，成左虚步；两臂屈肘合抱，右手与左肘相对，掌心向左。

图 11-30　第五式

6. 第六式：左右倒卷肱（如图 11-31 所示）

（1）右倒卷肱

1）退步卷肱：上体稍右转，两手翻转向上，右手随转体向后上方画弧上举至肩上耳侧，左手停于体前；上体稍左转；左脚提起向后退一步，脚前掌轻轻落地；眼视左手。

倒卷肱

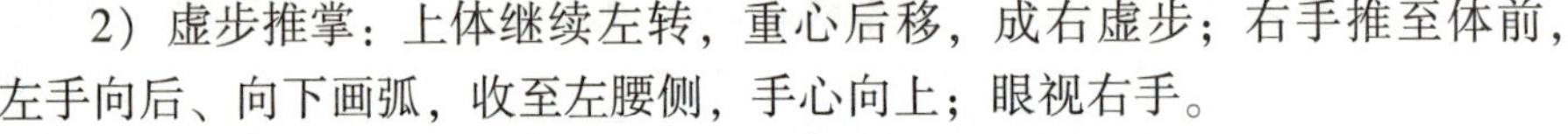

2）虚步推掌：上体继续左转，重心后移，成右虚步；右手推至体前，左手向后、向下画弧，收至左腰侧，手心向上；眼视右手。

(a)

(b)

(c)

图 11-31　第六式

（2）左倒卷肱

1）退步卷肱：同（1）中退步卷肱，但左右相反。

2）虚步推掌：同（1）中虚步推掌，但左右相反。

7. 第七式：左揽雀尾（如图 11-32 所示）

左右揽雀尾

1）抱球收脚：上体右转，右手向侧后上方画弧，左手在体前下落，两手成右抱球状；左脚收成丁步。

2）弓步棚臂：上体左转，左脚向左前方迈成左弓步；两手前后分开，左臂半屈向体前拥架，右手向下画弧按于左胯旁，五指向前；眼视左手。

3）转体摆臂：上体稍向左转，左手向左前方伸出，同时右臂外旋，向上、向前伸至左臂内侧，掌心向上。

4）转体后捋：上体右转，身体后坐，两手同时向下经腹前向右后方画弧后捋，右手举于身体侧后方，掌心向外，左臂平屈于胸前，掌心向内；眼视右手。

5）弓步前挤：重心前移成左弓步；右手推送左前臂向体前挤出，两臂撑圆。

6）后坐引手：上体后坐，左脚脚尖翘起；左手翻转向下，右手经左腕上方向前伸出，掌心转向下；两手左右分开与肩同宽，两臂屈收后引，收至腹前，手心斜向下。

7）弓步前按：重心前移成左弓步，两手沿弧线推至体前。

（a）　（b）　（c）

（d）　（e）　（f）　（g）

图 11-32　第七式

8. 第八式：右揽雀尾（如图 11-33 所示）

1）转体分手：重心后移，上体右转，左脚尖内扣；右手画弧右摆，两手平举于身体两侧；头随右手移动。

2）抱球收脚：左腿屈膝，重心左移，右脚收成丁步；两手成左抱球状。

3）弓步棚臂：同第七式中的弓步棚臂，但左右相反。

4）转体摆臂：同第七式中的转体摆臂，但左右相反。

5）转体后捋：同第七式中的转体后捋，但左右相反。

6）后坐引手：同第七式中的后坐引手，但左右相反

7）弓步前按：同第七式中的弓步前按，但左右相反。

（a）（b）（c）（d）（e）（f）（g）（h）

图 11-33　第八式

9. 第九式：单鞭（如图 11-34 所示）

单鞭、云手

1）转体运臂：上体左转，左腿屈膝，右脚尖内扣；左手向左画弧，掌心向外，右手向左画弧至左肘前，掌心转向上：视线随左手移动。

2）勾手收脚：上体右转，右腿屈膝，左脚收成丁步；右手向上、向右画弧，至身体右前方变成勾手，腕高与肩平，左手向下、向右画弧至右肩前，掌心转向内；眼视勾手。

3）弓步推掌：上体左转，左脚向左前方迈出成左弓步；左手经面前翻掌向前推出。

10. 第十式：云手（如图 11-35 所示）

1）转体松勾：上体右转，左脚尖内扣；左手向下、向右画弧至右肩前，掌心向内，右勾手松开变掌。

（a）

（b）

图 11-34　第九式

（a）

（b）

图 11-35　第十式

2）左云收步：上体左转，重心左移，右脚向左脚收拢，两腿屈膝半蹲，两脚平行向前成小开立步；左手经头前向左画弧运转，掌心渐渐向外翻转，右手向下、向左画弧运转，掌心渐渐向内；视线随左手移动。

3）右云开步：上体右转，重心右转，左脚向左横开一步，脚尖向前；右手经头前向右画弧运转，掌心逐渐由内转向外，左手向下、向右画弧，停于右肩前，掌心渐渐翻转向内；视线随右手移动。

4）左云收步：同 2）左云收步。

5）右云开步：同 3）右云开步。

6）左云收步：同 2）左云收步。

11. 第十一式：单鞭（如图 11-36 所示）

1）转体勾手：上体右转，重心右移，左脚跟提起；右手向上、向右画弧，至右前方掌心翻转变勾手；左手向下、向右画弧至右肩前，掌心转向内；眼视勾手。

2）弓步推掌：同第九式中的弓步推掌。

（a）

（b）

图 11-36　第十一式

高探马、右蹬脚

12. 第十二式：高探马（如图 11-37 所示）

1）跟步翻手：后脚向前收拢半步；右手勾手松开，两手翻转向上，肘关节微屈。

2）虚步推掌：上体稍右转，重心后移，左脚稍向前移成左虚步；上体左转，右手经头侧向前推出；左臂屈收至腹前，掌心向上。

13. 第十三式：右蹬脚（如图 11-38 所示）

1）穿手上步：上体稍左转，左脚提收向左前方迈出，脚跟着地；右手稍向后收，左手经右手背上方向前穿出，两手交叉，左掌心斜向上，右掌心斜向下。

2）分手弓步：重心前移成左弓步；上体稍右转，两手向两侧画弧分开，掌心皆向外；眼视右手。

3）抱手收脚：右脚成丁步；两手向腹前画弧相交合抱，举至胸前，右手在外，两掌心皆转向内。

4）分手蹬脚：两手心向外撑开，两臂展于身体两侧，肘关节微屈，腕与肩平；左腿支撑，右腿屈膝上提，脚跟用力慢慢向前上方蹬出，脚尖上勾，膝关节伸直，右腿与右臂上下相对，方向为右前方约 30°；眼视右手。

14. 第十四式：双峰贯耳（如图 11-39 所示）

双峰贯耳、左蹬脚

1）屈膝并手：右小腿屈膝回收，左手向体前画弧，与右手并行落于右膝上方，掌心皆转向上。

2）弓步贯掌：右脚下落向右前方上步成右弓步；两手握拳经两腰侧向上、向前画弧摆至头前，两臂半屈成钳形，两拳相对，同头宽，拳眼斜向下。

图 11-37　第十二式

图 11-38　第十三式

图 11-39　第十四式

15. 第十五式：转身左蹬脚（如图 11-40 所示）

1）转体分手：重心后移，左腿屈坐，上体左转，右脚尖内扣；两拳松开，左手向左画弧，两手平举于身体两侧，掌心向外；眼视左手。

2）抱手收脚：重心右移，右腿屈膝后坐，左脚收至右脚内侧成丁步；两手向下画弧交叉合抱，举至胸前，左手在外，两手心皆向内。

3）分手蹬脚：同第十三式中的分手蹬脚，但左右相反。

（a）

（b）

图 11-40　第十五式

16. 第十六式：左下势独立（如图 11-41 所示）

左右下势独立

1）收脚勾手：左腿屈收于右小腿内侧；上体右转，右臂稍内合，右手变勾手，左手画弧摆至右肩前，掌心向右；眼视勾手。

2）仆步穿掌：上体左转，右腿屈膝，左腿向右前方伸出成左仆步；左手经右肋沿左腿内侧向左穿出，掌心向前，指尖向左；眼视左手。

3）弓步起身：重心移向左腿成左弓步；左手前穿并向上挑起，右勾手内旋，置于身后。

4）独立挑掌：上体左转，重心前移，右腿屈膝提起成左独立步；左手下落按于左胯旁，右勾手下落变掌，向体前挑起，掌心向左，高于眼平，右臂半屈成弧。

17. 第十七式：右下势独立（如图 11-42 所示）

1）落脚勾手：右脚落于左脚右前方，脚前掌着地，上体左转，左脚以脚掌为轴随之扭转；左手变勾手向上提举于身体左侧，高与肩平，右手画弧摆至左肩前，掌心向左；眼视勾手。

2）仆步穿掌：同第十六式中的仆步穿掌，但左右相反。

3）弓步起身：同第十六式中的弓步起身，但左右相反。

图 11-41　第十六式

图 11-42　第十七式

18. 第十八式：左右穿梭（如图 11-43 所示）

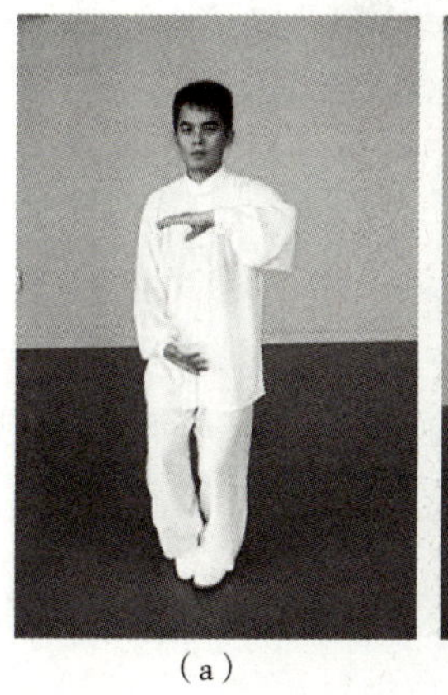
（a）

（b）

（c）

图 11-43　第十八式

左右穿梭

（1）右穿梭

1）落脚抱球：左脚向左前方落步，脚尖外撇，上体左转；两手呈左抱球状。

2）弓步架推：上体右转，右脚向右前方上步成右弓步；右手向前上方画弧，翻转上举，架于右额前上方，左手向后下方画弧，经肋前推至体前，高与鼻平；眼视左手。

（2）左穿梭

1）抱球收脚：重心稍后移，右脚尖外撇，左脚收成丁步；上体右转，两手在右肋前上下相抱。

2）弓步架推：同右穿梭中的弓步架推，但左右相反。

19. 第十九式：海底针（如图 11-44 所示）

海底针、闪通背

1）跟步提手：右脚向前收拢半步，随之重心后移，右腿屈坐；上体右转，右手下落屈臂提至耳侧，掌心向左，指尖向前，左手向右画弧下落至腹前，掌心向下，指尖斜向右。

2）虚步插掌：上体左转向前俯身，左脚稍前移成左虚步；右手向前下方斜插，左手经膝前画弧搂过，按至左大腿侧；眼视右手。

20. 第二十式：闪通背（如图 11-45 所示）

1）提手收脚：上体右转，恢复正直；右手提至胸前，左手屈臂收举，指尖贴近右腕内侧；左脚收至右脚内侧。

2）弓步推掌：左脚向前上步成左弓步；左手推至体前，右手撑于头侧上方，掌心斜向上，两手分展；眼视左手。

图 11-44　第十九式

图 11-45　第二十式

转身搬拦捶

21. 第二十一式：转身搬拦捶（如图 11-46 所示）

1）转体扣脚：重心后移，右腿屈坐，左脚尖内扣；身体右转，右手摆至体右侧，左手摆至头左侧，掌心均向外；眼视右手。

2）坐腿握拳：重心左移，左腿屈坐，右腿自然伸直；右手握拳向下、向左画弧停于左腿前，拳心向下，左手举于左额前；眼向前平视。

3）踩脚搬拳：右脚提收至左脚内侧，再向前迈出，脚跟着地，脚尖外撇；右拳经胸前向前搬压，拳心向上，高与胸平，肘部微屈，左手经右前臂外侧下落，按于左胯旁；眼视右拳。

4）转体收拳：上体右转，重心前移，右拳向右画弧至体侧，拳心向下，左臂外旋，向体前画弧，掌心斜向上。

5）上步拦掌：左脚向前上步，脚跟着地；左掌拦至体前，掌心向右，右拳翻转收至腰间，拳心向上；眼视左掌。

6）弓步打拳：上体左转，重心前移成左弓步；右拳向前打出，肘微屈，拳眼向上，左手微收，掌指附于右前臂内侧，掌心向右。

（a）

（b）

（c）

图 11-46 第二十一式

22. 第二十二式：如封似闭（如图 11-47 所示）

1）穿手翻掌：左手翻转向上，从右前臂下向前穿出；同时右拳变掌，也翻转向上，两手交叉举于体前。

2）后坐收掌：重心后移，两臂屈收后引，两手分开收至胸前，与胸同宽，掌心斜相对；眼视前方。

3）弓步按掌：重心前移成左弓步；两掌经胸前弧线向前推出，高与肩平，宽与肩同。

如封似闭、十字手、收势

（a）

（b）

（c）

图 11-47 第二十二式

23. 第二十三式：十字手（如图 11-48 所示）

1）转体扣脚：上体右转，重心右移，右腿屈坐，左脚尖内扣；右手向右摆至头前，两手心皆向外；眼视右手。

2）弓腿分手：上体继续右转，右脚尖外撇侧弓，右手继续画弧至身体右侧，两臂侧平举，手心皆向外；眼视右手。

3）交叉搭手：上体左转，重心左移，左腿屈膝侧弓，右脚尖内扣；两手画弧下落，交叉上举成斜十字形，右手在外，手心皆向内。

4）收脚合抱：上体转正，右脚提起收拢半步，两腿慢慢直立；两手交叉合抱于胸前。

24. 第二十四式：收势（如图 11–49 所示）

1）翻掌分手：两臂内旋，两手翻转向下分开，两臂慢慢下落停于身体两侧；眼视前方。

2）并脚还原：左脚轻轻收回，恢复成预备姿势。

（a）

（b）

图 11–48　第二十三式

（a）

（b）

图 11–49　第二十四式

（四）散打实战姿势和基本步法

1. 准备姿势

两脚前后开立，略比肩宽，两脚尖微内扣，两膝微屈，重心在两腿之间。正架为左脚在前，反架为右脚在前，个人可根据习惯选择正架或反架。一般是右拳力大，右脚在后（本教材均采用正架姿势）；两手左前、右后握拳，拳眼均朝上，左臂弯曲，肘关节夹角在 90°~110°，左拳与鼻同高，右臂弯曲关节夹角小于 90°，上臂贴于右侧肋部；身体侧立，下颌微收，闭嘴合齿，面部和左肩、左拳正对对手。

动作要领：实战势需从实战出发。因此，要便于进攻和防守，并便于移动。姿势不可太低，重心控制在两腿之间，两手紧护躯体，尽量缩小暴露给对手的部位。

2. 基本步法

（1）前滑步（如图 11–50 所示）

预备势：右脚在前，实战准备姿势。

动作说明：右脚蹬地，左腿向前跨步，随即右脚跟提起，脚掌擦地向前后成实战准备姿势。

动作要领：前进时上体稍前倾，动作迅速，步距要大，故有“前进一丈，后退八尺”之说。移动时重心要平稳，特别是向前时身体起伏不要太大，脚掌尽量贴近地面，两脚之

图 11–50　前滑步

间保持一定距离。

（2）前疾步

散打基本步法

预备势：左脚在前，实战准备姿势。

动作说明：左脚蹬地，右腿向前跨步，随即左脚跟提起，脚掌擦地向前，右脚落地，随即左脚落于右脚前，实战准备姿势。

动作要领：前进时上体稍前倾，动作迅速，步距要大。移动时重心略有起伏，但向前时身体起伏不要太大，脚掌尽量贴近地面。

（3）反向上步

预备势：左脚在前，实战准备姿势。

动作说明：右脚掌擦地从左腿后向前跨步，落于左脚前方，左脚向前跨出落地成实战准备姿势。

动作要领：反向上步时身体重心略降，重心整体平稳。

（4）正上步

预备势：左脚在前，实战准备姿势。

动作说明：左脚掌蹬地，右脚掌擦地从左腿前向前跨步，落于左脚前方，左脚向前跨出落地成实战准备姿势。

动作要领：同反上步。

散打基本拳法

（五）散打基本拳法

1. 冲拳（直拳）（如图 11–51 所示）

以左冲拳为例，由实战姿势开始，右脚微蹬地面，重心微向前脚移动，上体微向右转，同时左臂由屈到伸并内旋 90°，直线向前冲出，力达拳面。

2. 掼拳（摆拳）（如图 11–52 所示）

以右掼拳为例，右脚蹬地，扣膝合胯，上体微右转，带动右拳由右方经前成平面弧形向左横击，大小臂夹角 90°～110°，拳眼朝下，力达拳面。

3. 鞭拳（如图 11–53 所示）

以右鞭拳为例，右脚蹬地，上体微向左转，同时右拳向左、向前、向外成平面弧形横击，臂微屈，拳心朝下，力达拳背。

图 11–51　冲拳

图 11–52　掼拳

图 11–53　鞭拳

4. 劈拳（如图 11–54 所示）

以右劈拳为例，右脚蹬地，上体右肩微向后转，同时右拳向上、向前、向下画弧劈出，臂微屈，拳心朝下，力达拳眼。

5. 抄拳（下勾拳）（如图 11-55 所示）

以右抄拳为例，右脚蹬地，重心微下降，带动右拳向下、向前、向上成弧形击打，大小臂之间夹角小于 110°，力达拳面或偏于拳眼侧。

图 11-54　劈拳

图 11-55　抄拳

（六）基本腿法及组合动作

1. 正蹬腿（如图 11-56 所示）

以左蹬腿为例，右腿微屈支撑，左腿提膝抬起，勾脚，当膝稍高于髋时，以脚领先向前蹬出，髋微前送，力达脚掌。

散打基本腿法

2. 侧踹腿（如图 11-57 所示）

以左踹腿为例，身体重心移向右腿，右腿微屈，左腿屈膝抬起与髋同高，小腿外翻，脚尖勾起，由屈到伸向前踹出，上体微侧倾，力达脚底。

图 11-56　正蹬腿

（a）

（b）

图 11-57　侧踹腿

3. 鞭腿（横踢腿）（如图 11-58 所示）

以右鞭腿为例，左腿微屈支撑，上体稍向左倾斜，右腿屈膝向左侧摆起，扣膝，绷脚背，随即向前挺膝弹踢小腿，力达脚背至小腿前下端。

（a）

（b）

图 11-58　鞭腿

4. 正蹬鞭腿组合动作

以右式实战准备姿势为例，起左脚正蹬，落地后直接起右鞭腿，落地成右式实战准备姿势。

5. 反上步鞭拳组合动作

以左式实战准备姿势为例，右脚做反上步，身体向前旋转，带动右手做右手鞭拳，回收成右式实战准备姿势。

散打基本组合动作

（七）摔法基本动作与实战练习

1. 抱腿前顶摔（如图 11-59 所示）

双方由实战姿势开始，上右步，身体下潜闪躲，两手抱对方右腿膝窝下部，用力加拉，同时用右肩前顶对方大腿根部或腹部，将对方摔倒。

（a）

（b）

图 11-59　抱腿前顶摔

2. 抱腰过背摔（如图 11-60 所示）

对方冲拳，立即以左手挂挡，右臂由对方左腋下穿过，搂抱对方后腰；左手抓握对方右前臂，然后身体后转，右脚向后插半步，两腿屈膝，臀部抵住对方小腹。紧接着两腿蹬伸，弓腰，头向右转，将对方背起后摔倒。

（a）

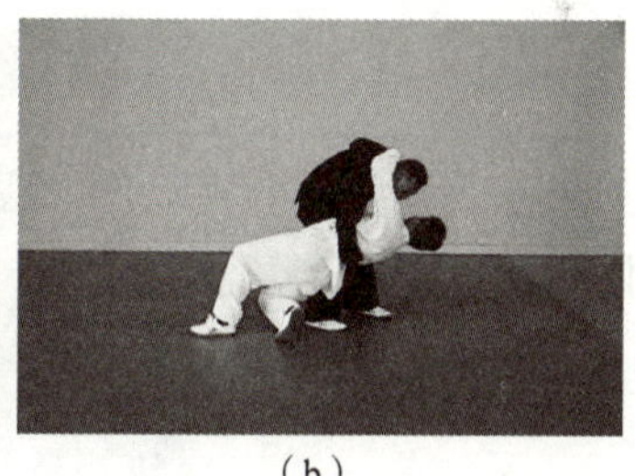
（b）

图 11-60　抱腰过背摔

3. 实战练习

根据技术动作的掌握程度，在教师指导下，进行实战练习。

【练习一】

1. 练习目标

1）初步掌握武术的基本手型、手法、步型、腿法。

2）初步了解武术动作和武术背景。

3）激发学生自我表现水平和创造力。

2. 练习内容

1）手型变换练习。

2）踢腿与柔韧性练习交替进行。

3. 练习要求

1）练习时切忌用力过猛，急于求成，要循序渐进。

2）手型要动作到位，注意练习节奏。

3）踢腿时必须保持身形，做到收腹拔腰。

【练习二】

1. 练习目标

1）初步掌握武术五步拳套路动作方法。

2）培养学生吃苦耐劳的优良品质。

3）感受合作的快乐，并逐步建立和谐的人际关系。

2. 练习内容

1）教师引领下分解动作练习。

2）教师引领下完成动作练习。

3）分组进行完整动作练习。

4）分组进行互评动作练习。

5）教师引领下完整套路练习。

6）分组进行完整套路练习。

3. 练习要求

1）动作由慢到快，先掌握身形、手法，运行路线，逐步掌握节奏。

2）手眼身法步不变。

【练习三】

1. 练习目标

1）初步掌握二十四式太极拳套路动作方法。

2）培养学生团结协作意识。

3）掌握并利用武术的特点和科学锻炼身体方法，能够欣赏武术比赛，自觉地自我锻炼。

2. 练习内容

1）教师引领下分解动作练习。

2）教师引领下完成动作练习。

3）分组进行完整动作练习。

4）分组进行互评动作练习。

5）教师引领下完整套路练习。

6）分组进行完整套路练习。

3. 练习要求

1）太极拳学习要先方后圆，先掌握身形、手法、运行路线，逐步掌握节奏。

2）注意手眼身法步的配合、呼吸与动作的配合。

【练习四】

1. 练习目标

1）初步掌握散打的基本步法。

2）培养学生对散打的兴趣，鼓励参与该项目。

3）激发学生的创造力和拼搏精神。

2. 练习内容

1）教师引领下分解动作练习。

2）教师引领下完成动作练习。

3）分组进行完整动作练习。

4）分组进行互评动作练习。

3. 练习要求

1）步法轻巧灵活，保持重心稳定。

2）练习步法时要从实战出发，提高实用性。

【练习五】

1. 练习目标

1）初步掌握散打的基本拳法。

2）增强学生体质，培养学生综合素质，促进其身心和谐发展。

2. 练习内容

1）教师引领下分解动作练习。

2）教师引领下完成动作练习。

3）分组进行完整动作练习。

4）分组进行互评动作练习。

5）徒手重复性的拳法练习（实战准备姿势和双脚平行站位）。

6）重复性的打靶练习（移动靶和固定靶）。

7）拳法实战应用练习。

3. 练习要求

1）注意发力的协调性、完整性。

2）练习拳法时要从实战出发，提高实用性。

【练习六】

1. 练习目标

1）初步掌握散打的基本腿法。

2）培养学生克服困难、顽强果敢、坚忍不拔的优良品质。

2. 练习内容

1）教师引领下分解动作练习。

2）教师引领下完成动作练习。

3）动作特殊形态下的定位练习。

4）分组进行完整动作练习。
5）分组进行互评动作练习。
6）徒手重复性的腿法练习。
7）重复性的打靶练习（移动靶和固定靶）。
8）腿法实战应用练习。

3. 练习要求

1）腿法练习时要与步法相结合。
2）练习腿法时要从实战出发，提高实用性。

【练习七】

1. 练习目标

1）初步掌握散打的基本摔法。
2）通过参与专项锻炼，提高学生体能。
3）掌握并利用武术散打运动的特点，科学地锻炼身体。

2. 练习内容

（1）倒地练习

1）前滚翻练习。以背、腰、臀、脚依次着地向前滚翻。
2）后滚翻练习。按臀、背、脚的顺序依次着地，向后滚翻。
3）背摔练习。整个动作的过程中要抬头、憋气，全身紧张用力。
4）前倒练习。整个动作的过程中要抬头、憋气，全身紧张用力。
5）后倒练习。挺腹勾头憋气，以臂、肩及背部着地。
6）侧倒练习。以左脚、右手臂、体侧着地。
7）抢背练习。以右肩、背、腰、臀依次向前团身滚翻。

（2）技术的“空摔”练习

可先将摔法动作技术脱离对手后编成单练动作，然后反复练习，初步掌握动作要领。

（3）进靶练习

两人配对，一人起腿，另一人则练习接腿。

（4）摔靶练习

1）摔死靶练习。两人配对，一人做摔靶者。摔靶者反复运用某个摔法将对方摔倒。打固定靶练习是一种利用打沙包、摔跤人等辅助性器材作为击打目标的练习。

2）摔活靶练习。不停地移动，摔靶者逼近后将对方摔倒，使训练与实战更加接近。

（5）喂招练习

两人配对，一方起鞭腿进攻，另一方迅速接腿然后实施别摔。练习中要求喂招队员动作由慢到快，力量由轻到重，逐步向实战靠近。

（6）实战练习（条件限制下的实战和比赛规则下的实战）

3. 练习要求

1）做各种动作时安全第一，必须在教师安排下进行。
2）实战时做好必要的防护措施。
3）禁止喧嚣打闹。

四、武术课程考核评价标准

（一）武术课程考核评价内容及项目比重（如表 11–1 所示）

表 11–1　武术课程考核评价内容及项目比重

分类	比重/%	内容
平时考评	20	考勤、课堂表现、课下练习作业
理论考评	20	武术运动概述，太极拳和散打基本理论、竞赛组织与编排、裁判法、运动损伤的处理
素质考评	20	大学生健康测试项目达标
技能考评	40	二十四式太极拳、散打基本技术

考评形式：平时、理论、素质、技能四项成绩相加。

考评标准：百分制，20+20+20+40＝100（分）。

（二）武术运动技能考核标准

1. 二十四式简化太极拳

考评形式：技术动作。

考评标准：百分制，如表 11–2 所示。

考评要求：

1）完成二十四式简化太极拳完整套路；

2）独立完成。

表 11–2　二十四式简化太极拳评分标准

二十四式简化太极拳评分标准	得分
能熟练完成二十四式简化太极拳技术动作，姿势正确，运行线路舒展准确，节奏明显，内含劲道，手眼配合好	96～100
能熟练完成二十四式简化太极拳技术动作，姿势基本正确，运行线路准确，有节奏感，劲道不明显，做到手眼基本配合	90～95
能完成二十四式简化太极拳技术动作，姿势基本正确，运行线路基本准确，没有明显节奏感，劲道不明显，没有手眼配合	80～89
能完成二十四式简化太极拳技术动作，姿势有少量错误，运行线路没完全到位，没有节奏感，没有劲道，没有手眼配合	70～79
能完成二十四式简化太极拳技术动作，姿势有较多错误，运行线路不到位，没有节奏感，没有劲道，没有手眼配合	60～69
不能完成二十四式简化太极拳技术动作	60 分以下

2. 散打

考评形式：技术动作。

考评标准：百分制，如表 11-3 所示。

考评要求：

1）完成一种拳法、一种腿法、一种组合动作。

2）采用抽签形式决定考试内容。

表 11-3　散打技术动作评分标准

散打技术动作评分标准	得分
拳法、腿法动作正确，发力顺达，速度快，组合动作连贯、协调，攻防意识明显	96~100
拳法、腿法、摔法动作比较正确，发力较合理，速度较快，组合动作较连贯、协调	90~95
拳法、腿法动作基本正确，发力一般，速度较一般，组合动作连贯一般	80~89
拳法、腿法动作基本正确，发力不顺，速度较慢，组合动作连贯一般	70~79
拳法、腿法动作不正确，速度慢，发力僵硬，组合动作不能连贯	60~69
拳法、腿法动作错误，组合动作不能完成	60 分以下

课外实践

1. 制订一份二十四式太极拳训练计划。

2. 制订一份散打训练计划。

3. 若条件允许，可组织进行太极拳表演赛、散打对抗赛、女子防身术实战演习等，其规模、规则等可以视具体情况而定。

知识拓展

解析霍元甲深奥武功之谜

霍元甲是清朝末年的一位武术家，不仅为我国武林界人士所敬仰，而且在国外也享有盛名。他曾在天津惊走俄国大力士，在上海吓跑美国力士奥匹音，还在日本武道馆技胜日本武士，后在上海创办"精武体育会"，弘扬中华武术，被载入了历史史册。然而霍元甲幼年时秉性谦良，体弱多病，其父认为他生性怯懦，不是练武的材料，因此，连祖传的"霍家拳"都不传授给他。那么，霍元甲的深奥武功是从哪里学来的？

霍元甲之父霍恩弟武艺超群，颇有名望。由于武林中的门派之争，所以对于祖传的绝招十分保守。霍恩弟秘密传授霍元甲的两个哥哥，要求十分严格，一招一式、一拳一脚，一丝不苟。因霍元甲生下来瘦小，且疾病不断，霍恩弟只准他读书，严禁习武。霍元甲对武功很感兴趣，父亲的做法大大刺伤了他的自尊心，他暗中发誓一定要习武强身。于是，当父亲在后院教授哥哥武功时，霍元甲便趴在墙头上偷看，把招招式式牢记在心。霍家村西边有一片枣树林，里面是坟地，人迹罕至。霍元甲晚上便到枣园深处，细细揣摩白天偷看到的招式，直到心领神会。如此日复一日，年复一年，霍元甲既精通霍家拳，还果敢地探求名家拳法。

当时切磋武艺之风盛行，来霍家比武的人陆续不断。一天，一位高手来到霍家，要求领教霍家拳的威力，并非要决出高低不可。霍恩弟让二儿子与其比试。来者不善，招招使出“舍命招”来取胜，几招后二儿子已被击伤。霍恩弟亲自与其较技，果然难以取胜。这时只听“父亲稍歇，待孩儿与他比试”，话音刚落，霍元甲已跳入圈内。霍家父子大吃一惊，“这不是去送死吗?”说时迟那时快，霍元甲已与对手交上手了。做父亲的及两个哥哥全傻眼了，霍元甲的招数既像霍家拳又不同于霍家拳。他们还来不及细想，对手已只剩下招架之势，霍元甲直逼对手，使其无法出招，已是束手待毙了。但霍元甲点到为止，未下重手，来者感激不尽，止手服输并连连地赞道：“霍家拳名不虚传。”其实，霍元甲的霍家拳已有标新之术，连霍家父兄都深感出奇，经询问，霍元甲如实说出武艺练自枣园的经过。霍父感慨地说：“少年不激不发，有志者事竟成。”此后，对他精心指导。霍元甲得到点拨，又博览群书，深悟拳经，细究拳理，把其他门派中的招法也融进霍家拳，创出不拘一格、变幻莫测的“迷踪艺”这一有名的拳种。

健身气功运动

学习目标

1. 获得健身气功知识；
2. 掌握健身气功运动技能；
3. 促进身体和心理健康发展；
4. 提高科学文化素质和社会适应能力。

一、健身气功运动竞赛规则及裁判法

第一章　健身气功竞赛规则

第一节　竞赛通则

第一条　竞赛类别

一、个人赛。

二、集体赛。

三、团体赛。

第二条　竞赛项目

一、国家体育总局编创的健身气功。每套功法为一个比赛项目。

(一) 健身气功·易筋经。

(二) 健身气功·五禽戏。

(三) 健身气功·六字诀。

(四) 健身气功·八段锦。

二、自选功法。

第三条　竞赛年龄分组

一、老年组：60 周岁以上（含 60 周岁）；

二、中年组：40 周岁至 59 周岁；

三、青年组：18 周岁至 39 周岁；

四、少年组：12 周岁至 17 周岁；

第四条　套路完成时间的规定

一、比赛项目完成的时间为 5 至 7 分钟。

二、表演项目完成的时间由竞赛规程规定。

第五条　配乐

配乐曲可以根据功法自行选择，但是不可以使用带有名称或口令的音乐。

第六条　参赛服装

一、参赛运动员服装自备。

二、参加集体赛运动员着装样式、颜色统一。

三、参加个体赛运动员着装样式、颜色不限，鞋为健身运动类鞋，均须佩戴大会统一发放的竞赛号码布。

第七条　进场、退场、起势、收势

一、运动员听到点名后，应立即进场待裁判长示意后，即可走向起势位置。

二、运动员完成整套动作后，须并步收势，再转向裁判长，待裁判长示意后退场。

第八条　计时运动员由静止姿势开始肢体动作，计时开始；结束全套动作后并步站立，计时结束。

第九条　参赛礼仪

参赛队员听到上场点名和完成比赛项目后，以及宣布比赛得分时，应向裁判长施礼。

第十条　示分办法

个人赛和集体赛的比赛成绩施行公开示分。

第十一条　比赛顺序

在竞赛委员会和总裁判长的监督下，由编排记录组组织参赛队领队或教练参加抽签，决定比赛的顺序。

第十二条　赛前检录

参赛队员在赛前30分钟到达指定地点报到，参加第一次检录，赛前10分钟进行第二次检录，未能按时参加检录或上场比赛按弃权处理。

第二节　名次评定

第十三条　未完成套路

运动员未完成套路不予评分。

第十四条　名次确定

一、个人单项或集体单项名次。

（一）按比赛成绩由高到低排列名次。

（二）比赛成绩得分相等时演示水平得分高者列前；如仍相等以动作规格得分高者列前；如仍相等以动作规格分平均值计算前的最高分高者列前；如仍相等名次并列。

二、团体名次。

（一）按比赛成绩由高到低排列名次。

（二）团体总分相等时以集体项目总分高者列前，如仍相等以单项赛名次高者列前，如仍相等名次并列。

第十五条　得分相等的处理

一、个人单项（含对练）得分相等时，按下列顺序决定名次：

1. 两个无效分数的平均值接近有效分数的平均值者列前。

2. 两个无效分数的平均值高者列前。

3. 两个无效分数中，低无效分数高者列前。

二、个人全能得分相等时，以比赛获单项第一名多者列前；如仍相等，则以获得第二名多者列前，以此类推；如获得所有名次均相等，则并列。

三、集体项目得分相等时，以团体总分多者列前，如仍相等则并列。

四、团体总分相等时，以全队获得单项第一名多者列前；如仍相等，则以获得第二名多者列前，以此类推；如获得单项名次均相等，则并列。

第三节　场地

第十六条　竞赛场地

一、单练的竞赛场地为长 14 米，宽 8 米，场地四周应标明 5 厘米宽的白色边线，场地的长和宽均由边线的外沿开始计算。场地周围至少应有 2 米宽的安全区。

二、集体项目的竞赛场地为长 16 米，宽 14 米，场地四周应标明 5 厘米宽的白色边线，场地的长和宽均由边线的外沿开始计算。场地周围至少应有 1 米宽的安全区。

第二章　健身气功裁判法

第一节　评分方法

第一条　评分裁判员的组成

由评判动作规格的裁判员三至五名和评判演练水平的裁判员三至五名组成。

第二条　评分方法

一、动作规格采取扣分制和演练水平采取给分制的方式进行评分。

二、各项比赛的满分为 10 分；动作质量和演练水平的分值各为 5 分。

三、评判动作规格的裁判员根据运动员现场完成动作时出现的各种错误，进行扣分。

四、评判演练水平的裁判员根据运动员整套的现场演练，评定等级分数。

五、裁判长负责裁判长执行扣分的评判。

第三条　应得分数的确定

（一）动作质量应得分、演练水平应得分之和即为运动员的应得分数。

（二）三个裁判员评分，取三个分数的平均值为运动员的应得分；四至五个裁判员评分，去掉最高分和最低分，取中间两个或三个分数的平均值为运动员的应得分。

（三）运动员的应得分数只取到小数点后两位数，小数点后第二位数必须是 0 或 5。

第四条　最后得分的确定

裁判长从运动员的应得分中减去“裁判长的扣分”，即为运动员的最后得分。

第二节　评分标准

第五条　评分标准

一、动作质量的评分标准

（一）动作规格的扣分

凡动作（手型、步型、身型、手法、步法、身法、腿法、平衡等）、口型和发音出现与规格要求轻微不符者，每出现一次扣 0.1 分；与规格要求显著不符者，每出现一次扣 0.2 分；同一错误在同一动作中出现多次，同一动作出现多种错误或多人次在同一动作中出现错误，累计扣分最高为 0.4 分。

（二）其他错误扣分

对运动员临场出现的其他错误，根据“其他错误内容及扣分标准“予以扣分（详见其他错误内容及扣分标准表）。在一个动作中，同时发生两种以上其他错误，应累积扣分。

其他错误内容及扣分标准表

错误种类	错误内容及扣分标准		
	扣 0.1 分	扣 0.2 分	扣 0.3 分
服饰、头饰影响动作效果	服装开纽或撕裂； 服饰、头饰掉地	鞋脱落	
平衡	上体摇晃，脚移动或跳动	附加支持	倒地
遗忘	遗忘一次	遗忘时间超过 5 秒	
其他错误	出现明显气喘或有憋气现象者； 注意力不集中		

二、演练水平的评分标准

裁判员根据各功法的特点及习练要领进行评判，分为 3 档 9 个分数段，其中：优为 5.00~4.10 分；良为 4.00 ~3.10 分；差为 3.00~2.10 分。详见演练水平的评分标准表。

演练水平的评分标准表

评分内容 \ 评分因素		演练水平
很好	1 级	5.00~4.80
	2 级	4.75~4.50
	3 级	4.45~4.10
一般	4 级	4.00~3.80
	5 级	3.75~3.50
	6 级	3.45~3.10
较差	7 级	3.00~2.80
	8 级	2.75~2.50
	9 级	2.45~2.10

（一）凡动作标准，神态自然、呼吸顺畅，意念集中，动作连贯圆活、速度适宜、演练神韵与项目特点融合，动作与音乐和谐一致，集体演练队形整齐者，视为优。

（二）凡动作较为标准，神态较为自然、呼吸较为顺畅，意念较为集中，动作较为连贯圆活、速度较为适宜、演练神韵与项目特点较为融合，动作与音乐配合较为一致，集体演练队形较为整齐者，视为良。

（三）凡动作不规范，神态不自然、呼吸不顺畅，意念不集中，动作不连贯圆活、速度不适宜、演练神韵与项目特点不融合，动作与音乐配合不一致，集体演练队形不整齐者，视为差。

三、裁判长扣分

1. 集体项目的人数，少于竞赛规程规定的人数，每少 1 人，扣 0.5 分。

2. 运动员因客观原因，造成比赛套路中断者，经裁判长许可，可重做一次，不予扣分；运动员动作遗忘、失误原因造成比赛套路中断者，可重做一次，扣 1 分。

3. 比赛不足或超出规定时间在5秒内者（含5秒）扣0.1分；在5秒以上至10秒以内者（含10秒）扣0.2分，依此类推。

第三章 健身气功动作技术风格及易犯错误

第一节 易筋经动作的技术风格及易犯错误

第一条 动作技术风格

全套功法在轻松、愉悦的情绪状态下练习，动作要求以形导气，上下贯通，左右对称，内外结合，刚柔相济，松紧转换平稳，柔缓适宜。意随形走，意气相随，眼随手行，形断意不断。呼吸以自然、平和流畅为主旨，个别动作吐音不发声。

第二条 动作名称与易犯错误

序号	动作名称	易犯错误
1	韦驮献杵第一势	①两掌内收胸前时，或耸肩抬肘或松肩坠肘；②掌面相合太紧
2	韦驮献杵第二势	两臂侧举时不呈水平状
3	韦驮献杵第三势	两掌上托时，屈肘、重心不稳
4	摘星换斗势	①目上视时挺腹；②左右臂相互不协调，动作不到位
5	倒拽九牛尾势	①两臂屈拽用力僵硬；②两臂旋拧不够
6	出爪亮翅势	①扩胸展肩不充分；②两掌前推时，不用内劲，而是用力；③呼吸不自然，强呼强吸
7	九鬼拔马刀势	①屈膝合臂时，身后之臂放松；②屈膝下蹲时，重心移至一侧；③头部左右转动幅度过大
8	三盘落地势	①手下按力量太小，下蹲幅度逐渐加大；②下蹲时注意口吐“嗨”音
9	青龙探爪势	①身体前俯时，动作过大，重心不稳，双膝弯曲；②做“龙爪”时，五指弯曲
10	卧虎扑食势	①俯身时耸肩、含胸、头晃动；②做“虎爪”时，五指未屈或过屈
11	打躬势	①体前屈和起身时，两腿弯曲，动作过快；②摇头摆臂，交叉手及重心左右移动
12	掉尾势	①身体前俯时，重心不稳；②两手回复到腹前后，脚跟没有提起

第二节 五禽戏动作的技术风格及易犯错误

第一条 动作技术风格

一、形要合乎规范

练习每一戏时，要根据动作的名称含义，做出与之相适应的动作造型。动作到位，合乎规范，努力做到“演虎像虎”“学熊似熊”。特别是动作的起落、高低、轻重、缓急、虚实要分辨清楚，不僵不滞，柔和灵活。

二、神韵形象要逼真

与其他气功功法的不同之处，是“健身气功·五禽戏”尤其注重神韵，形象要逼真。虎戏要仿效虎的威猛气势，虎视眈眈；鹿戏要仿效鹿的轻捷舒展，自由奔放；熊戏要仿效熊的憨厚刚直，步履沉稳；猿戏要仿效猿的灵活敏捷，轻松活泼；鸟戏要仿效鹤的昂首挺立，轻盈潇洒。

第二条　动作名称与易犯错误

序号	动作名称	分解动作	易犯错误
1	起势调息		①两掌上下运行，路线不合乎要求；②两臂运行时，动作僵硬，不柔和
2	虎戏	虎举	①十指撑开、屈指、外旋握拳三个环节不明显；②两拳上提下拉未在一条直线
		虎扑	①脊柱蠕动和两臂弧形运动不协调；②引腰前伸时，躯干、上肢未与地面平行
3	鹿戏	鹿抵	①腰部侧屈拧转幅度不够，上臂鹿指未超过下臂鹿指；②上步角度不准确，重心未在前腿
		鹿奔	①背部“横弓”与躯干“竖弓”不明显；②两脚收回交换不轻灵、柔和
4	熊戏	熊运	①腰腹运动未走立圆，下肢摇晃；②两掌划圆与腰腹运动不协调
		熊晃	①上步提髋动作不充分；②拧腰晃肩两腰侧未牵动
5	猿戏	猿提	①耸肩、缩胸、夹肘、提腕、收腹、提踵不充分；②重心不稳定。
		猿摘	①左顾右盼未能表现猿猴眼神的灵敏；②采摘时，肢体动作未能充分伸展
6	鸟戏	鸟伸	①两手在头前上方时，提肩、缩颈、挺胸、塌腰不充分；②后举平衡不稳定，后抬腿外摆。
		鸟飞	①两臂摆动僵硬，不柔和；②提膝平衡不稳定
7	引气归元		①两掌运行路线不清；②两掌向前拢气高于胸部

第三节　六字诀动作的技术风格及易犯错误

第一条　动作技术风格

六字诀是以呼吸吐纳为主要手段，并配以导引动作。技术风格应从整体风格，读音、口型、气息与发声、动作等几方面去体现。

一、整体风格：静中有动，安详自在，吐纳导引，协调一致。

二、读音、口型与气息：规范读音、标准口型与控制气息是“健身气功·六字诀”独特的练功方法。读音是为了规范口型，标准的口型是为了控制体内气息的出入，而不同的气息出入可以直接影响到体内不同脏腑气机的运行和变化。

三、发声："先出声，后无声"是学练"健身气功·六字诀"的基本原则。初学时，可采用吐气出声的方法，便于规范读音和标准口型。熟练后，应逐渐过渡为吐气轻声，渐至匀、细、柔、长的吐气无声状态。

四、动作：舒展大方、缓慢柔和、圆转如意，有如行云流水，婉转连绵，似人在气中、气在人中。表现出独特的宁静、阴柔之美。

第二条 基本错误

一、思想

思想不安静：精神不集中，情绪紧张焦虑。

二、读音、口型与气息

1. 过分地去做口型而忽略气息。
2. 呼吸吐纳的要领未掌握好，导致在练习过程中憋气。
3. 发音不准。
4. 声音过大。

三、动作

1. 衔接不连贯。
2. 过于僵硬，没能做到舒缓圆活。

四、动作与气息的协调

没有做到动作与气息的协调一致，吐气时间过长或过短。

第三条 动作名称与易犯错误

序号	动作名称	易犯错误
1	预备式	两膝过直或过屈，使髋膝关节紧张。挺胸抬头，目视远方
2	起势	两掌上托时，两肘向后、挺胸。两掌向前拨出时，挺胸突腹； 两掌轻覆肚脐静养时两肘后夹，紧抱肚脐
3	"嘘"字诀	穿掌、吐气不协调；穿掌向斜前方；转体时，身体重心前倾或后坐
4	"呵"字诀	两掌捧起、屈肘时，挺胸抬头
5	"呼"字诀	两掌外开时挺腰凸腹
6	"呬"字诀	立掌、展肩扩胸、藏头缩项没有按次序完成；藏头缩颈时头后仰过大
7	"吹"字诀	屈膝下蹲，两掌沿腰骶、双腿外侧下滑时，动作僵硬不自然
8	"嘻"字诀	两掌上提外开幅度过大或过小，定势动作不准确

第四节 八段锦动作的技术风格及易犯错误

第一条 动作技术风格

一、柔和缓慢，圆活连贯

1. 柔和，是指练习时动作不僵不拘，轻松自如，舒展大方。

2. 缓慢，是指身体重心平稳，虚实分明，轻飘徐缓。

3. 圆活，是指动作路线要带有弧形，不起棱角，不直来直往，符合人体各关节自然弯曲的状态。它是以腰脊为轴带动四肢运动，使上下相随，节节贯穿。

4. 连贯，是要求动作的虚实变化和姿势的转换衔接，不僵不滞，无停顿断续之处。

二、松紧结合，动静相兼

1. 松，是指习练时肌肉、关节以及中枢神经系统、内脏器官的放松。在意识的主动支配下，逐步达到呼吸柔和、心静体松，同时还要松而不懈，保持正确的姿态，并将这种放松的程度不断加深。

2. 紧，是指练习中适当用力，且缓慢进行，主要体现在前一动作的结束与下一动作的开始之前。“两手托天理三焦”的上托、“左右开弓似射雕”的马步拉弓、“调理脾胃须单举”的上举、“五劳七伤往后瞧”的转头旋臂、“攒拳怒目增气力”的冲拳与抓握、“背后七颠百病消”的脚趾抓地与提肛动作，都体现在这一点。紧在动作中只是一瞬，而放松是贯穿动作的始终。

3. 功法中的动和静主要是指身体动作的外在表现。

①动，就是在意念引导下动作轻灵活泼，节节贯穿，舒适自然。

②静，是指在动作的节分处做到沉稳，特别是在前面所讲八个动作的缓慢用力之处，在外观上看要略有停顿之感，但内劲没有停，肌肉继续用力，保持牵引伸拉。

三、神与形合，气寓其中

1. 神，是指人体的精神状态和正常的意识活动。

2. 形，是指人体的动作姿势。神与形合就是要体现出内实精神、外示安逸、虚实相生、刚柔相济，做到意动形随、神形兼备。本功法中的意识活动主要是意念动作的规格、要领。以做好动作为主，待完全掌握动作后根据动作要求适当注意某些重点穴位的意念配合。例如，丹田、命门、劳宫、大椎等。

3. 气寓其中，是指通过精神的修养和形体的锻炼，促进真气在体内的运行。习练本功法时，呼吸应顺畅，采用自然呼吸方式，不可强吸硬呼。待动作熟练后，可采取常用的腹式呼吸方法，结合动作的升降、开合适当进行配合练习。并注意用自然呼吸进行调整，顺其自然，最后达到不调而自调。

第二条　动作名称与易犯错误

序号	动作名称	易犯错误
	预备式	抱球时，大拇指上翘，其余四指朝向地面
1	两手托天理三焦	两掌上托时，抬头不够，至上举时松懈断劲
2	左右开弓似射雕	端肩，弓腰，八字脚
3	调理脾胃须单举	掌指方向不正，肘关节没有弯曲度，上体不够舒展
4	五劳七伤往后瞧	上体后仰，两肩歪斜
5	摇头摆尾去心火	摇转时，颈部僵直，尾闾摇动不圆活，幅度太小
6	两手攀足固肾腰	没有放松全身，攀足时没有直膝
7	攒拳怒目增气力	练习时，头、肩、臂、膝、脚不平正
8	背后七颠百病消	身体没有放松，脚跟就已落地

二、健身气功运动的任务与练习

（一）八段锦的动作方法

1. 预备式（如图 12-1 所示）

口诀：两足分开平行站，横步要与肩同宽，头正身直腰松腹，两膝微屈对足尖，双臂松沉掌下按，手指伸直要自然，凝神调息垂双目，静默呼吸守丹田。

（a）

（b）

预备式、第一式、第二式

图 12-1 预备式

2. 第一式：两手托天理三焦（如图 12-2 所示）

口诀：十字交叉小腹前，翻掌向上意托天，左右分掌拨云式，双手捧抱式还原，式随气走要缓慢，一呼一吸一周旋，呼气尽时停片刻，随气而成要自然。

（a）

（b）

（c）

图 12-2 第一式

第三式、第四式

3. 第二式：左右开弓似射雕（如图 12-3 所示）

马步下蹲要稳健，双手交叉左胸前，左推右拉似射箭，左手食指指朝天，势随腰转换右式，双手交叉右胸前，右推左拉眼观指，双手收回式还原。

4. 第三式：调理脾胃须单举（如图 12-4 所示）

双手重叠掌朝天，右上左下臂捧圆，右掌旋臂托天去，左掌翻转至脾关，双掌均沿胃经走，换臂托按一循环，呼尽吸足勿用力，收式双掌回丹田。

（a）

（b）

（c）

（d）

图 12-3　第二式

（a）

（b）

（c）

图 12-4　第三式

5. 第四式：五劳七伤往后瞧（如图 12-5 所示）

口诀：双掌捧抱似托盘，翻掌封按臂内旋，头应随手向左转，引气向下至涌泉，呼气尽时平松静，双臂收回掌朝天，继续运转成右式，收式提气回丹田。

（a）

（b）

（c）

图 12-5　第四式

6. 第五式：摇头摆尾去心火（如图 12-6 所示）

第五式、第六式

口诀：马步扑步可自选，双掌扶于膝上边，头随呼气宜向左，双目却看右足尖，吸气还原接右式，摇头斜看左足尖，如此往返随气练，气不可浮意要专。

(a)

(b)

(c)

(d)

图 12-6　第五式

7. 第六式：两手攀足固肾腰（如图 12-7 所示）

口诀：两足横开一步宽，两手平扶小腹前，平分左右向后转，吸气藏腰撑腰间，式随气走定深浅，呼气弯腰盘足圆，手势引导勿用力，松腰收腹守涌泉。

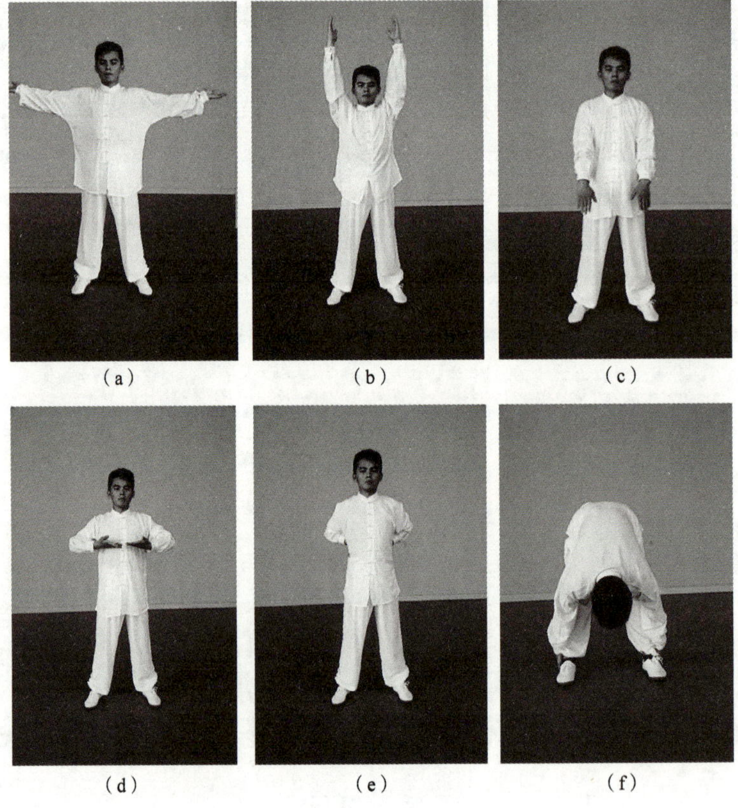
(a)　(b)　(c)　(d)　(e)　(f)

图 12-7　第六式

8. 第七式：攒拳怒目增气力（如图 12-8 所示）

口诀：马步下蹲眼睁圆，双拳束抱在胸前，拳引内气随腰转，前打后拉两臂旋，吸气收回呼气放，左右轮换眼看拳，两拳收回胸前抱，收脚按掌式还原。

（a）（b）（c）（d）（e）

图 12-8　第七式

第七式、第八式、收式

9. 第八式：背后七颠百病消（如图 12-9 所示）

口诀：两腿并立撇足尖，足尖用力足跟悬，呼气上顶手下按，落足呼气一周天，如此反复共七遍，全身气走回丹田，全身放松做颠抖，自然呼吸态怡然。

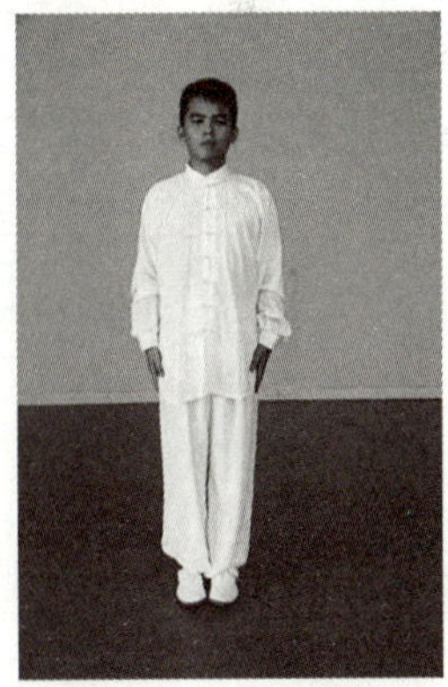

图 12-9　第八式

（二）易筋经的技术动作

1. 第一势：韦驮献杵第一势（如图 12-10 所示）

两臂屈肘，徐徐平举至胸前成抱球势，屈腕立掌，指头向上，掌心相对（10 厘米左右距离）。此动作要求肩、肘、腕在同一平面上。

2. 第二势：韦驮献杵第二势——横担降魔杵（如图 12-11 所示）

两足分开，与肩同宽，足掌踏实，两膝微松；两手自胸前徐徐外展，至两侧平举；立掌，掌心向外；吸气时胸部扩张，臂向后挺；呼气时，指尖内翘，掌向外撑。

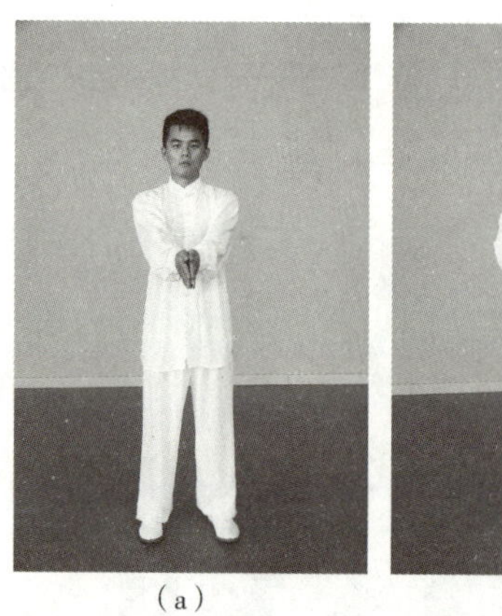

易筋经

（a）　（b）

图 12-10　韦驮献杵第一势

（a）　（b）　（c）　（d）

图 12-11　韦驮献杵第二势——横担降魔杵

3. 第三势：韦驮献杵第三势——掌托天门（如图 12-12 所示）

两脚开立，足尖着地，足跟提起；双手上举高过头顶，掌心向上，两中指相距 3 厘米；沉肩曲肘，仰头，目观掌背。舌舐上腭，鼻息调匀。吸气时，两手用暗劲尽力上托，两腿同时用力下蹬；呼气时，全身放松，两掌向前下翻。收势时，两掌变拳，拳背向前，上肢用力将两拳缓缓收至腰部，拳心向上，脚跟着地。

（a）　（b）　（c）　（d）

图 12-12　韦驮献杵第三势——掌托天门

4. 第四势：摘星换斗势（如图 12-13 所示）

右脚稍向右前方移步，与左脚形成斜八字，随势向左微侧；屈膝，提右脚跟，身向下沉，右虚步。右手高举伸直，掌心向下，头微右斜，双目仰视右手心；左臂屈肘，自然置于背后。吸气时，头往上顶，双肩后挺；呼气时，全身放松，再左右两侧交换姿势锻炼。

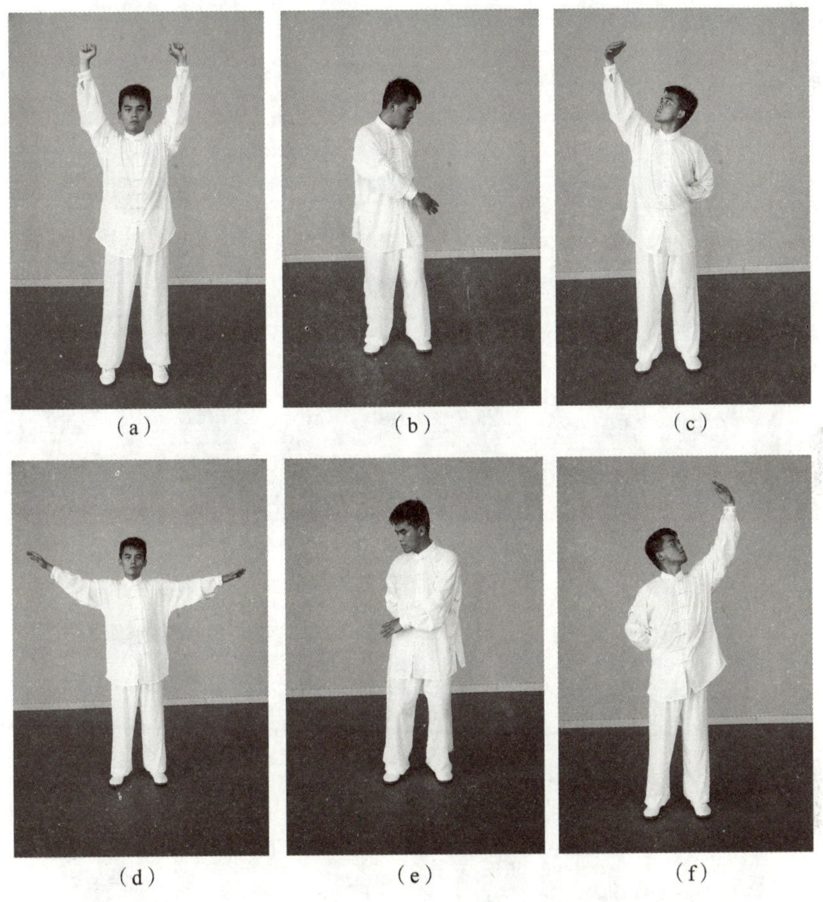

(a)　(b)　(c)　(d)　(e)　(f)

图 12-13　摘星换斗势

5. 第五势：倒拽九牛尾势（如图 12-14 所示）

右脚前跨一步，屈膝成右弓步。右手握拳，举至前上方，双目观拳；左手握拳；左臂屈肘，斜垂于背后。吸气时，两拳紧握内收，右拳收至右肩，左拳垂至背后；呼气时，两拳两臂放松还原为本势预备动作。再身体后转，成左弓步，左右手交替进行。

6. 第六势：出爪亮翅势（如图 12-15 所示）

两脚开立，两臂前平举，立掌，掌心向前，十指用力分开，虎口相对，两眼怒目平视前方，随势脚跟提起，以两脚尖支持体重。再两掌缓缓分开，上肢成一字样平举，立掌，掌心向外，随势脚跟着地。吸气时，两掌用暗劲伸探，手指向后翘；呼气时，臂掌放松。

(a) (b) (c) (d)
(e) (f) (g) (h)

图 12-14 倒拽九牛尾势

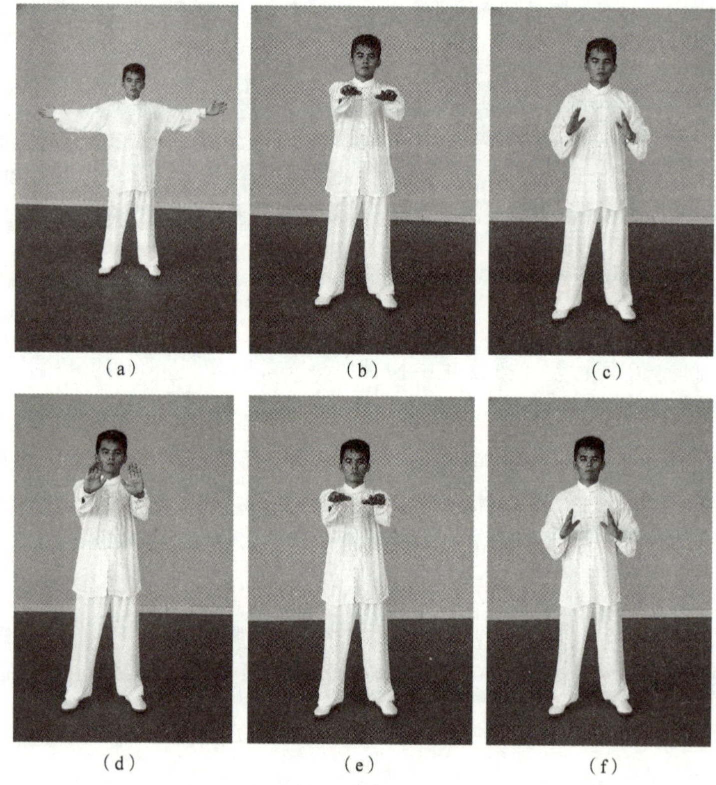
(a) (b) (c)
(d) (e) (f)

图 12-15 出爪亮翅势

7. 第七势：九鬼拔马刀（如图 12-16 所示）

脚尖相衔，足跟分离成八字形；两臂向前成叉掌立于胸前。左手屈肘经下往后，成勾手置于身后，指尖向上；右手由肩上屈肘后伸，拉住左手指，使右手成抱颈状。足趾抓地，身体前倾，如拔刀一样。吸气时，双手用力拉紧，呼气时放松。左右交换。

图 12-16　九鬼拔马刀

8. 第八势：三盘落地势（如图 12-17 所示）

左脚向左横跨一步，屈膝下蹲成马步。上体挺直，两手叉腰，再屈肘翻掌向上，小臂平举如托重物状；稍停片刻，两手翻掌向下，小臂伸直放松，如放下重物状。动作随呼吸进行，吸气时，如托物状；呼气时，如放物状。

9. 第九势：青龙探爪势（如图 12-18 所示）

两脚开立，两手成仰拳护腰。右手向左前方伸探，五指捏成勾手，上体左转。腰部自左至右转动，右手亦随之自左至右水平画圈，手画至前上方时，上体前倾，同时呼气：画至身体左侧时，上体伸直，同时吸气。左右交换，动作相反。

10. 第十势：卧虎扑食势（如图 12-19 所示）

左脚向左跨一大步，屈左膝下蹲，成左弓左仆腿势；上体前倾，双手撑地，头微抬起，目注前下方。吸气时，同时两臂伸直，上体抬高并尽量前探，重心前移；呼气时，同时屈肘，胸部下落，上体后收，重心后移，蓄势待发。如此反复，随呼吸而两臂屈伸，上体起伏，前探后收，如猛虎扑食。

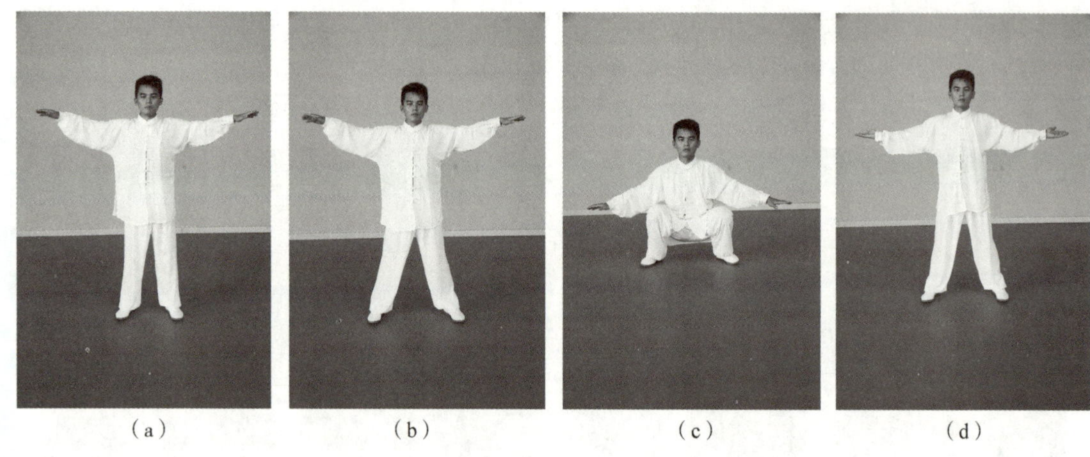

(a)　(b)　(c)　(d)

图 12-17　三盘落地势

(a)　(b)　(c)　(d)

(e)　(f)　(g)　(h)

图 12-18　青龙探爪势

图 12-19　卧虎扑食势

11. 第十一势：打躬势（如图 12-20 所示）

两脚开立，脚尖内扣。双手仰掌缓缓向左右而上，用力合抱头后部，手指弹敲小脑后片刻。配合呼吸做屈体动作；吸气时，身体挺直，目向前视，头如顶物；呼气时，直膝俯身弯腰，两手用力使头探于膝间作打躬状，勿使脚跟离地。

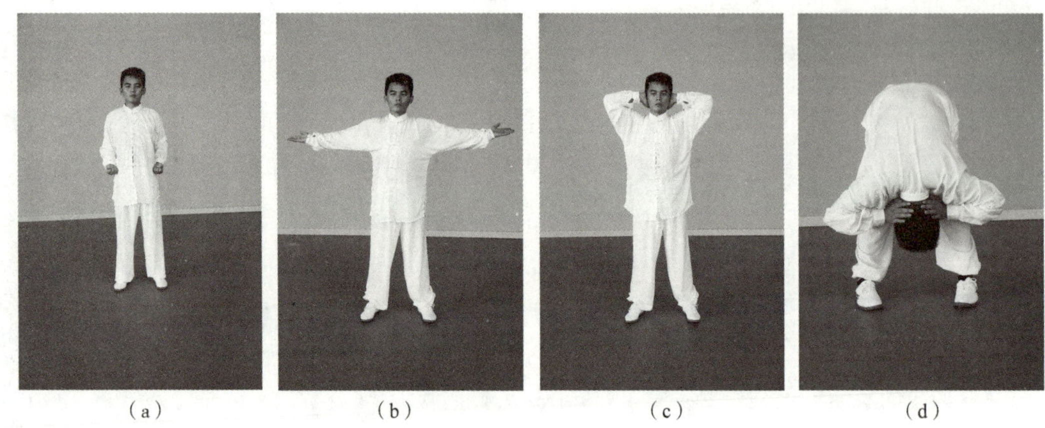

(a)　(b)　(c)　(d)

图 12-20　打躬势

12. 第十二势：掉尾势（如图 12-21 所示）

两腿开立，双手仰掌由胸前徐徐上举至头顶，目视掌而移，身立正直，勿挺胸凸腹；十指交叉，旋腕反掌上托，掌心向上，仰身，腰向后弯，目上视；然后上体前屈，双臂下垂，推掌至地，昂首瞪目。呼气时，屈体下弯，脚跟稍微离地；吸气时，上身立起，脚跟着地。

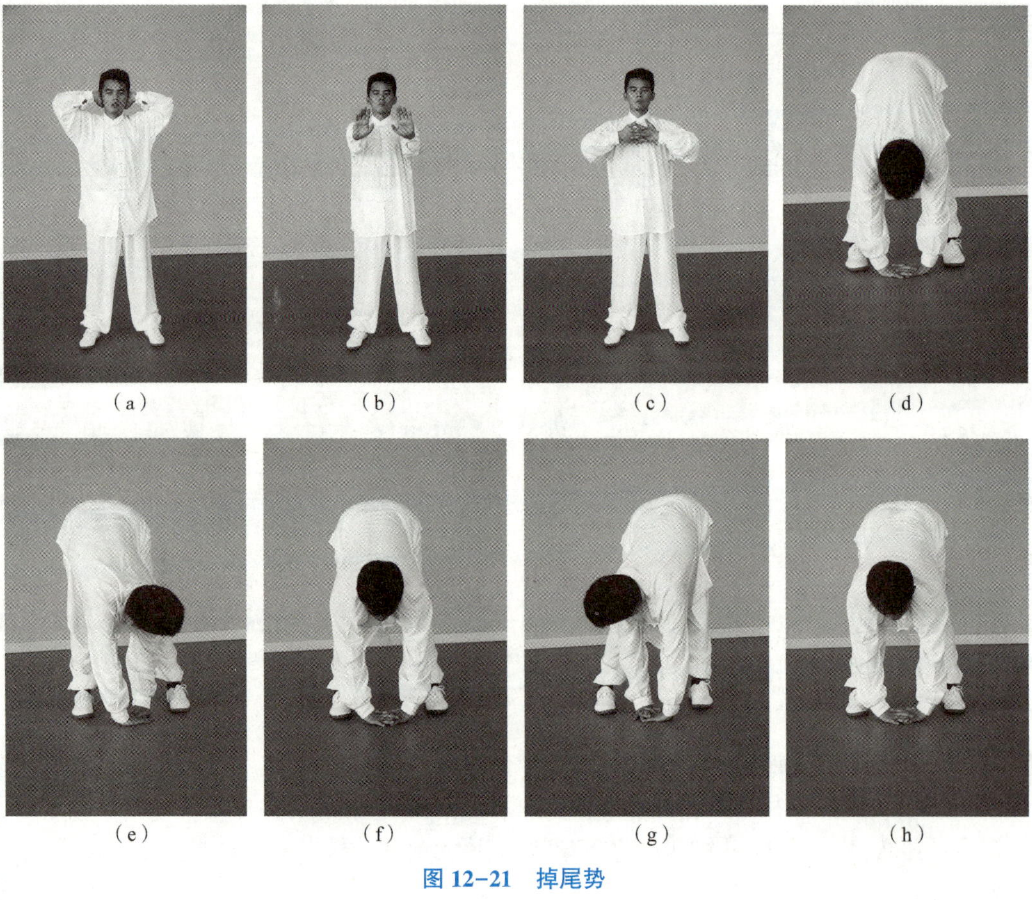

(a)　(b)　(c)　(d)

(e)　(f)　(g)　(h)

图 12-21　掉尾势

【练习一】八段锦

1. 练习目标

1）了解健身气功，初步掌握八段锦动作方法。

2）通过教学，达到调气血、强身的作用，培养学生健康、平和的心态。

3）能够配合呼吸，演练八段锦，提高柔韧、协调等素质水平。

2. 练习内容

1）教师引领下进行吞吐呼吸练习；

2）教师引领下分解动作练习；

3）教师引领下完成动作练习；

4）分组进行完整动作练习；

5）分组进行互评动作练习；

6）教师引领下完整套路练习；

7）分组进行完整套路练习。

3. 练习要求

（1）松静自然

松静自然，是练功的基本要领，也是最根本的法则。松，是指精神与形体两方面的放松。精神的放松，主要是解除心理和生理上的紧张状态；形体上的放松，是指关节、肌肉及脏腑的放松。放松是由内到外、由浅到深的锻炼过程，使形体、呼吸、意念轻松舒适无紧张之感。静，是指思想和情绪要平稳安宁，排除一切杂念。放松与入静是相辅相成的，入静可以促进放松，而放松又有助于入静，二者缺一不可。自然，是指形体、呼吸、意念都要顺其自然。

具体来说，形体自然，要合于法，一动一势要准确规范；呼吸自然，要莫忘莫助，不能强吸硬呼；意念自然，要"似守非守，绵绵若存"，过于用意会造成气滞血淤，导致精神紧张。需要指出的是，这里的"自然"绝不能理解为"听其自然""任其自然"，而是指"道法自然"，需要练习者在练功过程中仔细体会，逐步把握。

（2）准确灵活

准确，主要是指练功时的姿势与方法要正确，合乎规格。在学习初始阶段，基本身形的锻炼最为重要。本功法的基本身形，通过功法的预备式进行站桩锻炼即可，站桩的时间和强度可根据不同人群的不同健康状况灵活掌握。在锻炼身形时，要认真体会身体各部位的要求和要领，克服关节肌肉的酸痛等不良反应，为放松入静创造良好条件，为学习掌握动作打好基础。

在学习各式动作时，要对动作的路线、方位、角度、虚实、松紧分辨清楚，做到姿势工整，方法准确。灵活，是指练习时对动作幅度的大小、姿势的高低、用力的大小、练习的数量、意念的运用、呼吸的调整等，都要根据自身情况灵活掌握，特别是对老年人群和体弱者，更要注意。

（3）练养相兼

练，是指形体运动、呼吸调整与心理调节有机结合的锻炼过程。养，是通过上述练习，身体出现的轻松舒适、呼吸柔和、意守绵绵的静养状态。练习本功法，在求动作姿势工整、方法准确的同时，要根据自己的身体情况，调整好姿势的高低和用力的大小，对有难度的动作，一时做不好的，可逐步完成。

对于呼吸的调节，可在学习动作期间采取自然呼吸，待动作熟练后再结合动作的升降、开合与自己的呼吸频率有意识地进行锻炼，最后达到“不调而自调”的效果。对于意念的把握，在初学阶段重点应放在注意动作的规格和要点上，动作熟练后要遵循似守非守、绵绵若存的原则进行练习。

练与养，是相互并存的，不可截然分开，应做到练中有养、养中有练。特别要合理安排练习的时间、数量，把握好强度，处理好“意”“气”“形”三者的关系。从广义上讲，练养相兼与日常生活也有着密切的关系。能做到“饮食有节、起居有常”，保持积极向上的乐观情绪，将有助于提高练功效果，增进身心健康。

（4）循序渐进

八段锦对于初学者来说有一定的学习难度和运动强度。因此，在初学阶段，练习者首先要克服由于练功而给身体带来的不适，如肌肉关节酸痛、动作僵硬、紧张、手脚配合不协调、顾此失彼等。只有经过一段时间和数量的练习，才会做到姿势逐渐工整，方法逐步准确，动作的连贯性与控制能力得到提高，对动作要领的体会不断加深，对动作细节更加注意，等等。

在初学阶段，本功法要求练习者采取自然呼吸方法。待动作熟练后，逐步对呼吸提出要求，练习者可采用练功时的常用方法——腹式呼吸。在掌握呼吸方法后，开始注意同动作进行配合。其中也存在适应和锻炼的过程，不可急于求成。最后，逐渐达到动作、呼吸、意念的有机结合。

由于练功者体质状况及对功法的掌握与练习上存在差异，其练功效果不尽相同。良好的练功效果是在科学练功方法的指导下，随着时间和练习数量的积累而逐步达到的。因此，习练者不要“三天打鱼，两天晒网”，应持之以恒，循序渐进，合理安排好运动量。

【练习二】易筋经

1. 练习目标

1）初步掌握易筋经动作方法。

2）提高对易筋经的兴趣，了解易筋经的健身、健心作用。

3）培养组织纪律性和集体主义观念意识。

2. 练习内容

1）教师引领下进行吞吐呼吸练习；

2）教师引领下分解动作练习；

3）教师引领下完成动作练习；

4）分组进行完整动作练习；

5）分组进行互评动作练习；

6）教师引领下完整套路练习；

7）分组进行完整套路练习。

3. 练习要求

（1）精神放松，形意合一

练习本功法要求精神放松，意识平静，不做任何附加的意念引导。通常不意守身体某个点或部位，而是要求意随形体动作的运动而变化。即在练习中，以调身为主，通过动作变化导引气的运行，做到意随形走，意气相随，起到健体养生的作用。同时，在某些动作中，需要适当地配合意识活动。如“韦驮献杵第三势”中双手上托时，要求用意念观注两掌；“摘星换斗势”中要求目视上掌，意存腰间命门处；“青龙探爪势”中要求意存掌心。

有一些动作虽然不要求配合意存，却要求配合形象的意识思维活动。如“三盘落地势”中下按、上托时，两掌有如拿重物；“出爪亮翅势”中伸肩、撑掌时，两掌有排山之感；“倒拽九牛尾势”中拽拉时，两膀如拽牛屋；“打躬势”中脊椎屈伸时，应体会上体如“勾”一样的卷曲伸展运动。这些都要求意随形走，用意要轻，似有似无，切忌刻意、执着于意识。

（2）呼吸自然，贯穿始终

练习本功法时，要求呼吸自然、柔和、流畅，不喘不滞，以利于身心放松、心平气和及身体的协调运动。相反，若不采用自然呼吸，而执着于呼吸的深长绵绵、细柔缓缓，则会在与导引动作的匹配过程中产生“风”喘”“气”三相，即呼吸中有声（风相)，无声而鼻中涩滞（喘相)，不声不滞而鼻翼扇动（气相)。这样，练习者不但不受益，反而会导致心烦意乱，动作难以松缓协调，影响健身效果。

因此，练习本功法时，要以自然呼吸为主，动作与呼吸始终保持柔和协调的关系。此外，在功法的某些环节中也要主动配合动作进行自然呼或自然吸。如“韦驮献杵第三势”中双掌上托时自然吸气；“倒拽九牛尾势”中收臂拽拉时自然呼气；“九鬼拔马刀势”中展臂扩胸时自然吸气，松肩收臂时自然呼气，含胸合臂时自然呼气，起身开臂时自然吸气；“出爪亮翅势”中两掌前推时自然呼气。因为人体胸廓会随着这些动作的变化而扩张或缩小，吸气时胸廓会扩张，呼气时胸廓会缩小，因此，练习本功法时，应配合动作，随胸廓的扩张或缩小而自然吸气或呼气。

（3）刚柔相济，虚实相兼

本功法动作有刚有柔，且刚与柔是在不断相互转化的：有张有，有沉有轻，是阴阳对立统一的辩证关系。如“倒拽九牛尾势”中，双臂内收旋转逐渐拽拉至止点是刚，为实；随后身体以腰转动带动两臂伸展至下次收臂拽拉前是柔，为虚。又如“出爪亮翅势”中，双掌立于胸前呈扩胸展肩时，肌肉收缩的张力增大为刚，是实：当松肩伸臂时，两臂肌肉等张收缩，上肢是放松的，为柔；两臂伸至顶端，外撑有重如排山之感时，肌肉张力再次增大为刚，是实。这些动作均要求练习者在用力之后适当放松，松柔之后尚需适当有刚。

这样，动作就不会出现机械、僵硬或疲软无力的松弛状况。因此，练习本功法时，应力求虚实适宜，刚柔相济。要有刚和柔、虚与实之分，但练习动作不能绝对地刚或柔，应做到刚与柔、虚与实的协调配合，即刚中含柔、柔中寓刚。否则，用力过“刚”，则会出现拙力、僵力，以致影响呼吸，破坏宁静的心境；动作过“柔”，则会出现疲软、松懈，起不到良好的健身作用。

（4）循序渐进，个别动作配合发音

练习本功法时，不同年龄、不同体质、不同健康状况、不同身体条件的练习者，可以根据自己的实际情况灵活地选择各势动作的活动幅度或姿势，如“三盘落地势”中屈膝下蹲的幅度、“卧虎扑食势”中十指是否着地姿势的选择等等。

练习时还应遵循由易到难、由浅到深、循序渐进的原则。另外，本功法在练习某些特定动作的过程中要求呼气时发音（但不需出声)。如“三盘落地势”中的身体下蹲、两掌下按时，要求配合动作口吐“嗨”音，目的是下蹲时气能下沉至丹田，而不因下蹲造成下肢紧张，引起气上逆至头部；同时口吐“嗨”音，气沉丹田，可以起到强肾、壮丹田的作用。

因此，在该势动作中要求配合吐音、呼气，并注意口型，吐“嗨”音口微张，音从喉发出，上唇着力压于龈交穴，下唇松，不着力于承浆穴。这是本法中“调息”的特别之处。

三、健身气功课程考核评价标准

（一）健身气功课程考核评价内容及项目比重（如表12-1所示）

表12-1　健身气功课程考核评价内容及项目比重

分类	比重/%	内容
平时考评	20	考勤、课堂表现、课下练习作业
理论考评	20	健身气功运动概述、八段锦和易筋经的基本理论、竞赛组织与编排、运动损伤的处理
素质考评	20	大学生健康测试项目达标
技能考评	40	八段锦、易筋经

考评形式：平时、理论、素质、技能四项成绩相加。

考评标准：百分制，20+20+20+40=100（分）。

（二）健身气功技术考评标准

考评形式：技术动作。

考评标准：百分制，如表12-2所示。

考评要求：

1）完成一套健身气功套路。

2）配合背景音乐完成。

表12-2　健身气功技术考评标准

健身气功技术评分标准	得分
动作规范，呼吸顺畅，意念集中，演示神韵与项目规格标准及特点融合，动作与背景音乐和谐一致	96~100
动作较规范，呼吸较顺畅，意念较集中，演示神韵与项目规格标准及特点较融合，动作与背景音乐配合较一致	90~95
动作不太规范，呼吸不太顺畅，意念不太集中，没有演示神韵，动作与背景音乐配合不太一致	80~89
动作不规范，呼吸不顺畅，意念不集中，没有演示神韵，动作与背景音乐配合不一致	70~79
能完成整体动作，不能表现出健身气功基本感觉	60~69
不能完成整体动作	60分以下

课外实践

1. 制订一份健身气功学习计划。
2. 积极参加社会实践，参与社会健身气功推广活动。

知识拓展 

探讨健身气功的概念

探讨健身气功的概念不能忽略一个基本前提，即 2003 年 2 月，国家体育总局已将健身气功确立为第 97 个体育运动项目。这个前提意味着有必要在体育运动的范围内探讨这一概念，即健身气功需要体现体育运动的基本精神和目的，需要确定自己独特的运动形式。如果从体育运动的范畴之外，从气功角度看待健身气功，将健身气功作为气功的一个类别，那么，这个前提意味着健身气功是与体育相结合的气功，是体育化的气功。

“健身气功”是“健身”和“气功”两个词语结合而成的复合词组，依据健身气功是一个体育运动项目的前提，探讨“健身气功”概念的含义，可以分为三个步骤，即先分别探讨“健身”和“气功”两个词语的含义及其与体育运动的关系，再探讨这一复合词组的含义。

“健身”的含义比较清晰，这个词语由“健”和“身”两个单字组成。“健”与“身”的关系是古汉语中的“使动用法”关系，前者支配后者，两个字合起来是“使身体健康”的意思。

“气功”的含义不像“健身”那样明确统一，有较多的争议。本文篇幅有限，不可能展开讨论。这里只引用 1999 年出版的高校教材《中医气功学》里的气功概念。该教材是中华人民共和国成立以来第一本、也是唯一一本在高等中医院校通用的气功教材，相对来说比较具有权威性。那么什么是气功呢？该教材的基本解释是：气功是调身、调息、调心合为一体身心锻炼技能。调身、调息、调心在气功学里简称为“三调”。这个解释的特点是将气功定性为“三调合一”的操作技能，认为达到三调合一的身心活动就是气功，三调合一的状态或境界即是气功修炼的基本特征。

从操作角度看，各种体育运动的活动内容也是“三调”。例如跑步，做起跑姿势是调身，憋一口气是调息，听发令的枪声是调心，“三调”都在，但这不是气功，只是体育运动，因为其中的“三调”是分别操作的，并没有合为一体。气功修炼的特点是通过“三调”的分别操作而达到三调合一。在三调合一的状态中，形成了统一的境界。由此可见，是否达到三调合一的身心状态是气功与体育运动的基本区别。当然，任何区别都有相对性的一面。在气功修炼过程中三调操作尚未达到合一之时，其身心状态与体育运动并无本质差别，而体育运动达到极为纯熟之时，三调合一状态或可自然发生，那时体育运动与气功修炼也并无差别。

在“健身气功”这一复合名词中，“健身”与“气功”两个词语互相限定。一方面是“健身”修饰“气功”，将“气功”限定为以健身为目的、有健身意义的气功。另一方面是“气功”规范“健身”，将健身限定为以气功为手段的健身，这就规定了体育运动和气功之间需相互取舍的基本原则。二者相互取舍的具体内容可分析如下：

首先，健身气功取了体育运动的基本目的，即健身；而舍去了气功目的中除健身之外的其他目的。因此就气功而言，目的被缩减了，被限定于健身。其次，健身气功取了气功的运动形式，这意味着舍去了体育运动中三调分离的身心状态，而向三调合一的方向迈进。因此就体育运动而言，其锻炼的身心状态被改变了。在此取舍之间，健身气功形成了具有自己特征的运动形式，而作为一个新兴的独立体育运动项目，确定独特的运动形式是第一位的，是其区别于其他体育运动项目的基本依据。

阐述健身气功运动形式的特征，可以从两个角度。从气功角度看，由于目的被缩减，气功修炼的操作性活动范围也相应地被缩减。前面已经说过，气功修炼的操作活动是三调，即调身、调息、调心，诸多的气功功法也因此可以分为以调身为主、调息为主、调心为主的三大类，例如武术气功、佛家气功和道家气功。由于健身气功的目的是健身，三调活动中最贴近于健身的是调身。因此，以调身为主的气功功法将在健身气功中受到青睐。从体育运动的角度看，在其包含的体育课程、竞技运动、身体锻炼和身体娱乐等各类身体活动中，身体锻炼活动最能体现健身目的，例如做广播体操、打太极拳等活动。在这里，健身气功在气功和体育运动之间找到了接近和重合之处，成为二者的结合点。

不过，以调身为主的气功与体育运动的身体锻炼活动之间仍然有差别。以调身为主的气功功法有些是以技击为目的，动作比较激烈，有对抗性质，与健身之目的不尽相符；而作为体育运动的广播体操和太极拳不讲究达到三调合一的身心状态，缺少气功修炼的特征。于是，健身气功的运动形式在体育运动的身体锻炼活动和以调身为主的气功功法之间，需要再次取舍。从健身的目的出发，健身气功舍去了以调身为主的气功功法中比较激烈和有对抗性质的部分，取了其中较为和缓和养颐自身的部分；而从保持气功修炼的特色出发，健身气功舍去了体育运动中身体锻炼的“三调”分离身心状态，趋向于三调合一。据此而言，健身气功的运动形式是比较和缓的、趋向于三调合一身心状态的身体活动。这里之所以说趋向于三调合一，而不言达到三调合一，是因为达到三调合一的境界需要较长时间的修炼，而健身气功作为群众性的体育运动项目，不宜提出过高的要求，但应该指明方向。

综上所述，本文提出健身气功的基本概念如下：

健身气功是以健身为目的，以较为和缓的形体活动为基础，身心状态趋向于调身、调息、调心合一的体育运动项目。健身气功是中华民族独有的民族传统体育项目与文化遗产，是中华民族传统并且优秀的文化中一个重要的组成部分，有着深厚的文化底蕴。

第十三章 跆拳道运动

学习目标

1. 了解跆拳道的起源与发展现状；
2. 学会跆拳道的基本技术动作，学会跆拳道的教学理论方法及实战运用；
3. 培养高尚的道德品质和坚强不屈的意志品质。

一、跆拳道运动的起源

跆拳道早在1500年前就流行于朝鲜半岛，是在朝鲜民间技艺“花郎道”的基础上发展而来的。跆拳道是一项以手脚技术为主要进攻的格斗术，其内容包括基本技术、品势和实战。跆拳道分为传统跆拳道和现代跆拳道，其中传统跆拳道包括套路、器械、对拆自卫术和其他功夫内容。竞技跆拳道就是现代流行较广的跆拳道技术，简单、易学、易练，是奥运竞赛项目之一。

三国时代至朝鲜李氏王朝之前，跆拳道广泛流传于军队、民间，尤其在军队训练的“手搏”和“跆跟”是跆拳道的内容之一。1392年，朝鲜李氏王朝重文轻武，“手搏”和“跆跟”渐渐扎根于民间，并有了文字记载。

二、跆拳道运动的比赛规则

跆拳道的基本哲学思想是：练习此项运动者必须修身养性，道德教育第一，运动技巧第二。此项运动是严格的礼仪与礼仪的严格的有趣结合。一方面，跆拳道运动起源于传统韩国社会的优雅礼仪，面前的对手头部和身体按规定的角度弯下优雅地鞠躬。另一方面，规则要求运动员身上、头上戴护具，并建议在道服内腹股沟、前臂和胫骨上戴护具并戴护齿。

跆拳道属于有直接身体碰撞的激烈对抗性项目，运动员比赛时必须穿戴护头、护身、护裆、护臂和护腿，以拳的正面、踝关节以下部位进攻对手髋骨以上、锁骨以下被护具保护的躯干部位，以及以两耳为基准的头部和颈部的前面部分。以得分判定名次，得分多者名次列前。按体重分级别进行比赛。

1. 竞赛

跆拳道比赛包括两方，“Chung”（蓝）和”Hong”（红），双方以脚踢打对手的头和身体或用拳击打对方的身体而得分。比赛分三个回合，每回合3分钟，两回合之间休息1分钟。选手可通过下述方法获胜：将对方击出场外，得分最高，使对手被罚分达到 3 分，或对手被剥夺比赛资格。比赛开始前，裁判分别发出“立正”和“敬礼”指令后，双方立正并相互鞠躬，然后裁判喊“开始”！宣布比赛开始。

2. 得分

每个合理的攻击将得分，下述为合理的攻击：

1）对手的得分部位。除了头部，得分部位还包括腹部及身体两侧，这三个部位标于对手的护具上。禁止击打对方小腹以下部位。

2）用规则允许的身体部位击打对手。须用正确紧握的拳头的食指和中指的前部或脚踝关节以下的部位击打对方。

若三位裁判中的至少两位对击打进行了认定并记录，则得分有效。

3. 犯规

犯规是跆拳道比赛中的一个重要因素，不仅因为被罚 3 分在高水平比赛中极为罕见，意味着自动失败，而且仅仅 1 个罚分就可左右比赛的胜负。跆拳道犯规分两种：Kyong-go（警告）和 Gam-jeom（扣分）。最常见的一种犯规是警告，意味着罚 0.5 分，但是若仅有一次这种犯规则不计入罚分，除非再次犯规而累计罚 1 分。若选手抓、抱、推对方、逃避性地背对对方、假装受伤等时，则判警告。

另一种更为严重的犯规是扣分，将被罚 1 分。典型的犯规行为包括扔对手，在格斗中在对手双脚离地时故意将其放倒，故意攻击对手后背，用手猛击对手的脸部。

4. 击倒

选手被击倒后裁判如拳击比赛一样开始 10 秒的读秒。在跆拳道比赛中一方由于对手发力而使其脚底以外的其他任何部位触地则判为被击倒。裁判也可在选手无意或无法继续比赛时开始读秒。一旦出现击倒，则裁判喊“暂停”，指示另一方退后，裁判开始用韩语读秒从 1 至 10。即使被击倒的选手站起来欲继续比赛，他或她必须等待裁判继续读秒至 8，然后裁判判定该选手是否能继续比赛。若其无法继续比赛，则另一方以击倒获胜。

5. 胜方

在除了决赛的其他比赛中若以平局结束，则分数高的一方获胜。若双方仍旧平分秋色，则由裁判根据比赛中双方表现的主动性来决定在三回合各 3 分钟的比赛中哪一方占优。若为争夺金牌的决赛，则双方进行第四回合即突然死亡回合的较量，率先得分者获胜；若无人得分，则裁判判定通过判断谁在该回合中占优而决定最后的胜方。

6. 重量级划分

在世界跆拳道锦标赛中男女各分为传统的 8 个级别。而其首次作为正式比赛项目出现在 2000 年悉尼奥运会上时，男女各分为 4 个级别：男子包括 58 公斤以下级、68 公斤以下级、80 公斤以下级、80 公斤以上级；女子包括 49 公斤以下级、57 公斤以上级、67 公斤以下级、80 公斤以上级。

7. 比赛区域

比赛区域为 12 平方米的正方形场地，建于高于地面约 1 米的平台上，上面铺有弹性的垫子。为安全起见，场地外两侧平台的侧面略微向地面倾斜。场地内，正中是一个 8 平方米的蓝色正方形区域，其外边为红色的警告区，提醒选手正接近边线或平台的边缘。一旦选手的脚踏入警告区则裁判自动暂停比赛。故意进入警告区可判警告，而故意跨过边线将判扣分。

8. 防护服

跆拳道是一项身体全面接触的运动，要求参赛选手穿防护服，头部、身上、前臂、胫骨、腹股沟戴护具。比赛前所有参赛选手将接受检查以确保其穿上所要求的护具。

9. 其他规则

1）若同时出现的犯规在一种以上，则裁判以处罚较重的犯规为准。

2）若双方均被击倒且读秒至 10 后无法恢复，则击倒前得分高者获胜。

3）若选手得分后立即犯规，则其所获分数可判为无效，如故意摔倒（一种避免受击打的战术）。

4）头部被击中倒地的选手在 30 天内不得参加比赛。

10. 竞赛形式

跆拳道比赛进行单淘汰赛直至最终的冠亚军决赛。而铜牌以更为复杂的方式决出：所有负于两位决赛者的选手均有另一个机会进行次级比赛而决出铜牌；两位半决赛的负者直接进入次级比赛；所有负于两位决赛者的其他选手在其原所在组进行单淘汰赛，两位优胜者获得余下的两个半决赛席位；每一组的优胜者与另一组的半决赛的负者进行交叉半决赛，两位胜者争夺铜牌。

三、跆拳道运动的任务与练习

跆拳道技术动作

跆拳道品势教学

（一）跆拳道基本步法

1. 前进步

前进步包括前滑步、上步和前跃步。

（1）前滑步

动作方法：实战姿势站立，右脚蹬地，左脚向前上十步，落地时左脚掌先着地，而后右脚再向前跟进半步。

动作要领：移动时，两脚距离保持小变，两脚离地不要太高，进步要稳，跟步要快。

实战作用：调整与对手之间的距离。

（2）上步

动作方法：实战姿势站立，以左脚掌为轴。脚尖外转，右脚蹬地向前上步，成实战姿势站立。

动作要领：动作要协调，要有整体性，上步要快。

实战作用：调整距离伺机进攻；假动作引诱对方或追击对方。

（3）前跃步

动作方法：实战姿势站立，两脚同时蹬地向前跃出 30~40 厘米，动作完成后保持实战姿势站立。

动作要领：要依靠两脚踝关节与膝关节的力量弹跳纵出，双脚要紧贴地面、不要腾空过高；动作起动时，重心不宜过低，否则容易暴露动作意向。

实战作用：用于接近对手或配合技术进攻；躲闪对方进攻或配合技术反击。

2. 后退步

（1）后滑步

动作方法：实战姿势站立，左脚蹬地，右脚先后退半步，落地时右脚掌先着地，随之左脚向后跟半步，落地后保持实战姿势不变。

动作要领：右脚退步距离不宜过大；右脚退多大距离，左脚要跟多大距离，要借助蹬地的反作用力加快移动速度。

实战作用：躲闪对方进攻或配合技术反击。

（2）后跃步

动作方法：实战姿势站立，两脚同时蹬地向后跃出 30～40 厘米，动作完成后成实战姿势站立。

动作要领：参考前跃步。

实战作用：用于躲闪对方的进攻或配合技术反击。

（3）撤步

动作方法：实战姿势站立，以右脚为轴内转，左脚向后撤步，成右实战姿势站立。

动作要领：动作要协调一致，撤步要快。

实战作用：用于躲闪对方的进攻或配合技术反击。

3. 侧移步

向左移动时称为左侧移步，向右移动时称为右侧移步。

（1）左侧移步

动作方法：实战姿势站立，右脚踏地，左脚向左侧上步，右脚随之跟上，使身体重心向左移动离开原来的位置。

（2）右侧移步

动作方法：实战姿势站立，左脚蹬地，右脚向右侧方上步，左脚随之跟上，使身体重心向右移动离开原来的位置。移动时要有弹性，速度要快，身体放松。

实战作用：用于躲闪对方的进攻或躲闪后反击。

4. 弧形步

向左跨步时称为左弧形步，向右跨步时称为右弧形步。

（1）左弧形步

动作方法：实战姿势站立，以左脚为轴，右脚蹬地向左侧跨步，上体随之左转。

实战作用：用于躲闪对方进攻或躲闪后反击。

（2）右弧形步

动作方法：实战姿势站立，以左脚为轴，右脚蹬地向右侧跨步，身体随之右转。

动作要领：整个动作要协调一致。

实战作用：用于躲闪对方进攻及或躲闪后反击。

5. 跳换步

动作方法：实战姿势站立，左右脚同时离地，以腰部力量，带动双腿相互交换，落地后仍成实战姿势站立。

动作要领：换步要灵活，弹跳小宜太高。

实战作用：调整实战姿势。

6. 垫步

（1）前垫步

动作方法：实战姿势站立，重心后移，右脚向左脚内侧并拢，同时左脚蹬地向前迈步。

动作要领：右脚向前上步要迅速，不等右脚落地，左脚就向前移动，移动的距离不宜过大，整个动作要协调连贯。

实战作用：用于快速接近对手；连接横踢、下劈踢、侧踢等技术进攻对手。

（2）后垫步

动作方法：实战姿势站立，左脚向右脚方向并拢；同时，右脚蹬地向后移动，两脚落地成实战姿势。

动作要领：左脚撤步要迅速，整个动作要协调连贯。

实战作用：用于拉开与对手之间的距离；用于连接横踢、下劈踢等技术反击。

7. 冲刺步

动作方法：实战姿势站立，右脚向前上步成右实战姿势，紧接着左脚向前上步回到原来的位置。

动作要领：两腿动作要迅速，频率要快，如冲刺跑一般移动时步幅不宜过大。

实战作用：迅速接近对手；连接横踢、双飞踢等技术进攻。

（二）跆拳道基本腿法

1. 前踢

前踢是跆拳道最基本的腿法之一。前踢技术在跆拳道比赛中很少运用，主要用于自卫或跆拳道基础练习中。

动作方法：

1）右脚蹬地，身体重心移至左腿；

2）右腿向正前方屈膝上提，右小腿夹紧，随即，以膝关节为轴向前送髋、顶膝、小腿快速向前踢出，力达脚背或脚前掌；

3）动作完成后成右实战姿势站立。

动作要领：提膝时小腿要夹紧，踢腿动作应迅速有力，髋关节前送。

实战作用：可用于攻击对手的裆部、下颌等部位。

2. 横踢

横踢是跆拳道比赛中运用率最高的腿法。横踢技术动作简单实用，技术变化多样，是跆拳道技术中重要的腿法。

动作方法：

1）右脚蹬地，身体重心移至左腿；

2）右腿小腿夹紧向正前方提起，以左脚脚前掌为轴，脚跟内旋，身体向左侧旋转，转体时，右腿小腿与地面接近水平，大腿与上体成一条斜线，上体微侧倾；

3）右腿以膝关节为轴迅速伸膝向左侧方弹出，脚面绷直，以脚背为力点，踢击对方的头部或躯干；

4）动作完成后小腿放松沿出腿路线收回，成右实战姿势站立。

动作要领：

1）提膝时，膝关节夹紧直线向前提膝；

2）横踢动作时，支撑腿要以脚前掌为轴，随横踢动作脚跟逐渐内旋（约 180°），横踢发力时，髋关节应展开；

3）髋关节前送，击打的感觉似鞭打动作；

4）横踢时，摆动腿应踢过身体中线约 30 厘米；转体与踢击要协调；

5）小腿弹踢的瞬间，要有一个制动的过程，使击打腿产生鞭打的效果。

实战作用：可以用于攻击对方的头部、躯干，以及大、小腿部位。

3. 侧踢

侧踢在跆拳道比赛中，主要用于攻击对方的躯干和头部，也可以用于阻截对手的进攻。

它有力量大、速度快、进攻动作直接的特点。

动作方法：

1）身体重心前移，右腿屈膝上提；

2）左脚尖勾起，以脚前掌为轴外旋约 180°；

3）右腿迅速伸膝发力，右脚直线向右前方踢出，力达脚外侧或整个脚掌；

4）踢击动作完成后，右腿迅速放松按出腿路线返回，成实战姿势站立。

动作要领：

1）提膝时，膝关节夹紧向前直线提起，提膝、转体与踢击要协调连贯；

2）踢击时，要转体、展髋，上体略侧倾，踢击目标的瞬间，髋、膝、腿应在同一平面内；

3）动作完成后，应按原路线返回。

实战作用：用于进攻对方头部、面部、胸部、腹部和肋部。

4. 勾踢

勾踢也称为侧勾踢，是跆拳道中侧向进攻技术，主要用于攻击对方头部的侧面，实战中，运用得当也会给对手带来重创。

动作方法：

1）右脚蹬地，身体重心前移至左腿，以左腿支撑；右腿屈膝提起；

2）左脚以脚前掌为轴，脚跟向内旋转约 180°；

3）右腿膝关节提起并向左内扣，右小腿由外向内伸出，伸直后以脚掌为力点向右侧击，身体随之侧倾；

4）动作完成后右腿放松回收，成实战姿势站立。

动作要领：

1）勾踢时，身体要适当放松，起腿后，右腿屈膝抬至水平，然后内扣；

2）勾踢时，要充分发挥腰、腿的力量，小腿后勾要快；

3）鞭打后要顺势回到原位。

实战作用：主要用于进攻对方头部、面部、胸部，也可以用于反击对方。

5. 下劈踢

劈踢是跆拳道技术中杀伤力较大的腿法之一，也常作为跆拳道的招牌腿法动作，比赛中得分率较高，主要用于攻击对方的头部、面部、肩部。比赛中，运用得当会给对方造成重创。

动作方法：

1）右脚蹬地，身体重心前移至左腿，以左腿支撑，右腿屈膝抬起；

2）右腿快速上举过头顶，左髋关节上送，右膝伸直贴近上体，随即，右腿迅速向前下方劈落，力点达脚跟或脚前掌；

3）动作完成后小腿放松下落，成实战姿势站立。

动作要领：

1）右腿上摆时，大腿应放松，踝关节应举过头顶，身体重心应向高起；

2）动作要迅速有力，支撑脚脚跟要离地，同时髋关节上送；

3）向下劈落时，踝关节应放松；

4）向下劈落时要有控制。

实战作用：用于进攻对方头、面、肩等部位，也可以用于反击对方。

6. 推踢

推踢属于直线型腿法技术，具有动作突然、起动较快的特点。实战中，主要用于阻截对方的进攻或与其他动作配合进攻，一般情况下推踢很少能够直接得分。

动作方法：

1）右脚蹬地，身体重心移至左腿；

2）右腿大小腿夹紧屈膝提起，左脚以脚前掌为轴外旋约 90°，上体略后仰；

3）右腿以膝关节为轴迅速向前蹬出，力达脚掌；

4）动作完成后右腿放松回收，成实战姿势站立。

动作要领：

1）提膝时，大小腿应夹紧；

2）推踢时，腿法运行的路线应是水平向前的；

3）推踢时，髋关节应向前送，应利用身体重心的前移来加大腿的力量。

实战作用：用于进攻对方的胸部或用于阻截对方的进攻动作。

7. 后踢

后踢是跆拳道中的转身攻击技术，比赛中，可以直接用于反击或与其他动作相配合进攻，运用得当会给对手以重创。

动作方法：

1）右脚蹬地，身体重心移至左腿，右脚以脚前掌为轴，脚跟向内旋转；

2）左脚以脚前掌为轴，脚跟向外旋转 180°，使脚跟正对对手方向，成背向对方姿势；

3）右脚蹬地提起，左腿支撑，右腿大小腿折叠，髋关节收紧，脚尖勾起，右肩微下沉；

4）右腿迅速向后展髋、伸膝，沿直线向后踢，上体侧倾，力达脚跟；

5）动作完成后，上体右转，右脚向前落步成右实战姿势站立。

动作要领：

1）后踢时，上体与踢出腿应在同一平面内，要控制住肩部不要随之转动；

2）提腿时，大小腿应充分回收，蓄力待发；

3）转身、提腿、后踢三个动作要连贯有力。

实战作用：可用于进攻对方胸部、腹部或头部，也可以用于反击对方的进攻。

【练习一】移动

1. 练习目标

1）磨炼学生顽强的意志，培养学生勤学苦练、迎难而上、坚忍不拔的优良品质。

2）掌握跆拳道步法动作技术和要领，95%的学生学会并掌握跆拳道移动技术。

2. 练习内容

1）原地练习左架、右架准备姿势练和左架、右架之间的原地换步。

2）练习左架与右架上步和后撤步。

3）听教师口令，（左架）左脚先上步接左脚后撤步，（右架）右脚先上步接右脚后撤步练习。

4）练习连续向前跃步和后跃步。

5）分组练习连续侧移步和垫步。

6）几种步法组合起来，结合教师的手势或信号练习。

7）将两个以上的步法组合起来，结合旋踢、后踢等动作练习步法。

8）两人配合练习，一人进攻步法，一人防守或反击步法。

【练习二】跆拳道基本腿法

1. 练习目标

1）激发学生的体育兴趣，培养学生团结协作精神及克服困难、坚忍不拔的意志品质。

2）了解跆拳道的知识，提高跆拳道运动技能，95%的学生基本掌握跆拳道基本腿法技术和动作要领。

2. 练习内容

1）手扶支撑物练习。

2）分组鞭踢动作练习。

3）分组慢速、快速踢腿重复练习。

4）分组固定靶的练习。

5）同伴配合“喂招”练习。

6）两人互不接触的攻防练习。

四、跆拳道课程考核评价标准

（一）跆拳道课程考核评价内容及项目比重（如表13-1所示）

表13-1　跆拳道课程考核评价内容及项目比重

分类	比重/%	内容
平时考评	20	考勤、课堂表现、课下练习作业
理论考评	20	跆拳道运动概述、技战术理论、竞赛组织与编排、裁判法、运动损伤的处理
素质考评	20	大学生健康测试项目达标
技能考评	40	动作标准、动作连贯、有爆发力、稳定性强

考评形式：平时、理论、素质、技能四项成绩相加。

考评标准：百分制，20+20+20+40=100（分）。

（二）跆拳道技能考评标准

1. 移动

考评形式：对跆拳道七种基本步法动作的准确性、连贯性、爆发力等方面进行综合评定。

考评标准：百分制，如表 13-2 所示。

考评要求：精神状态饱满，动作有力规范、虚实有度、稳定性强、完整，高质量完成移动步法测试内容。

表 13-2　移动技术评分标准

移动技术评分标准	得分
步法动作标准、有力，动作组合连贯顺畅、虚实有度、攻防明确、有打击力度、稳定性强、完整	96~100
步法动作标准连贯，动作组合连贯顺畅、攻防明确、稳定性较强、有一定的力度	90~95
步法动作组合有连贯、有一定攻防动作、有一定的稳定性、有一定的力度	80~89
步法灵活，动作基本正确、有一定的稳定性	70~79
步法基本正确，个别发力有脱节、生硬	60~69
步法动作生硬、过程不完整	60 分以下

2. 腿法

考评形式：参考跆拳道实战能力评分细则，对学生腿法技术动作的准确性、协调性、灵活性、连贯性、抬腿高度、爆发力等方面进行综合评定。

考评标准：百分制，如表 13-3 所示。

考评要求：礼仪规范，精神状态饱满，高质量完成腿法测试内容。

表 13-3　腿法技术评分标准

腿法技术评分标准	得分
踢腿动作连贯、高度过腰、有爆发力、有打击力度、稳定性强	96~100
踢腿动作连贯、高度过髋、有一定的爆发力、稳定性强	90~95
踢腿高度过髋、变化灵活、有一定的稳定性、动作完整	80~89
腿法正确、踢腿高度过髋、动作轻微卡顿、动作完整	70~79
腿法基本正确、可以完成基本动作	60~69
腿法动作生硬、过程不完整	60 分以下

课外实践

1. 制订一份跆拳道学期训练计划，需体现各种技术动作的具体训练内容和最终想要实现的目标。

2. 制定一套跆拳道比赛流程。

练习跆拳道对人的影响

跆拳道的练习能够在潜意识里树立学生的人生观。在练习跆拳道的过程中，观察每个人的动作就可预知各自的技术水平，因此，学生之间将产生竞争心和学习热情，培养学生积极向上、不断进取的精神。跆拳道可以培养学生的助人为乐精神、谦虚礼貌的行为和严谨的生活方式。“礼仪，廉耻，忍耐克己，百折不屈”这十二个字就是跆拳道的精神。跆拳道不仅可以锻炼身体，还可以给人以许多人生的启迪。

在跆拳道的练习过程中，还有机会和不同职业、不同年龄、不同性别、不同民族的人进行交流，增进友谊，学习不同的文化。而且，练习跆拳道可转换长时间在室内学习和工作的紧张气氛，振作精神，使人们能够重新集中精力学习和工作。

第十四章 毽球运动

学习目标

1. 了解毽球的技术知识和实践价值；
2. 学会毽球运动的基本技术和基本战术；
3. 培养学生对毽球的热爱，使学生积极参与毽球活动，增强体质，体会运动的乐趣；
4. 培养积极向上、团结合作的精神品质，提高与同伴相互配合的能力。

一、毽球运动的起源

毽球，是我国一项流传很广，有着悠久历史的民族体育活动。毽球从我国古老的民间踢毽子游戏演变而来，是中华民族传统体育宝库中的一颗灿烂的明珠。它在花毽的趣味性、观赏性、健身性基础上，增加了对抗性，集羽毛球的场地、排球的规则、足球的技术为一体，是一种隔网相争的体育项目，深受人民群众的喜爱。

毽球运动就是利用身体语言来表现一种直观的动态的美，而对于观赏者而言，精彩的表演和激烈的高水平的比赛无疑是一场视觉享受，让人忘却疲惫与烦躁，丰富了人们的业余生活，在这些视觉享受中人们在惊叹之余还对这一项民族传统体育产生民族自豪感和自信心。

根据历史文献和出土文物的记载，踢毽子起源于我国汉代，盛行于六朝、隋唐。唐《高僧传》二集卷十九《佛陀禅师传》记述：“时又入洛，将度有缘。沙门慧光，年立十二，在天街井栏上，反踢蹀鏇，一连五百，众人喧竞，异而观之。”说的是北魏有个和尚佛陀禅师，在路过洛阳天街时，见 12 岁的少年慧光在井栏上一连踢毽五百，观众赞叹不已。踢毽在我国汉砖画像艺术中就有优美的造型，说明其有悠久的历史。唐宋时，踢毽子在我国民间已很盛行，技巧也日趋完善。据宋代高承著《事物纪原》记载：“今时小儿以铅锡为钱，装以鸡羽，呼为毽子，三五成群走踢，有里外臁、拖抢、耸膝、突肚、佛顶珠、剪刀、拐子各色”。由此可见，当时的踢毽有边跑边踢之法，不光是用脚踢，还用膝、腹、头等身体各部位来玩耍毽子。清代岭南三大家之一屈大均著《广东新语》中记载：每年正月十五日，广州有踢毽子会，男女老少云集五仙观进行比赛，毽子有大小，踢大毽者市井人，踢小毽者豪贵子。小踢又叫小式，或称文式和盘踢技巧，难度要求低一些，适宜少女和老年人；大踢又叫大式，或称武式和交踢，踢的花样很多，而且不能前后调换或漏一种，规定都很严格。由于踢毽子趣味盎然，观看赏心悦目，这种运动也就成了民间艺术家的创作题材，如今我们仍可见到匠工们在花瓶上绘制的踢毽图。这些说明踢毽子这项活动，在我国古代上自都门，下至民间，儿童平民中皆有开展，而且技艺绝妙，功夫尤深。据记载，踢毽子活动也为我国古代妇女所喜爱，清代著名词人陈维松曾赞美女子踢毽子比踢足球还巧妙，比下棋还有趣味。

到了 20 世纪 30 年代，涌现出一批全国闻名的踢毽能手，如北京的谭俊川、金幼申、溥子衡、林少庵，上海的周柱国、陈鸿泰，河北的杨介人，浙江的谢叔安，河南的路锦城，等等。

毽球这一项新兴的体育项目，是中国传统民俗文化的代表，是在中国传统文化的基础上吸收了现代体育的运动项目。目前，国内毽球运动主要分为以竞技为主的网毽和娱乐休闲为主的花毽。

二、毽球运动的比赛规则

1. 场地

场地长 12 米，宽 6 米，网高 1.6 米，也可用羽毛球场代替。距网下中心线 2 米两侧各有头球限制区，限制区内不准用头球进攻。

2. 裁判

裁判 3 人，一个主裁，两个边裁。记录员 1 人。

3. 组队

每队由 3~5 人组成。每次上场 3 人，一个队长，两个队员，队长佩戴袖标。

4. 分组比赛

参赛队超过 6 个的，应分小组进行比赛，每小组 3~5 个队为宜。每小组进行循环赛，取前两名进入复赛。

5. 三局两胜制

小组循环赛采用三局两胜制。2∶0 胜出的得 2 分，2∶1 胜出的得 1 分。不胜者不得分。根据总分都多少，决出小组第一名和第二名。如果比分相同，则根据每局比赛的小分来分出胜负。

6. 争场地

每场比赛，由队长争要场地，先要场地的后发球；先要发球权的，由对方选择场地。

7. 15 分制

比赛采用十五分制，先得 15 分的为胜方。但是打到 14 分平的时候，则必须连胜 2 分后才能获胜。每场比赛后，互换场地，第三局比赛，8 分时再换一次场地。

8. 复赛

进入负赛后，小组第一名与另一小组第二名进行比赛。采用三局两胜淘汰赛，胜者进入下一轮比赛。经过交叉淘汰后，最后决出 4 个队进入决赛。

9. 决赛

进入决赛的 4 个队，两两对决。两个胜队争夺冠军，两个负队争夺第三名。

10. 发球

发球队员要站在发球区内发球，不得踩线，其余队员不得干扰对方的视线。

11. 比赛

比赛时，队员的胳膊和手不许触球，身体的任何部位不得超越中线，不得触网，否则判输球。毽球在一方区域内，允许队员四次触球，超过四次犯规。每个队员不可以连续三次触球。毽球不可以在队员身上停留，否则判粘连犯规。毽球飞出场外时，只要不落地就可以继续踢，但必须在网上方、标志杆内飞到对方区域，否则判失分。

12. 得分

毽球在某方区域落地或犯规时，判对方得 1 分。得分后，可以继续发球。输球后，由对方发球。

13. 教练员

教练员可以在每局比赛时有权叫暂停两次，对队员进行指导，并可以对场上队员进行换人；但在比赛时，不许大声喧哗，不准进入场内与队员交流，也不许队员走出场外与教练员交流。

14. 记录员

每局比赛都应由记录员进行详细的记录，以便查小分时，决出胜负。

15. 仲裁委员会

当比赛出现争议时，可以由队长提出申诉，由裁判和仲裁委员会做出裁决。但是比赛期间，要服从裁判的判决。

三、毽球运动的任务与练习

（一）移动步法

步法是移动的精髓所在，比赛中要想变被动状态为主动状态，就需要运动员纯熟地掌握步法移动技巧。步法移动准确地来说可划分为以下 8 种：前上步、后撤步、滑步、交叉步、并步、跨步、转体上步、跑动步。要保证比赛中具有主动性和灵活性，在比赛中有出色的发挥，各种移动步法的熟练运用是极为关键的。

1. 前上步（如图 14-1 所示）

动作要领：斜前上步或前上步时，踢球的同时脚用力蹬地，支撑脚斜前上方或向前迈出一步，同时身体保持稍低的姿势。

2. 后撤步（如图 14-2 所示）

动作要领：移动后撤时，身体保持稍低的姿势，支撑脚后蹬，重心落在两脚之间，两脚间距比肩宽，用两脚脚前掌交替蹬地向后跑动，同时踢球脚向后迈出一步，支撑脚跟上成踢球准备姿势。后退时，应注意提起脚跟，抬头注视来球，上体不要后仰，保持身体平衡。

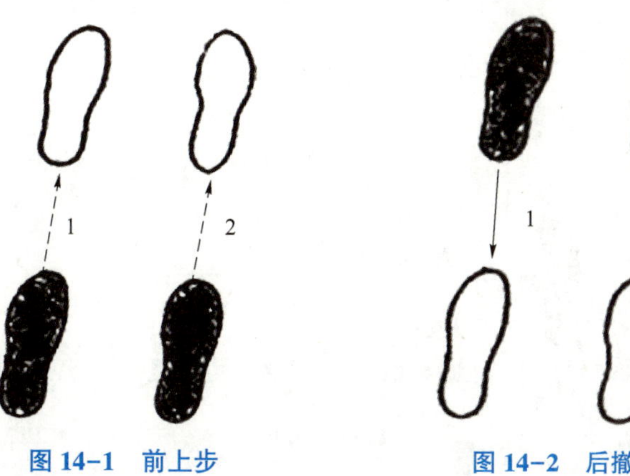

图 14-1　前上步　　　　图 14-2　后撤步

3. 并步（如图 14-3 所示）

动作要领：向右侧移动时，左脚用力侧蹬，重心向右移动，右脚向右侧平滑一步，左脚跟上并步，做好完成下一动作的准备姿势，反之亦然。向前移动时，左脚用力后蹬，重心前移，右脚向前迈一步，左脚跟上并步，准备接球或起跳。一般来球距身体 1 米左右时可采用并步移动。

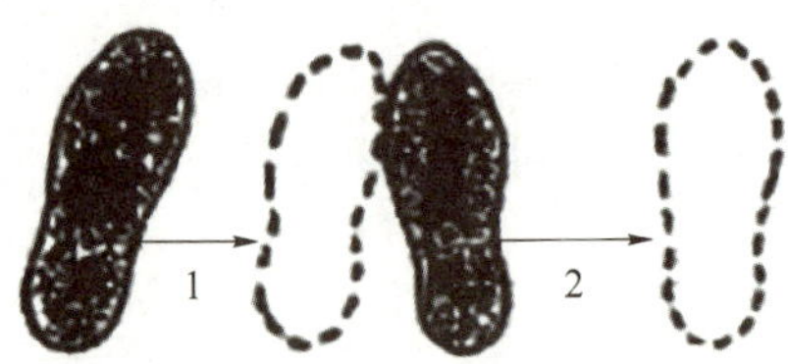

图 14-3　并步

4. 转体上步（如图 14-4 所示）

动作要领：左（右）转体时，以右（左）脚为中枢，左（右）脚向后蹬地，重心下降稍后移，髋关节向左（右）转体 90°～180°，成踢球准备姿势。

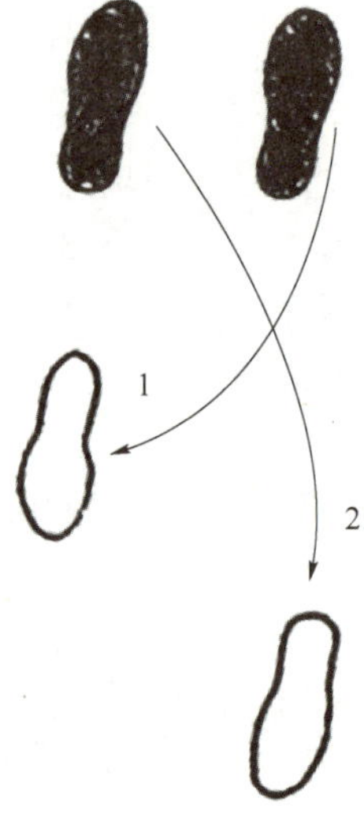

图 14-4　转体上步

5. 滑步（以向右滑步为例，如图 14-5 所示）

动作要领：左右开立准备姿势，左脚用力侧蹬，重心移向右边，同时右脚向右侧迈出，左脚迅速跟上，可连续滑步，这也是一次以上的并步移动连续完成的移动步伐。

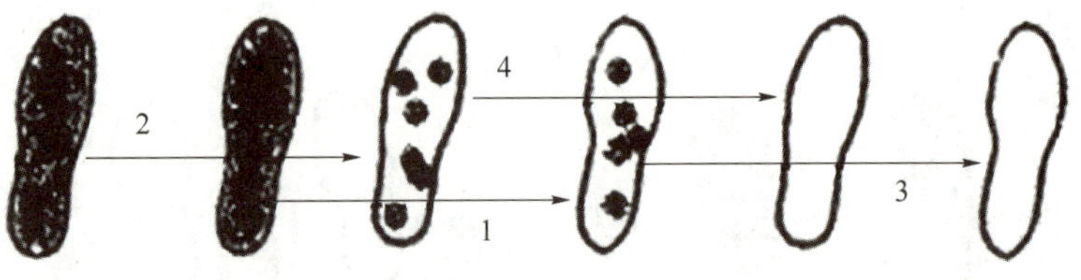

图 14-5　滑步

6. 交叉步（以向右交叉步为例，如图 14-6 所示）

动作要领：向右交叉步移动时，上体稍向右转，把重心移向右脚。左脚内侧蹬地从右脚前面向右交叉迈出一步，然后右脚再向右侧跨出一大步，同时身体转向来球方向保持击球前的姿势。一般当来球距体侧 3 米左右时可采用交叉步移动。

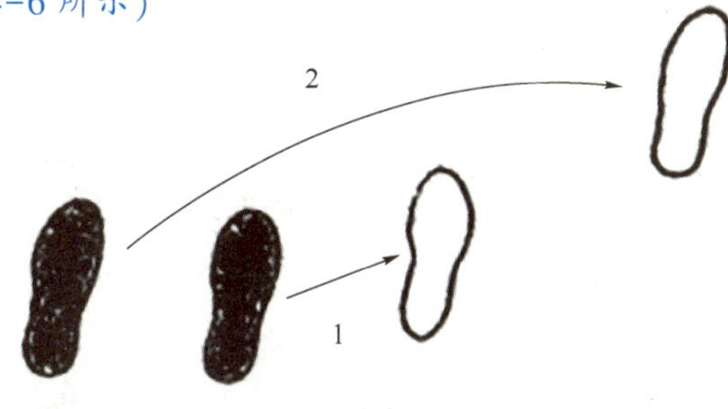

图 14-6　交叉步

（二）踢球（均以右脚踢球为例）

一般踢球方法有脚内侧踢球、脚外侧踢球、正脚背踢球三种，如图 14-7 所示。

（a）

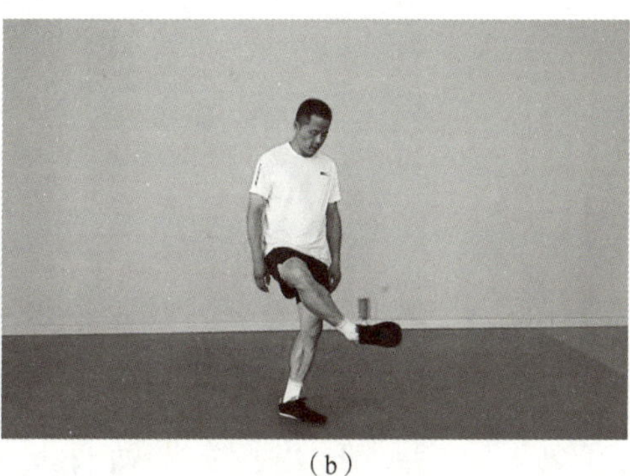

（b）

（c）

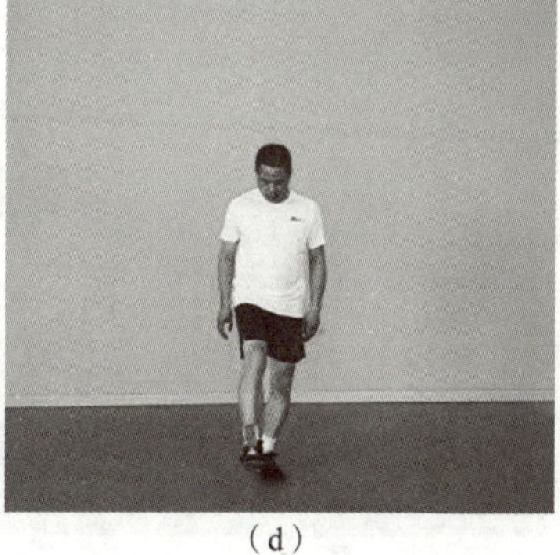

（d）

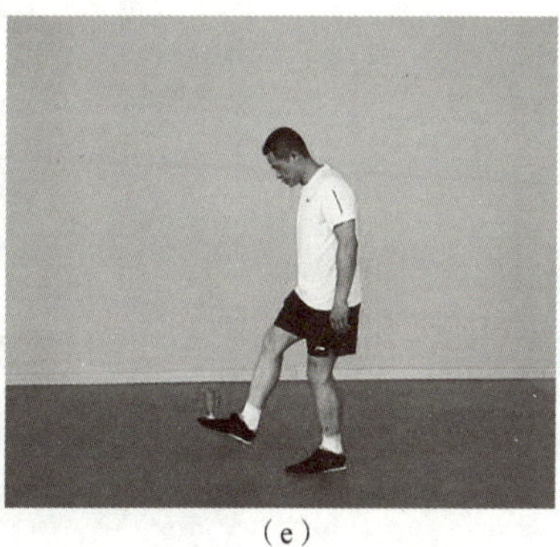

（e）

图 14-7　踢球方法

1. 脚内侧踢球（如图 14-8 所示）

左腿支撑身体，右大腿带动小腿屈膝上摆，同时以髋关节为轴膝关节向外张，击球的一刹那踝关节内屈端平，小腿加速向上摆，用脚弓内侧把球向上踢起。脚内侧踢球除一次性接发球外，多用于第二人次传球或调整处理球，特点是击球稳、准，便于控制球。

2. 脚外侧踢球（如图 14-9 所示）

左腿支撑身体，右大腿带动小腿，以髋关节为轴屈膝，膝内扣，小腿迅速抬起向体外侧上摆，击球的一刹那勾足尖，踝关节外屈端平，用脚背外侧把球向上踢起。

重点：球与脚外侧接触的部位。

难点：击球时屈膝内扣，踢球脚端平。

(a) (b) (c) (d)

图 14-8 脚内侧踢球

(a) (b) (c) (d)

图 14-9 脚外侧踢球

3. 正脚背踢球（如图 14-10 所示）

脚背踢球方法有脚背屈踢、脚背绷踢、脚背直踢三种，共同点是单腿支撑，用脚趾或脚趾根部踢球。运用脚背踢球能处理不同高度、角度和速度的来球，踢接球时活动范围较大，常用于发球，接低球，注意触球的部位。

重点：球与脚背接触的部位。

难点：击球时脚尖翘挑上提及脚踝的爆发力。

（a）　（b）　（c）　（d）

图 14-10　正脚背踢球

（三）触球

1. 腿触球

左腿支撑身体，右腿屈膝大腿带动小腿上摆，当球下落到略低于髋部时，用大腿的前半部分（靠膝部）触球。

重点：球与大腿接触的部位。

难点：大腿触球的时机与用力。

2. 胸触球

两脚自然开立，当球传到胸前约 10 厘米处时，两臂自然微屈，两肩稍用力向后拉，挺胸，同时两脚蹬地，身体挺起，用胸部触球。

重点：球与胸接触的部位。

难点：球与身体接触的时机。

触球踢球

（四）发球

发球是进攻的开始，既可直接得分，又能破坏对方一传，为防守和反击创造有利条件，如图 14-11 和图 14-12 所示。

（a）

（b）

图 14-11　正脚背正面发球

（a）

（b）

图 14-12　正脚背侧向发球

1. 正脚背发球

持球抛脚前，伸腿绷脚面，抖动加力击出球。

重点：球与脚背下面接触部位。

难点：击球时全身协调用力弹击球。

2. 脚外侧发球

抬腿踝内转，外侧加力击出球。

重点：脚外侧发球时要注意稍侧身站位，绷脚尖，用脚外侧发力扫踢。

（五）平推攻球

平推攻球是毽球初学者比较容易掌握的一项毽球进攻技术，主要形式有脚内侧推球过网、脚外侧拐踢过网、脚背正打攻球和脚背反打攻球，根据比赛场上的瞬间和球的位置关系选择攻球的方式。

1. 脚背正打攻球（以右脚为例，如图 14-13 所示）

进攻者将队员送过来的球带到网的右侧端口，同时上步支撑结合，支撑脚左脚的脚尖直接转向进攻方向，右大腿高抬，膝关节内扣正对前方，脚背绷紧，脚面正对进攻方向，在球落到与网平高的时候，小腿快速带动脚背攻球过网，将球送到不同的线路落点。

（a）（b）（c）（d）

图 14-13　脚背正打攻球

2. 脚背反打攻球（以右脚为例，如图 14-14 所示）

进攻者将队员送过来的球带到网的左侧端口，同时上步支撑结合，支撑脚左脚的脚尖平行网指向左侧，右大腿高抬，膝关节外摆正对前方，脚背绷紧，脚面正对进攻方向，在球落到与网平高的时候，小腿快速带动脚背攻球过网，将球送到不同的线路落点。

（六）脚踏攻球

脚踏球是向上抬腿后，向下发力，用脚前掌部位推压击球。脚踏攻球的特点是视野开阔、目的性强、球速快、变化多，既可以压踏前场又可以推踏后场，还可以抹吊近网。由于脚踏球与倒勾球力量方面相比较弱，因此必须充分发挥其快、刁的特点，攻其不备才能给对方防守带来较大的威胁，令防守者防不胜防。

（七）倒勾攻球

倒勾攻球的要点是以大腿带动小腿向上摆动，加速发力。其特点是击球点高，球速快，力量大，易控制，变化多。在通常情况下，根据对方不同的阵型可攻出直线、斜线、外摆、内扫、轻吊和凌空等不同特性的球，能给对方造成很大的威胁。斜线攻球，可以用站位方向的变化和脚尖内扣来达到变线攻球的目的。外摆攻球，要注意击球瞬间外翻脚腕，用转体和向外摆动腿来控制球的力量和落点。内扫攻球时应用脚尖部位或脚内侧向异侧腿前上方边转体边扫踢击球。轻吊攻球的起跳动作要和发倒勾攻球时一样，只是在击球瞬间，改用脚前掌部位将球轻轻推托过网。

（a）（b）（c）（d）

图 14-14　脚背反打攻球

【练习一】移动步法

1. 练习目标

掌握基本的毽球移动步法，并能够熟练运用到练习和比赛的过程中，同时提高身体协调能力以及腿部力量。

2. 练习内容

（1）徒手练习

1）成半蹲准备姿势，根据教师口令和手势做各种步法和方向的连续移动。

2）两人一组相对站立，一人跟随另一人做同方向的移动。

3）以滑步和交叉步进行 4 米往返移动，手触及限制线和底线。

4）一种移动步法 3 步移动后加击球动作的练习。

（2）结合球的练习

1）两人一组，一人移动后接另一人抛到同一定点的球。

2）成纵队于场地正中，依次接教师抛向场地不同方向及不同弧度的球。

【练习二】踢球触球

1. 练习目标

基本掌握脚内侧、正脚背、脚外侧踢球技术以及胸部、大腿和头部的触球技术，同时提高身体协调能力和腿部力量。

脚内侧踢球

正脚背低踢

正脚背高踢

2. 练习内容

1）单人自抛踢球练习，体会脚触球的部位，反复多次练习。

2）采取一抛一踢练习法，反复多次练习。

3）两人相互对踢练习，反复对踢练习。

4）规定踢球的高度，超过本人的头部，多次反复练习。

5）多人相互对踢练习，几个人轮流传递毽球练习。

【练习三】发球

1. 练习目标

基本掌握毽球的发球技术，保持技术的稳定性，具备找落点发球的能力。

2. 练习内容

1）列队站好，在教师正确示范后做徒手发球动作练习。

2）两人一组，一人做徒手发球动作，另一人纠正其错误动作。

3）扫击悬吊空中的固定球。

4）单人用一种脚法发不同弧度的球。

5）单人用一种脚法发快速球到后场左中右三个区域。

6）单人用一种脚法发球到对面场左（中、右）侧的前中后三个区域；两人对发练习。

7）两人一发一接练习，统计发球的效果。

8）将半场均等分为九个区域发落点练习。

9）对墙定点发球。在墙上画一圆圈，将球发到圆圈内。

10）发球击打对面场上放置的目标物。

11）队友网前遮挡配合的发球练习。

12）发球后迅速进场防守。

【练习四】平推攻球

发球篇

1. 练习目标

基本掌握毽球的平推攻球技术，尤其是脚背正打和反打攻球技术，并能够在比赛中合理灵活地运用；提高腿部力量和身体综合协调能力，培养简单的战术意识。

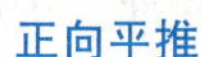
正向平推

反向平推

2. 练习内容

1）无球动作。体会支撑、转体、内扣或者外摆膝盖、脚背击球的连贯动作。

2）踢悬空固定球。体会和球合理结合的支撑脚位置、转体、内扣或者外摆膝盖、脚背击球的连贯动作。

3）对墙的一抛一攻。向自己的左或右侧抛球，然后结合球的位置进行支撑脚找位，然后将球击向墙面，用手接住反弹回来的球反复练习。

4）对墙的一抛一带一攻。向自己的左或右侧抛球，然后将球继续向前带出一步，结合球的位置进行支撑脚找位，然后将球击向墙面，用手接住反弹回来的球反复练习。

5）结合网口的一抛一带一攻。向自己的左或右侧抛球，然后将球继续向前带出一步到网的左侧或者右侧端口，结合球的位置进行支撑脚找位，然后将球击向对面场地不同的线路和落点。

6）比赛实践。

四、毽球运动的基本战术

（一）进攻战术

1. “一、二”配备

“一、二”配备就是在三个上场队员当中有一个是主攻手，两个是二传手。运用此阵容配备时，主攻手一般不参与接发球，两个二传手交替接发球和做二传。这种战术的进攻特点是分工明确、稳而不乱，尤其用于有高大主攻手善打中一二和两次攻等高举高打的打法。

2. “二、一”配备

“二、一”配备是在上场三个队员有一个主攻手、一个副攻手和一个二传手。“二、一”阵容配备中，主攻手一般也可以不参加接发球，由副攻手、二传手互换接做二传。这种战术的特点是攻球变化多又可以互相掩护，适用于打交叉、插上、掩护等进攻战术。

3. “三、三”配备

“三、三”配备就是在上场三个队员中三个都是攻球手又是二传手。“三、三”阵容配备中，队员接球站位一般呈倒三角形，任何一个队员接到球后随时都可以组织两人以上同时参与进攻。这种阵容可以打出掩护、交叉战术，还可以打出快攻、背溜、双快一掩护等较复杂多变的进攻战术。

（二）防守战术

1. 弧形防

“弧形防”阵型就是三名队员在中场成小弧形的站位防守。“弧形防”阵型在对方的攻球威力不大时采用。这种区域联防的特点是防守视线清楚、分工明确，防守一般性攻球效果很好。

2. 一拦二防

“一拦二防”阵型是在场上三个队员中，一人在网前拦网，另两名队员分别在其两侧分区防守。这种封线分防的特点是有两道防线，网上拦网封线路，网下中场防落点，拦防结合，利于反“二拦一防”。

3. 二拦一防

“二拦一防”阵型就是在场上三个队员中，有两人在网前拦网，另一名队员在中后方防守。这种封线补防的特点是网上拦网封线路，网下中场补空缺，具有明显的网上拦网优势。

4. 拦一堵一防

“拦一堵一防”阵型就是一人在网前拦网，一人在侧面往后堵击，另一人在中后场防守。这种封堵联防阵型构成三道防线，它具有拦、堵、防结合，既可以互相补缺又可以灵活机动应变的特点，是目前比较理想的防守阵型。

五、毽球课程考核评价标准

（一）毽球课程考核评价内容及项目比重（如表 14-1 所示）

表 14-1　毽球课程考核评价内容及项目比重

分类	比重/%	内容
平时考评	20	考勤、课堂表现、课下练习作业
理论考评	20	毽球运动概述、技战术理论、竞赛组织与编排、裁判法、运动损伤的处理
素质考评	20	大学生健康测试项目
技能考评	40	个人多踢、定点发球

考评形式：平时、理论、素质、技能四项成绩相加。

考评标准：百分制，20+20+20+40=100（分）。

（二）毽球技能考核评价标准

1. 个人综合踢球

考评形式：技术加个数达标。

考评标准：如表 14-2 和表 14-3 所示，百分制，60+40=100（分）。

考评要求：

1）每个人三次机会，取踢的个数最多的一次。

2）可以采用脚内侧、正脚背、脚外侧踢球以及触球、踢球等方式进行考核。

3）动作放松，脚步移动快，要有明显的身体送球动作。

表 14-2　个人综合踢球技术评分标准

个人综合踢球技术评分标准	得分
各项踢法的动作非常规范，全身协调送球非常明显，整个过程球很稳定，脚步跟随很快	60
各项踢法的动作比较规范，全身协调送球较明显，整个过程球较稳定，脚步跟随较快	50
基本能够熟练运用各种踢球技术，动作符合要求	40
踢球各项技术动作基本熟练，能够完整完成考评	30
踢球各项技术动作不太熟练，基本完成考评	20
动作生疏，踢球各项技术动作不符合要求，不能完成考评	10

表 14-3　个人综合踢球个数评分标准

个数	得分
20	40
16	35
12	30
8	25
6	20
4	10

2. 定点发球

考评形式：技术加个数达标。

考评标准：如表 14-4 和表 14-5 所示，百分制，40+60=100（分）。

考评要求：

1）每个人发 10 次球，左区 5 个，右区 5 个。

2）可以采用不同的发球方式。

表 14-4　定点发球技术评分标准

定点发球技术评分标准	得分
发球动作非常规范，能很好地控制球的力度、高度、方向和落点	40
发球动作比较规范，能较好地控制球的力度、高度、方向和落点	35
发球动作规范，能基本控制球的力度、高度、方向和落点	30
发球技术动作基本熟练，能够完整完成考评	25
发球技术动作不太熟练，基本完成考评	20
发球技术动作不符合要求，基本不能完成考评	10

表 14-5　定点发球个数评分标准

个数	得分
8	60
7	50
6	40
5	30
4	20
3	10

课外实践

1. 制订毽球学期训练计划，需体现各基本技术的具体训练内容、制定目标以及身体素质练习内容。

2. 不定期组织毽球选项班之间的友谊比赛。

知识拓展 

体育运动常识

一、剧烈运动时和运动后不可大量饮水

剧烈运动时，体内盐分随大量的汗液排出体外，饮水过多会使血液的渗透压降低，破坏体内水盐代谢平衡，影响人体正常生理功能，甚至还会发生肌肉痉挛现象。由于运动时，需要增加心跳、呼吸的频率来增加血液和氧气，以满足运动需要，而大量饮水会使胃部膨胀充盈，妨碍膈肌活动，影响呼吸；血液的循环流量增加，加重了心脏负担，不仅不利于运动，还会伤害心脏。

此外，大量饮水会使胃酸浓度降低，影响食物消化。长期大量运动后饮水容易得胃病。

二、不要在情绪不好的时候运动

运动不仅是身体的锻炼，也是心理的锻炼。当你生气、悲伤时，不要到运动场上去发泄。运动医学专家的解释是：人的情绪直接影响着身体的生理机能，而情绪的变化又产生于大脑深部，并扩散到全身，在心脏及其他器官上留下痕迹，这种痕迹将影响人体机能的健康。

三、选择最佳运动量

选择最佳运动量的方法很多，例如指数评定法、心率评定法、库珀评定法、菲克斯评定法、疲劳评定法、简便评定法、阶段评定法等。由于每个人的实际情况千差万别，安静心率相差 15%~30%，甚至更多，所以选择最佳运动量应根据自己的年龄、性别、职业特点、体力状况、健康水平、体育基础、生活环境、目的任务等不同情况来决定。

四、整理运动的好处

整理活动，是指在体育锻炼后所采用的一系列放松练习和运动后按摩等恢复手段，目的

是消除疲劳，恢复体能，提高锻炼效果。

整理活动可以使紧张的肌肉得到放松。在运动中，肌肉毛细血管大量开放，肌肉高度紧张，如果激烈运动后立即静止不动，肌肉内淤积的血液就不能及时流回心脏，肌肉僵硬，疲劳不易消除。相反，运动后做一些整理活动，使运动慢慢缓和下来，或通过按摩挤压肌肉和穴位，就可以使肌肉得到充分的放松和休息。

五、运动后不能立即洗澡

运动后立即洗澡会导致心脏和脑部供血不足以至于头晕眼花浑身无力，还会由于身上的乳酸积累过多使全身酸痛。

第十五章　游泳运动

学习目标

1. 发展有氧耐力、身体协调性、柔韧性、力量等身体素质，提高心肺功能；

2. 激发学生对游泳运动的兴趣，以积极的态度和行动参与游泳运动，在学习过程中培养学生的自尊、自信、勇于克服困难的精神，提高社会交往能力；

3. 了解游泳的安全常识及救援策略。

一、游泳运动的起源

从地球上出现人类的那一刻起，人类的生活就离不开水。远古时代，人类在布满了江、河、湖、海的地球上生活，不可避免地要和水发生关系，在生产劳动和大自然做斗争的过程中就产生了游泳活动。最初，人类只是简单地模仿水栖动物的姿势与动作，在水中简单地移动，久而久之，便掌握了在水中行动的技能，如漂浮、游动、潜水等，进而产生了各种游泳姿势。1896 年举办的第一届奥运会将游泳列为比赛项目之一。第二届奥运会增设仰泳、障碍泳和潜泳比赛。第三届奥运会将游泳比赛的姿势规定为自由泳和仰泳，比赛距离以“码”为单位。1908 年第四届奥运会成立了国际游泳联合会，并制定了国际游泳比赛规则，同时规定比赛距离统一使用“米”为单位。1996 年第 26 届奥运会和 2000 年第 27 届奥运会，游泳比赛项目达 32 项，游泳成为奥运会比赛金牌数仅次于田径的比赛大项。

二、游泳运动的比赛规则

（一）技术规定

1. 出发的规定与犯规判罚

蛙泳、自由泳、蝶泳、个人混合泳及自由泳接力比赛必须从出发台出发。仰泳比赛、混合泳接力比赛的第一棒，必须从水中出发。

运动员在“出发信号”发出前出发，应判犯规。因裁判员的失误或器材失灵而导致运动员抢跳时，不判抢跳犯规。

2. 蛙泳比赛的技术规定

在出发和每次转身后，运动员可没入水中并可做一次手臂充分向后划至腿部的动作。在第一次手臂划水过程中，运动员可在第一次蛙泳蹬腿动作前打一次蝶泳腿。从出发和每次转身后的第一次手臂动作开始，身体应保持俯卧，任何时候都不允许身体呈仰卧姿势。在出发后的整个游程中，动作周期必须是以一次划水和一次蹬腿的顺序完成的。两臂的所有动作应同时并在同一水平面上进行，不得有交替动作。除出发和每次转身后的第一次划水动作外，两手向后划水不得超过臂线。

在每个完整动作周期内，运动员头的一部分必须露出水面。两腿的所有动作应同时并在同一水平面上进行，不得有交替动作。在蹬腿过程中，两脚必须做外翻动作。在每次转身和到达终点时，两手应分开在水面、水上或水下同时触壁。在触壁前的最后一次划水动作结束后，头可以没入水中。但在触壁前最后一个完整或不完整的动作周期中，头的一部分必须露出水面。

3. 自由泳比赛的技术规定

自由泳比赛中，可采用任何泳姿。但在个人混合泳及混合泳接力比赛中，自由泳指除蝶泳、仰泳、蛙泳以外的泳姿。每次转身和到达终点时，运动员身体的某一部分必须触及池壁。在整个游程中，运动员身体的某一部分必须露出水面。在出发和转身时，允许运动员身体完全没入水中。出发和每次转身后，在 15 米前（含 15 米）运动员头的一部分必须露出水面。

4. 仰泳比赛的技术规定

在“出发信号”发出前，运动员应在水中面对出发端，两手抓住出发握手器。禁止两脚蹬在水槽里、水槽上或脚趾勾在水槽沿上。

除转身过程外，整个游程中应始终呈仰卧姿势，允许身体做转动动作，但必须保持与水平面小于 90°的仰卧姿势，头部位置不受此限。出发和每次转身后，运动员潜泳距离不得超过 15 米。在 15 米前（含 15 米）运动员头的一部分必须露出水面。转身过程中，运动员身体的某一部分必须触壁，运动员必须呈仰卧姿势蹬离池壁。运动员到达终点时，必须以仰卧姿势触壁。

5. 蝶泳比赛的技术规定

从出发和每次转身后的第一次手臂动作开始，身体应保持俯卧，允许水下侧打腿。任何时候都不允许呈仰卧姿势。两臂同时摆动和划水，在转身和到达终点时，两手应同时触壁。打腿动作应同时进行，不得交替，不允许采用蛙泳腿动作。在出发和每次转身后，允许运动员在水下做一次或多次打腿动作和一次划水动作，这次划水动作应使身体升至水面。出发和每次转身后，在 15 米前（含 15 米）运动员头的一部分必须露出水面。运动员应使身体保持在水面上，直至下次转身或到达终点。

6. 混合泳比赛的技术规定

个人混合泳必须按照蝶泳、仰泳、蛙泳、自由泳的顺序进行比赛。每种泳姿必须完成赛程 1/4 的距离。混合泳接力必须按照仰泳、蛙泳、蝶泳、自由泳的顺序进行比赛。在混合泳比赛中，每一泳式都必须符合有关规定。在仰泳转蛙泳过程中，运动员应呈仰卧姿势触壁。

（二）比赛规定与犯规判罚

1. 比赛规定

1）运动员应游完全程才能获得录取资格。

2）运动员应始终在其出发的同一泳道内比赛和抵达终点。

3）运动员转身时必须按各泳姿的规定触及池壁，不允许在池底跨越或行走，不允许拉分线。在自由泳项目和混合泳项目的自由泳段比赛中，允许运动员在池底站立，但不得行走。

4）比赛中，运动员不得使用或穿戴任何有利于其速度、浮力、耐力的器材和泳装，游泳镜除外。不允许在身上使用任何胶带，除非得到组织委员会（竞赛委员会）指定的医疗机构同意。

5）在比赛场地内，不允许进行速度诱导及采用任何能起速度诱导作用的装置与方法。

2. 犯规判罚规定

1）游出本泳道阻碍或以其他方式干扰其他运动员者，应判犯规。

2）当所有比赛的运动员还未游完全程前，未参加比赛的运动员如果下水，应取消其原定的下一次的比赛资格。

3）运动员抵达终点后或在接力比赛中游完自己的距离后，应尽快离池，如妨碍其他游进中的运动员，应判该运动员（接力队）犯规。

3. 接力比赛规定与犯规判罚

1）接力比赛以队为单位，每个接力队应有 4 名队员，每名接力队员在一次接力比赛中只能游其中的一棒。每队可在报名参加比赛的同组运动员中任选 4 人参加接力比赛，在预赛、决赛中参加者可任意调换。接力队必须按提交的名单和顺序参加比赛，否则将被取消录取资格。

2）接力比赛如前一名运动员尚未触及池壁，后一名运动员的脚已蹬离出发台，应判犯规。

3）接力比赛中，在各队的所有运动员还未游完之前，除了应游该棒的运动员，其他接力队员如果进入水中，应判犯规。

三、游泳运动的任务与练习

（一）熟悉水性

通过水中行走、水中呼吸、水中漂浮、水中滑行逐渐熟悉水性。

（二）蛙泳

1. 腿部动作动作要点

蛙泳腿部动作包括收腿、翻脚、蹬夹水、滑行 4 个方面。

1）收腿。屈膝收腿，脚掌沿水面靠近臀部，小腿缓慢收腿，直至两膝与肩同宽，小腿与水面垂直。

2）翻脚。膝关节不动，小腿向外翻转，使脚尖向外，脚掌外翻，由后方看呈“W”形。

3）蹬夹水。小腿带大腿，向外蹬水紧接着向内夹水。小腿的动作路线是两个半圆。在蹬夹水过程中，脚内侧和小腿应当有很大的阻力感；蹬夹水结束时双腿并拢，两脚成内“八”字形。

4）滑行。蹬水完成后，两腿放松，保持双腿并拢、两脚尖相对的姿势 2 秒左右。

2. 手部动作要点

外划时放松，内划时加速用力，积极前伸，放松滑行。

1）外划。双臂伸直，双手同时边向外、边向后划至比肩略宽，然后屈臂向后下方划水。

2）内划。双手向后划水至肩下时，手掌转向内，双手加速内划，在胸前合拢，两前臂同时夹紧身体。

3）前伸。双手双臂并拢伸直，伸直的同时低头。

4）滑行。在前伸结束后，保持双臂并拢、低头放松的姿势 2 秒左右。

（三）自由泳

1. 腿部动作要点

1）打腿时髋部发力，大腿带动小腿向下打水。

2）打水幅度为 30~40 厘米。

3）直腿上抬，在脚接近水面时略屈膝关节。

2. 手部动作要点

手开始划动，头开始转动并慢吐气，手出水时头出水，有力吐气并被动式吸气，随着手在空中移动，头随之转动复原。自由泳手部动作可分为入水及划水、出水及移臂、两臂配合三个方面。

1）入水及划水。手贴近耳朵，在肩的延长线入水。手掌和前臂对准水，沿着身体的中线向后划水至大腿。

2）出水及移臂。手臂划水结束时成直臂，此时略微转肩，提肩提肘，由肩带动肘关节并顺势带动前臂向前移动。

3）两臂配合。对于初学者，推荐前交叉配合。一手入水伸直时，另一手开始划水，两手在头前有短暂的交接。右手伸直，左手开始划水。

3. 完整配合动作要点

身体要保持伸展平直，双臂、双腿并拢伸直，身体要整体转动，不能有侧向的扭动。呼吸是难点，关键在于身体的整体转动配合呼吸，常见的错误是采用蛙泳式的抬头吸气。

自由泳配合为 6 次打腿、2 次划水、1 次呼吸，也可采用 3 次划水、1 次呼吸；两臂采用前交叉配合，一手入水伸直时，另一手开始划水，两手在头前有短暂的交接；转头吸气时，该侧的肩也要转动并露出水面，这样有利于呼吸。

（四）救生与自救

通常情况下，不熟悉水性或不会游泳的落水人员自救能力较差，淹没过程很快，一般在 5~6 分钟；熟悉水性或懂得一些水中自救措施的人员，通常能坚持 20~30 分钟。一般人员在呼吸和供氧停止后，1~4 分钟内，尚不会对大脑造成损伤；4~6 分钟内，根据个人身体耗氧量不同，可能出现脑部组织的部分损伤；6~10 分钟内，极有可能出现脑部组织的损伤；10 分钟以上，则会出现不可逆转的脑部损伤，即使是在进行心肺复苏、心外除颤等急救后成功救治的溺水者，也极有可能出现后遗症，例如肢体残疾，身体组织部分坏死，甚至成为植物人。因此，从医学角度来看 4~6 分钟内是救援的“黄金时间”。

1. 间接救援

间接救援也叫作非游泳救援。水域救援中最重要的原则是“安全第一”。未经思考而匆忙入水救人，有可能会使自己也变成遇难者，不仅不能救援溺水人员，反而会给其他后续救援带来困难，分散救援精力。因此，间接救援是水面救援的首选方法，既快速，又安全。

间接救援的方法：

1）将树枝、竹竿、衣服的一端伸过去，让溺水者拉住后将其拉到岸上。救援时救援人员要注意控制好身体重心，找一个平稳、有稳固支撑的地方，将身体重心保持在宽阔的平面上，防止被溺水者拖入水中。

2）抛一些泡沫块、游泳圈，让他们抱着漂浮在水面。抛掷时，要考虑到风速和水流等环境因素，投掷时要在上风和上水的位置，注意抛投的准确性。

3）大声呼叫专业人员到场。

4）拨打 110 和 120 求救。

2. 直接救援

直接救援也叫作游泳救援，一般适用于专业救援队员。非游泳救援虽是最为安全的一种救援方式，但当救援人员无法通过间接救援有效救助溺水者时，或在平静水域比较适合直接救援时，则可以采用游泳救援的方式。

直接救援的要点：

（1）入水前的观察

入水前，要对周围环境做简单的观察，如辨别水流方向、流速、水面的宽窄等，并准确判断溺水者的位置。如果溺水者已沉没，由于挣扎所致，水面会有水波或气泡，在静水中，即可断定溺水者在水波或气泡下面，救援人员应遵循入水后尽快游近溺水者的原则，迅速选定入水点和返回路线。

（2）入水

在平静的水域中发现溺水者时，救援人员应在岸边快速抵达离溺水者较近处入水，下水救援人员尽量携带好浮漂用具，条件允许的情况下用绳子作为媒介将下水的救援人员与岸上救援人员连接。

（3）接近控制

入水后，一般可以采用速度较快又便于观察的抬头爬泳游向溺水者，也可以采用抬头蛙泳接近溺水者。抬头的目的是不断地观察被救者的位置和情况，为下一步救援做好准备。接近溺水者的方式有三种：背面接近、侧面接近和正面接近。通常情况下，采用背面接近最为安全，即救援人员绕游到溺水者的身后去靠近。

（4）水中解脱

接近的基本原则是尽量减少被溺水者抓、抱的可能，但如果不幸被抓抱，救援人员则需要依靠解脱技术来得以脱身。解脱技术是指救援人员采取合理的技术动作及时解除被抓住或抱持，并有效地控制溺者的一项专门技术。根据需要解脱位置可以分为头颈部被抱持解脱、腰部被抱持解脱、手臂被抱持解脱等技术。

（5）水中拖带

拖带是指救援人员控制住溺水者后，采用各种游泳方法将其运送到岸边或船边的过程。常用的拖带方法有以下几种：

1）双手拖腋拖带，即救援人员仰卧水中，双手抓住溺水者双腋，做反蛙泳的蹬腿动作游进。

2）夹胸拖带，即救援人员侧卧水中，一臂从溺水者肩部绕过胸前，抓住另一侧腋下，另一臂在体下划水，两腿做侧泳的蹬剪腿动作游进。

3）扣臂拖带，即救援人员身体侧卧，一手臂穿过溺水者腋下，经其背部握持住溺水者另一侧上臂，另一臂在体下划水，两腿做侧泳的蹬剪腿动作游进。

4）双人拖带，即两名救援人员分别侧卧于溺水者的左右两侧，各用一臂抓勾住溺水者的上臂，同时做单臂划水的侧泳动作游进。

不论采用何种方法，拖带的要点是都要将溺水者托至水面，使其仰卧，保证溺水者的口、鼻露出水面，以便于呼吸。

（6）岸上急救

溺水者救上岸后现场急救方法：把人捞上来后不能先控水，以免耽误抢救时间，而是应先判断溺水者有无意识和呼吸，尽快呼救或拨打 120。若溺水者神志清醒，不伴有呼吸困难症状，救援者应让其保持呼吸道通畅，并尽量擦干其身上的水，同时为其保暖，等待救护车到达。如果淹溺者神志不清，但仍有呼吸和心跳，救援者应先清理其口鼻异物，保证其呼吸道通畅，使其呈侧卧位，并密切观察溺水者状况，直到救护车到达。如果发现溺水者没有自主有效呼吸或仅有濒死样呼吸，应立即开始心肺复苏进行基础生命支持。先进行 5 次人工呼吸，然后胸外按压 30 次，如此反复循环，等待医生救援。

3. 自我救护

（1）抽筋

游泳时可能出现手指抽筋、小腿与脚趾抽筋、大腿抽筋等情况。发生抽筋时，首先要保持镇静，大声呼救；其次，在水中保持静立，进行自救，主要方法是先反向牵拉抽筋的肌肉，然后进行按摩，抽筋缓解后迅速上岸休息。

（2）呛水

预防呛水较好的方法是多练习呼吸技术，在未完全掌握的时候不去深水区游泳，并且游泳的时候注意力要集中，避免过度紧张。发生呛水时，要保持冷静，采用踩水技术使身体保持平衡，缓解后上岸休息。

【练习一】熟悉水性

1. 练习目标

克服对水的恐惧，适应水的浮力，初步掌握水中的呼吸要点。

2. 练习任务

（1）站立与水中行走

放松心情，速度平稳，逐渐加速，体会行走过程中身体位置的改变以及如何在行走中保持平衡。

1）双手扶池边，面向池壁，沿着池壁侧向行走。

2）单手扶池边，面向游泳池的一端，向前、向后行走。

3）双手不扶池边，在体侧轻微划水帮助移动和保持平衡。

（2）水中呼吸

吐气用口和鼻，吸气时主要靠嘴，不要用鼻子。

1）闭气练习。浅水区，双手扶池边，弯腰，吸气后下蹲低头使头部完全没入水中 10 秒后起身站立。

2）吐气练习。浅水区，双手扶池边，弯腰，将鼻子和嘴没入水中，同时慢慢吐气，眼睛看着水面的波浪。

3）呼吸练习。浅水区，双手扶池边，弯腰，吸气后低头没入水中闭气 2 秒左右，用口鼻在水中慢慢呼气，将要吐完气时抬头，在嘴刚露出水面时，用力张大嘴将余气吐出同时吸气。重复吸气、闭气、吐气的连续过程。

（3）水中漂浮

肩放松，肘伸直，将身体完全舒展，就像趴在床上一样。

1）扶池边漂浮。浅水区，双手扶池边，吸气低头，双脚离地，使自己的身体完全放松，肩放松，双手轻轻扶住池边即可。

2）抱膝漂浮。浅水区，吸一口气后低头，轻轻蹬离池底（不要跳），全身抱成一团漂在水面上，双手松开下压水面，抬头，抱膝漂浮。挺身直立，两腿伸直双脚向下踩池底，直立。

（4）水中滑行

肩放松，手臂、腿自然伸直并拢，身体完全舒展，低头看池底。双手伸直扶打水板，深吸气、低头、身体前倾并屈膝，双脚同时蹬池壁，两腿并拢向前滑行。

【练习二】蛙泳

1. 练习目标

掌握正确的蛙泳技术动作，在陆上和靠岸练习中纠正完善技术，然后在水中进一步练习，注意加强腿部练习和手部腿部的完整配合，动作连贯协调，熟练水中呼气吸气。

2. 练习任务

（1）陆上模仿

1）陆上俯卧模仿。趴在地上，按照动作顺序进行练习。跟随口令，“1”划水，“2”收手，“3”收腿，“4”伸手，“5”蹬腿。

2）池边俯卧模仿。把胸部以上放水里，腿在岸上进行练习，或把腿放在水里，腰部以上在岸上进行练习。口令同陆上俯卧模仿。

（2）水中练习

1）推拉板练习。双手抓住打水板，全身伸直俯卧水中，抬头吸气的时候肘关节弯曲。把板子拉到胸前，收腿、翻脚、低头吸气时把板子推出去，肘关节快伸直的时候蹬腿。

2）扶池边练蛙泳配合（深水池用）。一只手抓住池边，另一只手和腿练习配合，然后换手再做一遍。

3）分解配合。从 3 次蹬腿 1 次划水过渡到 2 次蹬腿 1 次划水，最后完成 1 次蹬腿 1 次划水的完整配合。

【练习三】自由泳

1. 练习目标

自由泳是速度最快的一种泳姿，在掌握正确的自由泳技术动作下，加强腿部练习和手部腿部的完整配合，反复练习完善技术，学会适应水性对抗水的阻力，注意动作连贯协调，掌握自由泳的呼吸方法。

2. 练习任务

（1）腿部动作练习

1）池边练习。臀部以上在岸边，从大腿根部开始放在水里，身体伸展俯卧在池边，练习打水。速度由慢到快，重点体会直腿上抬时髋关节的展开拉伸感。

2）水中练习。全身俯卧水中，两手扶住池边或手持打水板，闭气进行打腿练习。肩要放松，腋下要完全伸展开。

（2）手部动作练习

1）陆上模仿。站在岸边，弯腰低头。先进行单臂的模仿划水练习，眼睛看着划水的路线是否正确。单臂熟练后，两臂配合练习，逐渐加上呼吸一起练习。每划水 2~3 次，呼吸 1 次。

2）水中练习。站在浅水区，面向池壁，双手指尖刚好碰到池壁。练习方法同陆上模仿。

（3）完整技术练习

1）陆上模仿。原地踏步，如同在水中不停顿地打腿。跟随口令，边划水边转头慢吐气；手划至大腿，“啪”地用力吐气；移臂，眼睛看手，手移至肩平处吸气完毕，随着手入水头复原。

2）水中练习：

①扶池边练习。双手扶池边，打腿让自己浮起来，先练习一侧手臂。以右臂为例，左手扶池边始终不动，打腿帮助漂浮，划右臂配合呼吸。手臂的单臂练习熟练后，可以进行双臂的练习，注意双手在池边处进行交叉。

②两人配合练习。浅水区，一人练习，一人帮助。练习者打腿漂浮，两臂划水并配合呼吸，同伴在头前拉住练习者一只手，缓慢前进，帮助练习者体会划水和前进的效果。

【练习四】救生与自救

1. 练习目标

通过学习提高救护和自救能力，建立安全意识。

2. 安全要求

1）下水前观察游泳处的环境，是否有危险警告，忌在不熟悉的水域游泳。在天然水域游泳时，切忌贸然下水。凡水域周围和水下情况复杂的都不宜下水游泳，这些地方的水深浅不一，而且凉，水中可能有伤人的障碍物，很不安全，以免发生意外。

2）在海中游泳，要沿着海岸线平行方向游，游泳技术不精良或体力不充沛者，不要涉水至深处。在海岸做一标记，留意自己是否被冲出太远，及时调整方向，确保安全。

3）忌长时间曝晒游泳。长时间曝晒会产生晒斑，或引起急性皮炎，亦称日光灼伤。为防止晒斑的发生，上岸后最好用伞遮阳，或到有树荫的地方休息，或用浴巾在身上保护皮肤，或在身体裸露处涂防晒霜。

4）忌游泳时间过久。皮肤对寒冷刺激一般有三个反应期。第一期：入水后，受冷的刺激，皮肤血管收缩，肤色呈苍白。第二期：在水中停留一定时间后，体表血流扩张，皮肤由苍白转呈浅红色，肤体由冷转暖。第三期：停留过久，体温热散大于热发，皮肤出现鸡皮疙瘩和寒战现象。这是夏游的禁忌期，应及时出水。

5）游泳前应进行身体检查，患有心脏病、高血压、癫痫、肺结核、传染性肝炎、皮肤病、红眼病、精神病、中耳炎的人，处于发烧状态的人，以及开放性创伤者，都不宜游泳。游泳前还应进行适当的热身，以提高神经系统的兴奋性，增强心血管系统和呼吸系统的功能，增加肌肉的力量和弹性，加快血液循环和新陈代谢，提高身体各关节的灵活性。

6）大学生学习游泳应选择人工游泳场馆，不要到自然水域游泳。人工游泳场馆的管理较规范，池水经常消毒、排污和过滤，清晰度较高，深水和浅水有明显标志，安全性和卫生情况都较好。

四、游泳课程考核评价标准

（一）游泳课程考核评价内容及项目比重（如表 15-1 所示）

表 15-1　游泳课程考核评价内容及项目比重

分类	比重/%	内容
平时考评	20	考勤、课堂表现、课下练习作业
理论考评	20	游泳运动运动概述、掌握水上救生与自救的基本常识、竞赛组织与编排、运动损伤的处理
素质考评	20	大学生健康测试项目达标
技能考评	40	动作标准、动作连贯、有爆发力、稳定性强

考评形式：平时、理论、素质、技能四项成绩相加。

考评标准：百分制，20+20+20+40=100（分）。

（二）游泳技能评价标准

考评形式：任选泳姿，技术加时间达标。

考评标准：如表 15-2 和表 15-3 所示，百分制，50+50=100（分）。

考评要求：

1）不借助于任何器械，独立连续完成 50 米距离，中途不能停止。

2）出发方式不限，任选一种泳姿，在规定的泳道内完成全程。

3）泳姿完全符合该泳式的技术要求，动作准确，划水效果明显，配合协调连贯，划水效果较好。游进过程中，呼吸要符合规定技术要求。

表 15-2　游泳技术评分标准

游泳技术评分标准	得分
泳姿完全符合该泳式的技术要求，动作准确，划水效果明显，配合协调连贯	41~50
泳姿符合该泳式的技术要求，臂、腿动作有轻微的缺点，配合比较协调，划水效果较好，基本达到技术要求	26~40
泳姿符合该泳式的技术要求，臂、腿及配合动作有明显错误，配合动作协调性较差，划水效果差	11~25
泳姿不能达到该泳式的技术要求，或不符合规则的要求，或游不到所规定的距离，均不予评分	0~10

表 15-3　游泳时间评分标准

男生自由泳/秒	女生自由泳/秒	男生蛙泳/秒	女生蛙泳/秒	得分
35	40	45	50	50
40	45	50	55	40
45	50	55	60	30
50	55	60	65	20
55	60	65	70	10

课外实践

1. 掌握救生和自救的本领，积极参加防溺水救生和自救演习。
2. 制订一份游泳学习计划。

知识拓展

1. 毛泽东主席对游泳的热爱及宣传

毛泽东一生痴迷游泳，从韶山冲的小池塘，到长沙的湘江之滨，到北京的北戴河，到长江、珠江，不管身处何地，毛泽东都没有放弃对游泳的热爱。除此之外，他还不遗余力宣传游泳运动，因为他心里一直有一个体育强国梦。1917 年，时年 23 岁的毛泽东以“二十八画生”的笔名，在《新青年》杂志上发表了著名的《体育之研究》。在文中，他痛斥国人“武风不振”，身体羸弱，他提出要想摆脱“东亚病夫”的屈辱，必须加强体育锻炼，并将体育摆在了当前最重要的位置。1956 年，63 岁的毛泽东畅游长江，给我们留下了千古诗篇——《水调歌头 · 游泳》。

2. 中国竞技游泳奖牌零的突破

1953 年 8 月 9 日，中国运动员吴传玉在罗马尼亚举行的第一届国际青年友谊运动会游泳比赛中，以 1 分 8 秒 4 的成绩夺得男子 100 米仰泳第一名。这是中华人民共和国成立后，中国运动员在重大国际比赛中获得的第一块金牌。

3. 中国奥运游泳奖牌零的突破和首金

1988 年奥运，16 岁的庄泳在女子 100 自由泳比赛获得银牌，帮助中国游泳在奥运会奖牌上取得零的突破。在 1992 年巴塞罗那奥运会上，庄泳在 100 米自由泳比赛中获得金牌，帮助中国游泳拿下了奥运首金。

第十六章 冰雪运动

学习目标 

1. 掌握冰雪运动的基本理论知识、基本技能；

2. 运用雪上运动知识，指导以健身为目的的滑雪运动，具备滑雪运动教学、训练、组织竞赛与裁判工作等实践能力；

3. 结合雪上运动的特点，树立良好学风，培养勇敢、刻苦和顽强拼搏的意志品质。

一、冰雪运动的主要赛事

（一）冰上运动的主要赛事

冰上运动的主要赛事包括世界速滑锦标赛、欧洲速滑锦标赛、世界短距离速滑锦标赛、国际短道速滑锦标赛、冬季奥林匹克运动会、世界花样滑冰锦标赛。

（二）雪上运动的主要赛事

雪上运动的主要赛事包括冬季奥林匹克运动会、世界高山滑雪锦标赛、世界杯高山滑雪系列赛、世界冬季大学生比赛、世界高山滑雪青年锦标赛。

二、冰雪运动的比赛规则

（一）短道速滑的比赛规则

1. 比赛场地和器材

（1）比赛场地

短道速滑正式比赛的跑道为椭圆形，周长为 111.12 米，直道宽不小于 7 米，弯道半径为 8 米，直道长为 28.85 米。使用短跑道速度滑冰技术委员会批准的跑道标志块，两边弯道处各设置 7 块黑色标志块。

（2）器材

冰刀、头盔、护目镜、防切割护颈、护踝、护胫板和防切割手套。

2. 分类

短道速滑比赛分为个人项目和集体项目。其中，个人项目包括男子和女子 500 米、1000

米、1500米、3000米以及个人追逐赛，集体项目包括成年女子3000米接力、成年男子5000米接力、青年男子3000米接力、青年女子3000米接力。

3. 违规情况

1）缩短距离：以一只或两只冰刀滑跑到以跑道标志块标示的弯道左侧。

2）碰撞：故意用身体任何部位妨碍、推拉、撞击、阻挡其他运动员；在跑道上不合理地横向滑行，或用任何方式干扰其他运动员，导致身体接触。

3）援助：运动员在比赛中应作为个体滑行，在比赛中给予或接受体力援助的行为，即为援助，但不包括在接力比赛中运动员推同队队员的行为。

4）危险动作：在比赛中故意踢、碰其他运动员的冰刀，以及在终点冲刺时将冰刀竖起或将整个身体摔过终点线等，均被视为危险动作。

（二）越野滑雪竞赛规则

1. 比赛场地和器材

（1）比赛场地

越野滑雪赛道路线分上坡、波动起伏路面和有变化的下坡，各占全程的1/3。雪面要经过机械或人工捣固、踏压。

（2）器材

雪板要相对长、窄、轻，且板头顶端向上弯曲；滑雪鞋要使脚踝感到柔软和舒适；滑雪杖是滑雪者支撑前进、控制平衡、引导滑行、转弯支撑的工具；滑雪服在保证身体能自如活动的情况下，还应具有高弹性、防风、防水等特点；固定器是将滑雪鞋固定在雪板上的装置；滑雪镜的功能是避免阳光中的紫外线对眼睛产生刺激而造成雪盲，并且防止进风；滑雪手套需防寒、耐磨、柔软，手掌部分相对粗糙。

2. 分类

越野滑雪分为个人比赛和团体比赛；其中个人比赛又分为单项赛、短距离和追逐赛；团体比赛分为接力赛和团体赛。

3. 相关规定

出发前，运动员的双脚必须静止地置于起点线后，滑雪杖则静止地放在出发线或出发门柱上。为了避免迷路，规定在每5 000米处设指示板、箭头或旗帜等标志，以指明前进方向，各种距离线路标志的颜色不能相同；出发顺序号必须清楚地通过号码布显示在运动员的前胸和后背，号码布为白色；为了保证比赛的公平性，规定比赛过程中出现特殊情况时只能更换一只滑雪板和一副滑雪杖；比赛时要求运动员按照比赛技术要求以最快速度滑完规定距离，并以用时多少判定名次。

（三）冰球运动竞赛规则

1. 比赛场地和器材

（1）比赛场地

国际冰联世界锦标赛和冬奥会冰球比赛，场地标准尺寸是长60米、宽30米。场地四周设有从冰面算起1.15~1.22米高的由木材或可塑材料制成的界墙。在中线的两侧各有一条宽30厘米与中线平行的蓝色线，称为分区线，它将整个球场分为攻、中、守3个区。球门从其内缘算起，宽1.83米，垂直高度距离冰面1.22米。

（2）器材

冰球比赛要求运动员必须脚穿冰鞋，手持冰球杆，身着符合国际冰联规定的护具，包括护胸、护肘、护裆、裤衩、手套、护腿、头盔、面罩、防摔裤、颈部护具、护齿。守门员有专门的抓球手套和挡球手套，护膝和护腿也与其他场上队员不同。

2. 比赛相关规定

比赛在外球圈内开球，裁判员站在中圈里，把球落在两个相对而立的中锋之间。比赛的目标为射门得分。每队可报 20 名运动员，其中 3 名是守门员。女子冰球队最多由 18 人组成，包括两名门将。场上两名裁判员共同控制整个比赛，各负责一个半场。边线裁判员主要负责越位时打出信号。冰球可以随意换人，没有名额限制。

冬奥会男子冰球比赛允许防守队员用肩、胸、臂部对控制球的进攻队员进行合理冲撞，也可用身体挤贴或阻挡对方，但必须符合规定。以下规则球员必须遵守：不准用冰球杆打人、用杆刃戳人、用杆柄杵人、横着杆推人、用杆勾人、抱人、绊人、用膝或肘顶人、踢人、侮辱对方或干扰对方、干扰裁判等，也不准用手抓球、故意移动球门、故意射球出界、上场人数过多、高杆击球、投扔冰球杆等，违者根据犯规的性质与程度，将处以小罚、队小罚、大罚、违反纪律、取消比赛资格、罚任意球等处罚。女子比赛不允许冲撞。

三、冰雪运动的任务与练习

（一）短道速滑基本技术

1. 直道滑行

直道滑行是指在直道基本姿势的基础上，两腿交替连续完成蹬冰、收腿、下刀、支撑滑行，并配合摆臂而形成的完整直道滑跑动作。

1）基本姿势：采用流线型蹲屈姿态，上体前倾，膝、踝呈屈曲状态；躯干纵轴与大腿纵轴之间的夹角为 45°~75°，大腿的纵轴线与小腿纵轴线之间的夹角为 90°~110°，小腿纵轴线与水平线之间的夹角为 50°~90°。

2）蹬冰技术：蹬冰基本动作以展髋、伸髋和伸膝动作为主，包括 3 个动作阶段：开始蹬冰阶段、最大用力蹬冰阶段和结束蹬冰阶段。

3）收腿技术：蹬冰腿结束蹬冰后，将腿收至支撑腿后位，主要借助蹬冰结束的反弹力和自然回摆的惯性完成。

4）下刀技术：收腿动作后，浮脚冰刀在触及冰面前，起到确定滑行方向、调节蹬冰时机、协调配合蹬冰动作、建立和保持平衡的作用。下刀技术可分为向前摆腿动作阶段和冰刀着冰动作阶段。

5）自由滑行技术：跟冰结束后，从新支撑腿支撑滑行到再次蹬冰的滑行过程，从单支撑自由滑行开始到再次准备蹬冰，身体重心由外逐渐向内移动，直至建立蹬冰角。

6）摆臂技术：摆臂时两臂以肩关节为轴，辅以屈伸肘关节完成，手半握前摆至颌下，后摆至与躯干平行，臂腿配合动作是蹬冰腿的同侧臂向前、异侧臂向后摆动。

7）配合技术：在滑跑过程中起着动作之间联结、协调、促进和带动的重要作用，由两腿间动作配合、上体与腿的动作配合和臂与腿的动作配合组成。

2. 弯道滑行

弯道滑行是短道速滑最重要的技术部分，需在保持高速滑行的同时，紧紧扣住 8 米半径的弯道。

1）基本姿势：上体前倾，髋、膝、踝关节保持屈曲状态，在弯道滑行过程中，身体始终向圆心倾斜，并保持鼻、支撑腿的膝关节和刀尖都处在同一纵轴平面上，倾斜幅度较大。

2）蹬冰技术：左腿蹬冰动作以关节伸展和内收、膝关节伸展为主；右腿蹬冰动作以髋关节伸展和内收、膝关节伸展为主，踝关节跖屈为辅。

3）收腿技术：左腿的收腿动作以屈髋、屈膝动作为主，以踝关节跖屈为辅，膝关节领先，左腿向左上方做提拉腿的动作，将左腿收至右腿的左侧；右腿的收腿动作以关节内收和屈曲、膝关节屈曲为主，以踝关节跖屈为辅，膝关节领先，右脚冰刀贴近冰面向左侧平移，跨过左脚冰刀。

4）下刀技术：左腿下刀是在左腿收腿动作结束后，左脚踝关节背屈，使冰刀尖微翘起，在右脚冰刀的前内侧位置着冰；右腿下刀是在右腿收腿动作结束后，利用右侧踝关节背屈动作使冰刀后部在左脚冰刀前内侧适宜位置顺势着冰。

5）摆臂技术：弯道滑行时摆臂动作多以单臂摆动为主，以肘关节屈伸为主，以肩关节屈伸为辅，配合蹬冰动作前后摆动，左臂自然下垂，用手指轻触冰面，摸冰滑动。

6）配合动作：双腿配合最好是在一侧腿蹬冰最大用力后，浮腿冰刀着冰；各个环节间动作要连贯，下刀与蹬冰动作不出现停顿；摆臂与蹬冰动作需同时开始和结束。

3. 起跑

起跑是获得滑跑速度及实现战术的重要因素，要求在最短的时间内，完成从静止到移动，并获得较高速度的过程。一般包括起跑预备姿势、起动和疾跑 3 个阶段。

1）起跑预备姿势：正面点冰是常用的起跑姿势之一，发令员发出预备口令后，运动员迅速向前移动，越过起跑预备线站在起跑线后，完成前腿冰刀刀尖的点冰动作，后腿冰刀用内刃支撑压住冰面并保持与起跑线接近平行，慢慢下蹲的同时，将重心放在两脚之间偏前的位置；靠近起跑线一侧手臂屈曲后自然下垂，另一侧手臂肩关节外展，适度屈肘，在体侧抬起；面部朝向滑跑方向，身体相对静止。

2）起动：前点冰腿快速抬离冰面，髋关节外展，踝关节外旋，后腿向后方做快速用力蹬伸；蹬冰腿和同侧手臂屈曲后向前快速摆动，异侧手臂快速向后摆动。

3）疾跑：常见疾跑方式有踏切式、跺冰式和滑跑式。其中踏切式易于掌握，起动速度也较快，一般向前跑 8~10 步。

4. 冲刺

当临近终点时，以送刀式冲刺为例，将身体重心落在有利于克制对方的一侧腿上，将另一侧腿迅速前伸，保持平衡冲过终点。

（二）越野滑雪基本技术

1. 基本姿势

滑雪杖分立，插于雪板两侧，双眼目视前方；双雪板平行，间距不超过骨盆宽度，身体重心居中。

2. 基本动作

1）原地转向：原地转向中“V”字转向的方法是右侧雪板尖向外展开，左侧雪板向右侧雪板靠拢，两滑雪杖在雪板尖外展时支撑在体后。

2）徒手两步交替：徒手站立，上身前倾，右脚用力向下后方蹬动，左脚向前跟出，同时，右臂尽量向前摆出，左臂用力后摆。

3）徒手八字蹬坡：徒手站立，上身前倾，两雪板尖向外展开成“八”字形状，利用两雪板的内刃入雪面，右脚向下后方用力，支撑身体，左脚抬起向前迈出，同时，右臂向前摆出，左臂自然后摆。

3. 平地滑行

1）移动动作：在平整雪面上侧对前进方向站立；双侧滑雪杖插于体侧稍远处，一只雪板承重，另一只雪板提起后向承重板横移和落地。

2）直线向前走动：双手持滑雪杖，两雪板内距为 15 厘米左右，两手持滑雪杖随走动配合撑杖；走动时身体重心落在支撑腿和脚上。

3）跌倒后起立：上身抬起，双膝尽量屈曲并靠近臀部，双雪板平行，与上身的正面成直角；单手或双手将上身推起至下蹲位置。

4）变换滑行方向：变换滑行方向有跨步转向法和 180°转向法两种，其中跨步转向法简单易学，它的动作方法是将双雪板按正“V”字或倒“V”字跨步变换方向。

5）二步交替滑行：上身前倾，右脚用力向下后方蹬动，向前滑行；右臂尽量向前摆出，左手用力向下后方撑杖，同时左脚向前跟出；双膝屈曲，右脚蹬动，手继续前摆，蹬动幅度为 70~75 厘米。

6）同时推进滑行：两臂放松，双手向前摆至头部高度，然后向身后同时推出，当双手将推至腿部时，尽量弯腰屈膝；撑杖结束后，双臂向后上方摆，随着上身抬起，带动双臂向前摆动。

4. 缓上坡滑行

1）跨一步同时推进滑行：上身抬起并带动双手前摆，蹬脚发力，同时将身体重心移至另一雪板：两雪板向前惯性滑进，双臂向前摆至头部时，上身前俯下压插杖，接着双手发力撑杖。

2）一步一撑滑行：一只脚向前蹬动一步，另一只脚向前滑行一步，双手持滑雪杖同时后撑，并抬起另一只脚进行蹬动滑雪。

5. 缓下坡滑行

1）两步一撑滑行：两脚各滑行一步，双手持滑雪杖同时后撑一次。

2）同时推进滑行：双手向前摆至头部高度，杖尖落至脚尖前部；杖尖着地后，将身体前俯的力量通过肩、臂及手掌传递到撑杖上；当双手即将推至腿部时，尽量弯腰屈膝，使推撑手的高度低于膝部，以加大向后推撑的水平分力；撑杖结束后，后摆的双臂随着上身抬起，带动双臂向前摆动。

6. 蹬坡滑行

平地滑行和蹬坡滑行有很大的区别，蹬坡滑行需要增加身体向上做功，需根据坡度急缓和雪质的不同来选择不同的蹬滑技术。

1）八字蹬坡：两雪板尖向外展开，利用两雪板的内刃入雪面，八字蹬坡是一种直线向上蹬行的方法。

2）两步交替蹬坡：上坡时，蹬动后脚；插杖要轻落于后侧，撑杖时间要长；摆臂应快速完成，摆动的手臂至腿部时，肘关节要屈曲。

7. 停止

在慢速行时使用犁式滑降技术进行停止，加大两雪板分开角度，强化立刃，腿部伸直，两脚内侧蹬住雪板。

四、冰雪运动的基本战术

（一）短道速滑基本战术

按照实施战术人数来分，短道速滑战术分为个人战术和集体配合战术。个人战术又分为出发抢位、跟滑、领滑、变速滑行和冲刺滑行。出发抢位是运动员利用起跑技术抢占领先和有利位置，从而有效控制比赛主动权和避免其他因素干扰；跟滑指尾随同组或其他队员后面滑行，可通过减少空气阻力和调整呼吸来节省体力，保持良好的状态和后半程发力；领滑指领先同组队员的滑行，可使自己不受其他滑行队员在技术、战术和心理等方面的影响，并可选择最佳滑跑路线，减少体力消耗；变速滑行多指在长距离比赛中，领滑运动员有目的、有计划地一次或多次改变滑行速度，消耗对方的体力或摆脱跟滑队员；冲刺滑行指在终点线前一段距离内，充分发挥自己的体能和技术特点，以最快的速度冲过终点线的滑行方法。

集体战术分为变速滑行、纵队滑、并队滑和起跑掩护。其中，变速滑行战术是在中长距离比赛中，同队两名及两名以上队员在比赛过程中，由一名或两名队员先后多次变速滑行，干扰或消耗对方的体力；纵队滑指同队两名队员在高速滑行中，有目的、有计划地成纵队滑行，迫使企图超越的对方延长滑行距离，消耗体力；并队滑指两名队员有目的、有计划地并队滑行，干扰或控制对方技术的发挥；起跑掩护指相邻站位的两个队员中，一人在起跑后和进入弯道前，有目的地选择自身起跑动作和路线，干扰或控制对方起跑技术的发挥，竭力掩护同伴。

（二）越野滑雪基本战术

所谓战术，主要指在比赛全程中，体力的分配及针对不同地形特点应选择不同的滑行技术方法。例如下坡路程占全程的三分之一，在下滑时，如果是在体力好的情况下，可以采用流线型的低姿势滑降，以便减少空气阻力，提高速度争取时间；但在体力不佳特别疲劳的情况下，或在地形复杂难度大的条件下，姿势就可以高些，使身体增加风的阻力，减低速度，以防跌倒而浪费更多的时间，同时避免产生烦躁的心理及消极情绪。

【练习一】短道速滑

1. 练习目标

结合短道速滑运动的特点，树立良好学风，培养勇敢、刻苦和顽强拼搏的意志品质。

2. 练习内容

1）陆地滑跑基本姿势模仿练习。

2）陆地直道滑行模仿练习。

3）原地冰上练习。

4）冰上重心移动练习。

5）冰上单腿蹬冰滑行练习。

6）冰上双脚滑行单脚支撑练习。

7）双脚平行转弯练习。

8）双脚平行短步蹬地转弯练习。

9）压步转弯练习。

10）出弯道时滑跑练习。

【练习二】越野滑雪

1. 练习目标

掌握冰雪运动的基本理论知识、基本技能、雪上教学方法和手段，能做到会讲、会做、会教。

2. 练习内容

1）一般发展性练习。

2）一般身体练习。

3）徒步模仿练习。

4）持杖模仿练习。

5）崎岖地形练习。

6）专项速度耐力练习。

7）模拟滑雪练习；

8）滑雪练习。

五、冰雪运动课程考核评价标准

（一）冰雪运动课程考核评价内容及项目比重（如表16-1所示）

表16-1　冰雪运动课程考核评价内容及项目比重

分类	比重/%	内容
平时考评	20	考勤、课堂表现、课下练习作业
理论考评	20	冰雪运动概述、冰雪运动的基本知识、竞赛组织与编排、运动损伤的处理
素质考评	20	大学生健康测试项目达标
技能考评	40	动作标准、动作连贯、有爆发力、稳定性强

考评形式：平时、理论、素质、技能四项成绩相加。

考评标准：百分制，20+20+20+40＝100（分）。

（二）冰雪运动技能考核评价标准

1. 100米滑冰

场地：直道累计距离不低于50米。

器材：速滑冰刀、冰球刀、花样冰刀均可。

评分标准：如表16-2所示，学生必须独立完成滑行过程。

表 16-2　100 米滑冰评分标准

男生成绩（时间）	女生成绩（时间）	得分
2′10	2′40	100
2′20	2′50	90
2′30	3′00	80
2′40	3′10	70
2′40 以上	3′10 以上	60

2. 100 米越野滑雪

场地：直道累计距离不低于 50 米。

器材：越野冬季两项板、简易滑雪板均可。

评分标准：如表 16-3 所示，学生必须独立完成滑行过程。

表 16-3　100 米越野滑雪评分标准

男生成绩（时间）	女生成绩（时间）	得分
3′00	3′30	100
3′10	3′40	90
3′20	3′50	80
3′30	4′00	70
3′30 以上	4′00 以上	60

课外实践

1. 学会技术动作，参加学校组织的比赛。
2. 组织学校的内部比赛。

知识拓展 

《智取威虎山》的小栓子夺冠背后的故事

冬奥开赛，中国人自己的热血少年故事终于出现了。

年仅 17 岁的苏翊鸣获得了北京冬奥会单板滑雪男子大跳台的冠军，为中国摘下第 6 金，创造了中国代表团在冬奥会的金牌总数历史，也为中国队实现了该项目金牌零的突破。

在决赛中，苏翊鸣在高空中翻转腾挪，以稳定的绝对优势，力压竞争对手夺冠。在对手纷纷失误的时候，他还能以如此强大的气场顶住压力，发挥得如此完美，这真的让人不得不感叹，如果有一部热血少年逐梦冰雪运动的漫画，苏翊鸣就是男主角该有的样子。这一次的单板滑雪男子大跳台，苏翊鸣王者归来，终于站上了冠军之巅。

2013 年，徐克导演要拍《智取威虎山》，由于滑雪技能出众，苏翊鸣被导演徐克选中，出演了小栓子这个角色。没想到活灵活现的小栓子，居然有一天会成为奥运冠军！而在知道北京将会举办冬奥会时，苏翊鸣立刻将冬奥会当作自己的目标。

2018 年 8 月，苏翊鸣入选国家队并屡次在大赛中展现了自己惊人的实力——完成了国内首个反脚外转五周 1800 度，还有世界首个内转 1980 度抓板动作，创造了新的吉尼斯世界纪录，等等。

按照苏翊鸣自己的话来说，最关键的只有一句话："一旦出发就相信自己。"在单板滑雪这项冰雪运动中，苏翊鸣靠的并不是什么天赋，而是一直坚信自己的实力，并为之努力，才走到了今天。

2021 年，苏翊鸣曾许下三个成年愿望：第一个是希望通过努力，赢取更多比赛，获得参加冬奥会的资格；第二个是希望能够为国争光，站上最高领奖台；而第三个则是希望可以在 18 岁这一年，获得大学录取通知书。如今，前两个已经成为现实。

苏翊鸣不仅在演艺圈小有名气，酷爱滑雪，他的文化课也没有落下。实际上，苏翊鸣除了在学校会学英语，从小还跟父母到日本、韩国、新西兰等国家滑雪，在交流中学会了外语，跟教练之间的沟通往往是中日英三种语言都用上。在苏翊鸣身上，我们看到了越来越多"全面发展"的奥运冠军，我们看到了中国人越来越多的新突破。

苏翊鸣今日的成绩，不正是我们梦想照进现实中的样子吗？

当这个 17 岁少年冲向高空的时候，他也冲进了每一个逐梦的中国人梦想的世界。

休闲体育运动

第十七章 轮滑运动

学习目标

1. 了解轮滑的起源和发展；
2. 了解轮滑的基本技术的学习方法。

一、轮滑运动概述

轮滑（Roller skating），又称滚轴溜冰、滑旱冰，是穿着带滚轮的特制鞋在坚硬的场地上滑行的运动。轮滑是一项全身性运动，能帮助协调人体平衡性，锻炼身体。1863年，美国人詹姆士发明了第一双双排溜冰鞋，四个轮子分前后两组，两个轴穿起两个轮子。四个轮子上的轴承可以使轮子很稳定地转动，可以做转弯、前进和向后的各种动作，这就是现在广为流传最为广泛使用的旱冰鞋，成为轮滑球、花样轮滑、果酱溜冰（Jam skating）和极限轮滑的运动器材，而且是果酱溜冰、花样轮滑专属运动器材。

主要器材：双排轮滑、单排轮滑。

主要项目：花样、自由式、速滑、阻拦赛、轮滑球。

特点：强身健体、培养情操。

二、轮滑练习方法

轮滑是一项极易掌握的体育运动，初学轮滑者一定要有耐心，请记住以下禁忌：滑行前不做准备活动，不戴护具，滑行后立即喝水。初学时一定要注意培养正确姿势，滑行时腰、膝、踝关节保持自然弯曲，降低身体重心，身体失去平衡时要向下蹲。平衡是掌握轮滑的基础，掌握平衡是非常重要的。初学者可以通过控轮练习来慢慢地掌握平衡，控轮练习的目的就是尽快熟悉脚下的鞋和轮子，找到轮上的感觉，找到平衡。

（一）原地错步

双腿自然弯曲保持重心，两脚一前一后错开，交错幅度视个人身高而定，两脚尖错开的距离以一肩宽为宜。两脚交错后仍然保持平行，两脚尖朝前。身体保持原地不动，待重心稳定后两脚收回，换脚错开，要领同上。

要点：每错开一步要等重心稳定后，即身体不再乱晃，方可收回再做下一步。

（二）原地高抬腿

首先将重心移至一条腿上，另一条腿尽可能高地缓缓向上提膝，不要有滞空停留，缓缓落下。此过程中身体要始终保持正直，不可乱晃，待身体稳定后再换另一条腿抬起，要领同上。

要点：循环过程中要始终保持身体正直不乱晃，抬腿落腿时尽可能地慢，高度尽可能地高。

（三）平行行走

首先平行向身体的一侧横向迈出该方向的一条腿，跨度视个人身高而定，以 1.5 倍的肩宽为宜。待身体稳定后向迈出的方向收回另一条腿，平行站立姿势站好。此过程要保持身体稳定，不可前后乱晃。

要点：每横向跨出一步，要待身体稳定后方可收回至平行站立姿势，平行站立稳定后方可再走下一步。循环过程中身体要始终保持正直稳定不乱晃。

三、基础姿势

标准速滑基础姿势简称“静蹲姿势”。姿势要领：两脚平行且两脚尖向前，两脚打开约一拳宽；膝盖弯曲下蹲，大腿与小腿角度 110°~120°，小腿与地面角度 60°~70°，膝盖之间的距离与脚保持同宽；弯腰俯身抬头向前，脊椎自然弯曲不僵直，保持背与地面平行，头抬起目视前方 7~10 米处地面；双臂自然背后。

四、重心转移

重心转移是轮滑练习的最重要的一项，因为轮滑运动本身其实就是重心不断转移的过程。

练习要领：静蹲姿势预备。首先在保持身体原地不动的基础上，向身体的一侧横向蹬出该侧的腿，蹬出的腿要伸直，此时一定要保持身体的重心完全放在没有蹬出去的那条腿上，且上身的姿势仍保持静蹲姿势不变。然后上身保持静蹲姿势不变的情况下向蹬出的腿的方向平行移动（切记两脚仍在原地保持不动），上身移动至蹬出的腿的上方，刚才的支撑腿就是现在的蹬出腿，平移的过程中从头至臀的轴线要始终保持朝向正前方，以静蹲姿势平移过去。如此循环练习，要领同上。

要点：循环练习中上身要始终保持静蹲姿势，不可左右摇摆或忽高忽低。平移的过程中从头至臀的轴线要始终保持朝向正前方，每次重心转移必须将重心完全放在支撑腿上，待稳定后再做下步动作。

五、直线滑行

（一）分解直线滑行

静蹲姿势准备。首先身体将重心转移至一条腿上，另一条腿用脚内侧向斜后方蹬地，蹬地后迅速收回至静蹲姿势自由滑行，此过程中上身始终保持静蹲姿势，不能变。接着重心转移另一侧，换用另一条腿蹬地。左右如此循环练习，要领同上。

要点：重心转移要到位，上身姿势要始终保持静蹲姿势。

（二）直线滑行

重心、姿势的要领、要点同分解直线滑行，只是蹬出脚收回至静蹲姿势时不必再保持静蹲姿势自由滑行，而是一条腿蹬出收回后另一条腿马上再蹬出收回。如此循环练习。

（三）直道滑行的摆臂动作

滑行过程中加入摆臂动作的目的和我们陆地上跑步、走步摆臂的原理是一样的，都是更好地保持平衡以达到平稳加速的目的。

1. 直线滑行时的摆臂

两臂用力一前一后摆动，摆幅高度为：向前摆动时手的高度不超过面部，以视线以下为佳；向后摆动时，手要从身体下面过再向上摆动，手臂伸直，尽量向身体内侧收，不要太向外打，摆动高度为尽可能地向后摆的一个自由高度。

2. 弯道时的摆臂

入弯时弯道内侧的手臂自然背后，外侧的手臂用力摆动以保持平衡。此时摆臂的幅度可稍减小。

六、弯道滑行

弯道滑行要克服的难点就是自己身体重心造成的离心力。由于弯道时的离心力，所以我们的身体就要向弯道内侧倾斜，而且转弯半径越小的弯道，身体倾斜度就得越大。这就给一些胆子比较小的初学者带来了不小的难题。

（一）平行转弯

平行转弯是直线滑行的基本转弯。

动作要领：入弯时两脚一前一后平行错开，弯道内侧的脚向前错，弯道外侧的脚向后错，然后身体重心向弯道内侧倒，同时，身体头尾的纵轴线的朝向，也要跟着弯道转向。直至出弯后再收回两脚。

要点：重心的倾斜和身体轴线的转向要同步，两脚错开的距离根据个人身高要适当。

（二）弯道夹脚

弯道夹脚是标准速滑的转弯动作，它的特点就是利用弯道进行加速。平行转弯的过程是个减速的过程，但是弯道夹脚却是个加速的过程，所以在速滑比赛中，运动员都是利用狭小的弯道空间进行加速超过对手。

动作要领：入弯时静蹲姿势，身体重心向弯道内侧倾斜，同时弯道外侧的脚向外侧蹬出，蹬出后收回至内侧脚的前面，此时两脚呈交叉状。切记外侧腿收回至内侧腿前面的同时，内侧腿就要向外侧蹬出，这样等外侧腿收回后可直接收回内侧腿蹬出外侧腿。内侧腿收回后要放在身体重心的下方，以稳定重心，此时外侧腿已开始蹬出回收。

要点：重心的倾斜和身体轴线的转向要同步，两脚蹬出收回要紧凑；两腿的蹬出都要发力，同时上身始终保持静蹲姿势；始终要保持一腿蹬出时另一腿已经收回，一脚落地时，另一脚已离开地面，一定要紧凑。

七、停止法

不少初学者学要面对的难题不仅仅是转弯，还有更重要的刹停。所谓刹停就是刹车停止。最基本的刹车就是T刹，它适用于一般的直线滑行的刹停。而急速的速滑选手则需要进行减速之后再用一种叫“A刹”的刹车方式停止。

动作要领：在向前滑行中，先将重心完全放在一条腿上，该腿膝盖弯曲，同时把另一只脚横放在支撑脚脚后，让两脚脚尖角度为90°，然后后面的脚轻拖地面，减缓滑行速度，直到停止滑行。此过程中，重心始终放在前面的腿上，上身始终保持正直，后腿的膝盖朝向要和后脚脚尖的朝向一致，两膝盖不可紧挨。

第十八章 地掷球运动

学习目标

1. 了解地掷球运动的起源和发展；
2. 了解地掷球运动的基本技术。

一、地掷球运动概述

地掷球，是一项古老而又年轻的新兴体育项目。它是娱乐性与竞技性，脑力活动和体力锻炼相结合的高雅文明的体育运动，既适宜于青少年，又适合于中老年人，现已成为广大群众热爱的高雅竞技运动和时尚的休闲健身活动。

（一）地掷球的场地

地掷球是双方运动员在规定的场地上用手投掷球进行对抗的运动项目。比赛是在一块长26.50米，宽4.50米，四周围板高度为25厘米的沙土地或塑胶场地上进行。

（二）地掷球的比赛用球

比赛用球分大球和小球两种，大球重量920~1000克，直径11厘米，为队员投掷用球；小球重量60克，直径4厘米，为比赛的基准球，是裁判员用来判断双方投掷的大球距小球远近和得分多少的标记。

现代的地掷球有三种：硬塑料的、金属的和澳大利亚式的。每种球分别拥有一个国际组织，直到1985年，这三个组织才结成了联盟，叫“国际地掷球联合会”。同年，中国加入了该组织。

随着地掷球运动的不断发展，后又新增设了草地掷球、指弹球、塑质地掷球、金属地掷球、小金属地掷球、桌掷球（沙狐球）等6个分支项目。

二、地掷球的玩法

地掷球队一般由6人组成，领队、教练各1人，队员4人（设队长1人）。比赛设有团体赛和单项赛。团体赛进行3局，按三人赛（每人掷2个球）、单人赛（每人掷4个球）、双人赛（每人掷2个球）的顺序进行。单项赛只设其中的一局进行比赛。

地掷球比赛一般由 3 人担任裁判工作，1 名主裁判员，他是比赛的主持者，主要任务是按规则条款进行执法工作和判断、丈量、宣布双方投掷球距小球远近及得分。1 名副裁判员，协助主裁判进行工作。1 名记录员，登记每轮比分及有关事项。

每局比赛前，经主裁判员抽签（抛币）来决定双方谁先选择抛球权和场地权。待双方运动员站在选择好的一侧场区内，并按规定挑好各自的球数与球色，方可进行比赛。第一轮比赛前，先由裁判员将小球放在开球点上（即球场 D 线与 B 线之间的斜线交叉点），并由选择掷球权的队先掷球比赛。第二轮及以后各轮次的比赛，则由先得分的队掷小球。

比赛中，若一方的大球滚靠离小球最近时，另一方可采用抛击球或滚击球将对方的大球击走，使自己的球更接近小球。当双方运动员采用靠球与击球掷完所有的大球后，如果一方的大球比对方的大球距小球近时，裁判即判得分，有 1 球近得 1 分，有 2 球近得 2 分。然后，再由场地另一侧进行下一轮比赛，依次往返进行，每局累积以先得 15 分的队为胜。

比赛在规定的时间内完成。运动员运用滚靠技术，使掷出的大球沿地面滚动去靠近小球或靠到合适区域。运用抛击或滚击技术，则是直接或间接将对方球击开，使其远离小球；撞击本方的大球，使自己的大球更接近小球；撞击小球，使小球远离对方大球，而接近本方大球。很显然，三种技术动作的运用均围绕着小球的争夺而进行，其目的是使每次掷出的球产生有利于本方新的排列布局，从而获得比分与胜利。

地掷球比赛的形势往往瞬间即变，妙趣横生。制约与反制约贯穿于比赛的始终，使比赛充满了趣味性和刺激性。

经常从事地掷球活动的人，不仅能锻炼智力，还能培养沉着、机智、顽强和拼搏的意志及集体配合的思想，并能对全身肌肉起到锻炼作用，促进身体全面发展，尤其在提高心理素质和集中注意力等方面都有良好的作用。

地掷球运动由于设备简单、技术易掌握、运动量不大，且不受性别、年龄的限制，因此成为老少皆宜的健身运动项目。

第十九章 定向运动

学习目标

1. 了解定向运动的起源和分类；
2. 了解定向运动的主要项目。

一、定向运动概述

定向运动就是利用地图和指南针依次到达地图上所指示的各个地点，以最短时间到达所有地点者为胜。定向运动通常在森林、郊区和城市里进行，也可以在大学校园里进行。

（一）定向运动起源

定向运动起源于瑞典，最初只是一项军事体育活动。“定向”这两个字在1886年首次使用，意思是：在地图和指南针的帮助下，越过不被人所知的地带。继1919年斯堪的那维亚举行了第一次正式的定向越野比赛后，至今已有一百多年的历史。

（二）定向运动分类

1）定向运动按运动工具的不同可分为两种：徒步定向，如传统定向越野跑、接力定向、积分定向、夜间定向、五日定向、公园定向等；工具定向，如滑雪定向、山地自行车定向、摩托车定向等。

2）定向运动按性别的不同可分为男子组和女子组。

3）定向运动按年龄的不同可分为青年组、老年组和少年组。

4）定向运动按技术水平的不同可分为初级组（体验组和家庭组）、高级组和精英组。

5）定向运动按参加人数的不同可分为个人单项、个人双项和集体项。

因此，不论男女，只要你喜爱郊野活动，定向运动一定适合你。技巧容易掌握，是3岁至80岁都可以参加的运动。

二、主要项目

定向运动的主要项目有城市定向、定向越野、滑雪定向、自行车定向和轮椅定向。

竞赛种类：日间定向竞赛、夜间定向竞赛、日夜交替定向竞赛。

竞赛形式：个人赛、积分赛、接力赛、多日赛、小组赛。

延伸项目：团队赛、百米定向、Logo拼图等。

第二十章 拓展运动

学习目标

1. 了解拓展运动的起源和发展；
2. 了解拓展运动的经典项目。

一、拓展运动概述

拓展运动，又称拓展训练、外展训练（Outward bound or survival training or expanding sports），原意为一艘小船驶离平静的港湾，义无反顾地投向未知的旅程，去迎接一次次挑战。据此英文意思，拓展运动是指以锻炼体能为目的的，一种主动式迈向户外郊游并达到锻炼的形式。

这种训练起源于“二战”期间的英国。当时大西洋商务船队屡遭德国人袭击，使许多人葬身海底，但是人们惊奇地发现那些能够活下来的并不是身体最强壮、游泳技术最好的人，而是那些有着顽强的意志和强烈求生欲望，有着较丰富的生活经历和生存技能的人。今天，拓展训练在发达国家已经介入高校的管理专业课程，成为MBA团队管理课程的重要构成部分。1995年，拓展训练走进中国；1999年，高等学府清华大学率先将体验式培训引入MBA、EMBA的教学体系中；随后北京大学光华管理学院、中欧国际工商学院，中山大学岭南学院、浙江大学、暨南大学等学校的MBA/EMBA教育中也纷纷把拓展训练作为指定课程内容。短短几年中，拓展培训业不断发展，备受推崇，逐渐被列入国家机关、高校、外企和其他现代化企业的培训日程。

二、经典项目

（一）雷区取水

1. 项目介绍

在一个直径5米的深潭中间有一盆水，你要在仅用一根绳子，不接触水面的情况下取到全体队员的救命宝物，想一想可能吗？团队的智慧可以把它变成事实。

2. 项目目的

提高队员组织、沟通和协作的能力和技巧，团队的领导艺术和技巧，人力资源的合理分配和运用。

（二）断桥

1. 项目介绍

参训队员爬越 9 米高的断桥立柱，站立于断桥桥面之上，两臂自然平伸，保持身体平衡，移步至桥面一侧边缘，以后脚的蹬力，使身体向前跃出，跨过断桥落于桥面另一侧，平稳走到终点。

2. 项目目的

1）成功与失败永远只差关键的一步，勇敢地跨出这一步，成功就属于你。

2）克服紧张情绪，战胜恐惧心理，培养果敢的执行力。

3）借助外势，建立突破自我、挑战困难的自信心与勇气。

（三）孤岛求生

1. 项目介绍

将所有队员分成三组，安置于三个已规定的岛上（珍珠岛、瞎子岛、哑巴岛），各组队员扮演各自岛上的角色，在规定的时间内，按规定完成任务。

2. 项目目的

1）团队结构与沟通协作。

2）团队的动态管理。

3）有效沟通与协作。

4）新角度管理的诠释。

（四）有轨电车

1. 项目介绍

两块木板就是一双鞋子，全组队员双脚分别站在两块木板上，双手抓住系于木板上的绳子，向指定的方向行进。

2. 项目目的

培养队员处理事情良好的计划性和条理性，培养队员的集体荣誉感和为团队勇于奉献的精神。

（五）鳄鱼潭

1. 项目介绍

利用三个油桶、两块木板，所有人不得落地，安全通过一个个的鳄鱼潭。

2. 项目目的

1）统一沟通标准，避免因标准的不统一而造成大家的混乱，从而延误时间。

2）链式沟通的利弊，如何改善？如何解决？

3）最好的方法与最有效的方法：最适合团队的办法就是最好的办法，制订行动计划时注意工作的前瞻性，正确分析资源，有效利用资源，细节管理；不论多完美的计划，如果在操作过程中不谨慎，一切就都要重新开始。

（六）时速极限

1. 项目介绍

下达开始的口令后才可以采取行动。所有队员不能进入绳圈内，不能接触除数字外的区域。拍数字必须按数字的顺序进行，不能漏拍或同拍。项目过程中，不能有队员讲话或发出其他声音。必须在规定的时间内完成。

2. 项目目的

1）群体决策的方法及意义，启发战略管理眼光。

2）大胆尝试，勇于100%全力的付出。

3）挑战未知领域，培养创新意识。

4）合理的分工与合作，资源的优化配置。

5）认识统一指挥的意义与重要作用：体会对于团队的领导技巧运用、与角色的合理分配，避免“熟练工”对团队造成的负面影响。

6）团队学习保证新的创意。

（七）毕业墙

1. 项目介绍

团队在没有任何器材的情况下共同努力翻越 4 米高的墙壁。

2. 项目目的

1）自我管理与定位，有甘为人梯的精神。

2）团队的协作与激励，共建高效团队。

（八）电网

1. 项目介绍

面对高压电网，参加者必须同心协力，尽量避免伤亡，以最小的代价换取最大的胜利。

2. 项目目的

1）改变沟通方式，如何理解、倾听他人，如何让他人更能接受。

2）如何分配合理的资源，明确资源的浪费与团队目标的关系。

3）个人的利益与整个团队的利益关系将直接决定目标的达成。

此培训项目强调整体协作与配合、资源的重要，好胜与莽撞都将遭遇淘汰，只有依靠团队的力量才能顺利完成任务。

户外拓展是一种有别于一般聚会活动与旅游的全新的体验式户外活动，通过户外拓展训练，参训者对自身潜能的认识、战胜困难的毅力，以及人际交往、团队的融合各方面都会有显著的提高。

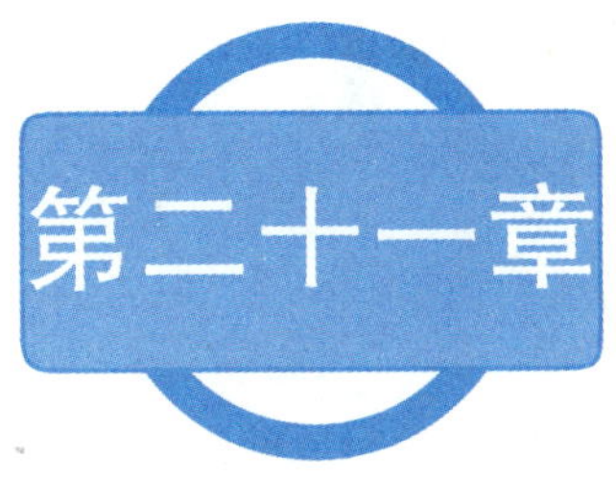

第二十一章 瑜伽运动

学习目标

1. 了解瑜伽运动的起源和发展；
2. 了解瑜伽运动的基本练习方法。

一、瑜伽运动概述

瑜伽主要指一系列的修身养性方法，包括调身的体位法、调息的呼吸法、调心的冥想法等，以达至身心合一。

瑜伽起源于印度，距今有五千多年的历史，被人们称为“世界的瑰宝”。瑜伽发源印度北部的喜马拉雅山麓地带，古印度瑜伽修行者在大自然中修炼身心时，无意中发现各种动物与植物天生具有治疗、放松、睡眠或保持清醒的方法，患病时能不经任何治疗而自然痊愈。于是古印度瑜伽修行者根据动物的姿势观察、模仿并亲自体验，创立出一系列有益身心的锻炼系统，也就是体位法。这些姿势历经了五千多年的锤炼，让世世代代的人从中获益。

二、瑜伽的作用

1）练习瑜伽能够提高身体的新陈代谢率，增加新陈代谢率以后，对于减肥、减脂都有很好的促进作用。

2）练习瑜伽能够增强身体的活力，能够调理内分泌系统，对于女性能够充分滋养卵巢，能够促进体内内分泌腺体的分泌作用。

3）练习瑜伽能够起到延缓衰老的作用效果，能够显著减少面部黑色素的沉淀，减少皱纹的生成，能够显著地抗角质。

4）练习瑜伽能够使经络得到舒缓和放松，所以对身体的健康非常有益。

三、基本练习方法

（一）莲花坐

1. 作用

莲花坐是瑜伽中的基本坐姿，可以帮助活动人体多处韧带，保持经络通畅。

2. 动作步骤

1）维持正常坐姿，两腿自然伸直。屈左腿，将左脚的脚背放在右大腿的腹股沟处，双手放在左膝盖上，轻柔地将左膝盖做上下弹性运动数次，使之最终接触地面。

2）慢慢将左腿还原后，双手按摩膝盖和脚踝。

3）换右腿，按照左腿动作轻压右腿。

4）以上动作重复三至五次；每次注意压腿力度不宜过于剧烈。

（二）站姿开腿前屈

1. 作用

站姿开腿前屈能帮助消除腿部水肿的困扰，腿部的大块肌肉得到伸展，水肿的腿部就能变得纤细。

2. 步骤

1）脚趾转向内侧站立，下半身向下前屈并保持颈部放松。

2）自然舒缓地进行 5~10 个深呼吸，以感受整个腿部的充分拉伸。

（三）立位开腿前屈

1. 作用

立位开腿前屈能有效地针对肩部僵硬，使其舒展开来。

2. 动作步骤

1）双手在背后十指相扣，上半身向前屈，保持颈部放松并自然舒缓进行 5~10 个呼吸。

2）在充分拉伸整个腿部韧带的同时，手臂用力向前落下，达到从肩膀到肩胛骨的舒展效果。

（四）蝴蝶体式

1. 作用

蝴蝶体式能有效地紧致背部的肌肉，起到提臀美背的作用，还能帮助消除驼背。

2. 动作步骤

1）俯身卧姿。

2）慢慢地将头部、双臂、双腿同时尽可能向上抬高，整个背部和臀部用力夹住。

3）注意力放在内脏部位，并保持 5~10 个深呼吸。

（五）上犬式

1. 作用

上犬式能拉伸背脊，而背脊的柔韧性有利于保持年轻度和柔软度，从而增进全身的健康。

2. 动作步骤

1）双手放在胸部两侧，从这个状态开始将上半身向上推起。

2）感受到背脊柱拉伸到最舒服的位置时停住，保持 5~10 个呼吸。

（六）伸展猫式

1. 作用

伸展猫式能消除驼背，起到一定的丰胸效果。

2. 动作步骤

1）双手双膝撑在床上，双手向前挪动 30 厘米。

2）额头向下抵住床面，进行 5~10 个深呼吸。

3）胸腔打开呼吸的时候肋骨能得到舒展并对肩胛骨、手臂、整个胸部加以刺激。

（七）骆驼式

1. 作用

骆驼式能达到从臀部到腿部的紧致效果，有一定的提臀作用，并有消除肩膀僵硬。

2. 动作步骤

1）采用金刚坐姿，将双手手指对着臀部放在身后。

2）慢慢地将臀部向上抬高并用力夹紧肛门，确保颈部不觉疼痛，并将头部向后自热放松垂落，之后进行 5 个深呼吸。

（八）拱背猫式

1. 作用

拱背猫式能消除背部神经的紧张。

2. 动作步骤

1）双手双膝撑在床上。

2）以初始姿势开始用肚脐用力收紧并将背部拱起，下颌内收，重复进行 5~10 次。

（九）下犬式

1. 作用

下犬式能起到给全身按摩的作用。

2. 动作步骤

1）双手双膝撑在地板上，脚趾点住地面然后将臀部向上抬高。

2）脚后跟去压住地面同时将坐骨不断向上方顶，保持 5~10 个深呼吸。

（十）绳结式

1. 作用

绳结式能矫正身体的倾斜，还能帮助消除便秘。

2. 动作步骤

1）弯曲膝盖让臀部去靠近脚后跟，肘部或肩膀抵住膝盖。

2）双手掌心紧贴合十，肘部或肩膀用力去推膝盖的同时扭转身体。

3）虽然内脏被挤压会觉得难以进行深呼吸，但是还是要完成 5~10 个深呼吸。

（十一）船式

1. 作用

船式能消除腹部赘肉。

2. 动作步骤

1）坐姿，双手双腿同时向上提起。

2）试着将脚趾上提到视线的高度，尽量去伸直膝盖以及用力收紧小腹，并保持 5～10 个呼吸。

（十二）屈膝扭转式

1. 作用

屈膝扭转式能缓解腰部和背部的紧张，帮助缓解腰部疼痛。

2. 动作步骤

1）弯曲左膝盖伸直右腿坐正，右肘部抵住膝盖外侧用力推膝盖的同时扭转身体。

2）进行深呼吸，在吐气的时候再次推肘部，更深度用力地扭转，并保持 5～10 个呼吸。

参考文献

[1] 邢登江，刘国庆. 大学体育［M］. 北京：北京航空航天大学出版社，2004.

[2] 孙民治，篮球运动教程［M］. 北京：人民教育出版社，2007.

[3] 虞重干，排球运动教程［M］. 北京：人民教育出版社，2009.

[4] 张丽，等. 体育与健康教程［M］. 西安：西安电子科技大学出版社，2007.

[5] 张建军，新编体育与健康［M］. 北京：国家行政学院出版社，2013.

[6] 苏欣，体育与健康［M］. 北京：中央民族大学出版社，2013.

[7] 孟祥立，杜红宇，体育与健康［M］. 天津：南开大学出版社，2010.

[8] 胡晓红，朱新良，体育与健康［M］. 北京：科学出版社，2011.

[9] 邹师，大学体育健康教程［M］. 北京：北京体育大学出版社，2011.

[10] 陈庆合，体育与保健知识［M］. 徐州：中国矿业大学出版社，1999.

[11] 苏丕仁，现代乒乓球运动教学与训练［M］. 北京：人民体育出版社，2003.

[12] 蔡仲林，武术［M］. 北京：高等教育出版社，1999.

[13] 郝卫宁，羽毛球竞赛规则问答［M］，北京：北京体育大学出版社，2003.

[14] 谢宜海，排球基本技术教法［J］. 安徽工业大学学报，2005（4）：148-150.

[15] 黄宽柔，舞蹈与健美操［M］. 北京：高等教育出版社，2004.